华夏文明八千年

安文华 李骅 主编

科学出版社
北京

内 容 简 介

本书从华夏文明的起源与界定切入，对先民的生存环境、农耕文化、神话传说、大地湾文化、伏羲文化、彩陶文化、玉文化等方面展开研究，建构华夏文明八千年的中国话语，从新的视角树立中国在世界上的历史地位和地缘价值。

本书可供历史学、考古学等相关专业的师生阅读和参考。

图书在版编目（CIP）数据

华夏文明八千年 / 安文华，李骅主编. —北京：科学出版社，2018.6
ISBN 978-7-03-058079-5

Ⅰ. ①华… Ⅱ. ①安… ②李… Ⅲ. ①中华文化-研究 Ⅳ. ①K203

中国版本图书馆 CIP 数据核字（2018）第 132880 号

责任编辑：任晓刚 / 责任校对：何艳萍
责任印制：张 伟 / 封面设计：楠竹文化

科学出版社 出版
北京东黄城根北街 16 号
邮政编码：100717
http://www.sciencep.com

北京虎彩文化传播有限公司 印刷
科学出版社发行 各地新华书店经销

*

2018 年 6 月第 一 版 开本：720×1000 1/16
2022 年 1 月第三次印刷 印张：15 1/4
字数：280 000
定价：98.00 元

（如有印装质量问题，我社负责调换）

序　言

文明是人类社会发展到一定阶段的产物。恩格斯和美国民族学家摩尔根都赞同把人类发展的历史分为蒙昧时期、野蛮时期和文明时期。

一般认为文明时期的标志，是人类有了文字、金属冶炼、城市、私有财产和国家、宗教礼仪，这是西方学者定的标准。中国文明的起始，司马迁从黄帝时期纪起，距今约 5000 年，中华 5000 年文明由此而载入史册，我国成为世界四大文明古国之一。如果按西方学者认定的文明标准，中国的文明只能从西周抑或从殷商算起，距今也就 3500 多年时间。就此，西方学者不承认中国有 5000 年文明史，更谈不上华夏文明 8000 年了。

在"华夏文明八千年"课题论证会上，我提出了一个要求，大意是：我国历史学家对中国上古文明研究不够，多停留在《史记》记载的黄帝时期。目前的考古资料没有充分证据证明中国有 8000 年文明。而且受西方学者不承认中国有 5000 年文明史的影响，话语权一直掌握在西方人手里，文明标准也是没有悠久文明史国家的几个西方学者提出来的。我们要打破西方话语垄断权，用中国文明起源不同于西方的新的标准来界定文明，从考古和神话传说中找到华夏文明 8000 年的证据，引致各方大家来商榷、批评甚至批判。

华夏文明到底有没有8000年历史，先得从中国远古时代说起。

中国古人类学家把人的形成分为早期猿人、晚期猿人、早期智人和晚期智人。中国早期猿人当数安徽繁昌人字洞的猿人化石，距今200万—240万年，同时考古还发现了上百件石制品和骨制品。1959年在山西省芮城县西侯度村发现距今180万年的古人类遗址，发现了32件石制品，还有带切痕的鹿角和烧过的骨头，表明当时的猿人已知道用火。1965年在云南省元谋县上那蚌村发现了早期直立人的化石，距今170万年，元谋人能够制造石器，也知道用火。在陕西省蓝田县公王岭和陈家窝两地发现旧石器时代完整的人类头骨，距今有50万—85万年。1929年，中国考古学家在北京周口店龙骨山的洞穴中发现人类头骨，还发现大量石器骨器和用火遗址，距今有70万年。

到了新石器时代，中国的先民们已经掌握了人工取火的技能，能够制造种类齐全的石器。新石器时代的早期智人距今约5万—20万年，考古发现有大荔人、长阳人、许家窑人、丁村人、巢县人。早期智人的脑容量同现代人接近。新石器时代的晚期智人距今1万—5万年，有山顶洞人、柳江人、安图人、建平人、河套人、资阳人、丽江人、左镇人、下草湾人。

大约在1万年前左右，中国正式进入新石器时代，从旧石器时代的打制石器到新石器时代的磨制精致石器，人类经历了近20万年。据考证，在中国境内发现的新石器文化遗存已达1万余处。从这些遗址出土的农业生产工具和农作物遗迹来看，表明中国先民已由狩猎、采集向早期农业过渡。能代表华夏文明前身的新石器文化主要是大地湾文化、仰韶文化、红山文化和晚期的龙山文化。大地湾文化在甘肃省天水市秦安县被发现，分为一期、二期、三期、四期，为新石器时代早期和仰韶文化早、中、晚期文化遗址，其历史从距今8000年前到5000年前，我们的先民们在此生活了3000多年，是中国西北地区发现最早的新石器时代文化。这3000年历史正好是我们过去研究的空白。

中国文明与西方文明的起源有许多相异之处。西方文明起源于铜器时代，中国文明起源于玉器时代；西方文明起源于城市革命，中国文明起源于巫术改革；西方文明起源表现为地缘管理代替血缘管理的革新模式,中国文明起源表现为血缘管理依然延续的维新模式。西方文明在发展过程中先后断裂了,中国文明则绵延至今。

中国学者应当重新书写自己的文明发展史。这其中既要对传世文献的重要历史信息进行重新发现与估价,更应充分利用考古新资料,弥补有关空白,还应认真总结中外学者研究中国文明史的成功经验与已有成果。理想的中国文明史,应该有中国材料的基础、民族精神的灵魂,还有世界文明史的视野、人类未来发展的眼光。

由于中国古代文明的独立起源方式与西方文明大不相同,中国古代文明的发展过程也与西方文明有许多相异之处,所以就不能套用西方的文明理论、史学理论来解释中国古代文明史,但可以将其作为参照系,通过比较,揭示中国文明的历史。

中国古代文明多源并起,著名考古学家苏秉琦先生概括为六大文明起源区,遍及黄河上下、长江南北、长城内外。以他的标准对照中国六大文明起源区,黄河流域大致相合,其他区域则不能完全对应,然而我们不能因此而否定这些地区的文明起源。事实上,在长江下游的良渚文化与辽西地区的红山文化,其典型的宗教礼仪建筑与精美绝伦的玉器,足以表明当时的社会已分化成不同的阶层,氏族公共权力已高度集中,其文明程度不亚于中原地区。而且这些代表神权、族权、兵权的玉器,在中原地区和长江中上游其他文明区也都具备。这是中国文明起源的独有物质要素,为世界上其他独立起源的古文明所不可比拟。因此,牟永抗、曲石、吴汝祚、林华东、安志敏等考古学家在20世纪90年代即已提出了"中华文明起源于玉器时代"的新判断,以区别于西方的古代文明。

让我们考察一下甘肃天水秦安县的大地湾文化,来追溯华夏文明8000年的历史。

大地湾遗址是我国一处新石器时代的聚落遗址,因其文化类型多、延续时间长、历史渊源早、技艺水平高、分布面积广、面貌保存好而享誉考古界。经 ^{14}C 测定,遗存距今约 8000—4800 年,上下跨越 3000 余年,最早的遗存比著名的西安半坡遗址还要早 1000 多年,被我国考古界泰斗苏秉琦先生誉为"中国原始社会的小太阳"。

大地湾遗址在考古学上共有四期文化,其中第一期文化是该遗址中年代最早的，它比著名的西安半坡遗址和浙江余姚河姆渡文化还要早近千年，因此这一发现被视为考古学研究的重大突破。同类遗存在甘肃东部、东南部已发现多处，因大地湾最早发现、出土遗物最为丰富且具有代表性，学术界将这类遗存命名为大地湾文化。考古学意义上的大地湾文化并不包括大地湾遗址的全部遗存，仅特指处于遗址最下层的第一期文化及其他遗址的同类遗存。它们的绝对年代为距今8000—7000年。

大地湾文化的发现，是中国新石器时代考古工作的重要收获之一，特别是大地湾一期彩陶的发现，是我国迄今所知最早的彩陶文化，它将中国彩陶文化产生的时间上溯至距今8000年，这充分说明我国黄河流域的秦州大地是世界上最早出现彩陶的区域之一。同时，在大地湾一期文化彩陶钵口沿内和部分彩陶片的内壁发现有十余种不同纹样的红彩符号，这为研究古代文字的形成和发展提供了新资料。

中国文明在经历了文明起源之后，又经历"三皇五帝"和夏商周文明，这也是在西方文明史上所不曾有过的。而造成这种现象的根本原因还是在于中国延续了血缘管理。这一点很重要，它对中国文化产生了深远影响。由于血缘管理，结果造成了五帝至夏商周漫长的巫史传统，发达的原始宗教，以及世袭制王位。而春秋战国时期出现的以诸子学派的繁荣为代表的轴心文明，秦汉以后出现的以汉民族为主体、多民族相融合的绵延发展的成熟文明，也都是以此为基础的。

中华文明在五帝时代多源并起后，至夏商周三代为什么会向中原地区集中？在这当中，大地湾古文化、东夷古文化、良渚古文化、红山古文化对中原王官礼制文化产生过多大的影响？又是如何影响的？按照西方的理论定义，"文字是语言的记录符号"，而中国的文字发明不是为了记录语言，而是为了与神灵的沟通，是神权、族权、政权的象征。因此，在中国文明起源的历史长河中，文字一直与王权政治结合在一起。文字在中国多民族融合统一过程中，在中国文明的绵延发展过程中，都发挥了极其重要的作用。而埃及古文明的圣书体文字、两河流域古文明的楔形文字、印度古文明的印章文字、地中海克里特古文明的线形文字A和线性文字B，都因其文明的中断而中断了，只有中国的汉字随着文明的起源而产生，一直使用至今，这在世界文明史上也是独一无二的，特别值得总结。

摩尔根的《古代社会》以美洲的易洛魁人、阿兹特克人，欧洲的希腊人、罗马人为研究对象。恩格斯的《家庭、私有制和国家的起源》则在摩尔根基础上，增加了欧洲的克尔特人与德意志人的材料。但这些古典文化演进理论都没有涉及古代中国的材料。以前的中国史学论著都套用摩尔根、恩格斯的理论概念，现在看来都有些不妥。因为按照摩尔根、恩格斯的理论，"部落联盟"必须是同一氏族、同一血缘。但中国三皇五帝时代的部落联盟，则是不同氏族、不同血缘的联合，最典型的是东夷部落与中原华夏部落的联盟禅让政权。再按照摩尔根、恩格斯的理论，"民族"是出现文明的前提，必须是不同氏族、不同血缘混同居住在同一领地。中国早期文明已有许多"民族"政权的特征，但各氏族、各血缘仍然是各自分居在不同领地。

总之，没有任何一种西方的文明理论可以完全适用中国古代文明。中国文明史的书写必须扎根于中国自己的传世文献与考古材料，作综合分析、哲学思考，然后总结出完全符合中国实际的文明理论、文明概念、文明术语，梳理出中国自己的文明发展史。而且，这个文明发展史应该放在世界文明史的背景下，以显示其独特性和先进性。

中国有重历史、重文献记载的优良传统。有关中国文明史的古代文献资料是相当丰富的。关键是需要从观念上超越传统思维，在方法上超越前人的束缚，能在常见资料中发现重要历史信息，从而做出新的判断和评价。

近百年来，虽然中国文明史研究深受西方模式影响，存在许多套用西方理论、概念、术语的弊病，但毕竟还是有一批优秀学者，在思想上坚守民族精神，学养上精通中西，实践中能自觉活用西方理论的合理之处，具体分析中国实际，对中国文明史做出了新的阐述与理论概括。由于有了民族精神的灵魂和中国材料的基础，再加上世界文明史的视野，因此，他们所取得的成果，既能避免西方学者研究中国的隔膜，又能超越中国传统学者的狭隘；既能展示中国的民族特色，又能体现世界的眼光。同时，考古学还为我们打开了认识中国文明史的一个又一个窗口，让我们不断有新的惊喜。

华夏文明八千年就是基于这些认识，才破题研究的。

安文华

2018年3月于兰州

目　录

序　言 ·· i

第一章　文明的起源与界定 ·· 1

第一节　关于文明的界定 ·· 2
第二节　对现有"文明"理论的质疑 ·· 9
第三节　文明与文化的区别 ··· 13
第四节　华夏文明的特征 ·· 17
第五节　华夏文明八千年的立论与理由 ·································· 22

第二章　八千年前先民的生存环境 ······································ 27

第一节　先民迁徙：气候变迁 ·· 28
第二节　先民记忆：史前大洪水与海进 ·································· 33
第三节　先民聚居：部落与都邑 ··· 39
第四节　华夏民族的原始生活形态 ·· 45

第三章　八千年前的农耕文化 · 53

第一节　农耕文化的概念 · 53
第二节　原始农耕文化起源的动因 · 56
第三节　史前农耕文化的发达阶段 · 70

第四章　八千年前的神话传说 · 79

第一节　神话传说与人类起源 · 81
第二节　神话传说与史前文化 · 87
第三节　全球视野中的伏羲女娲传说 · 92

第五章　八千年前的大地湾文化 · 101

第一节　考古发掘：辉煌的新石器时代文化 · 102
第二节　大地湾：史前文明的见证 · 106
第三节　甘肃：华夏文明的重要发祥地 · 115

第六章　八千年前的甘肃伏羲文化 · 128

第一节　伏羲存在时代及出生地的考察 · 129
第二节　伏羲画八卦与数和字的起源 · 132
第三节　伏羲"画八卦"的哲学含义 · 136
第四节　伏羲"画八卦"对中国文化的影响 · 142

第七章　八千年前的彩陶文化 · 156

第一节　人类文明的里程碑 · 156
第二节　彩陶——中国远古文化的辉煌代表 · 163
第三节　彩陶艺术的现代解读 · 174

第八章　玉器文化八千年 ································ 182

第一节　玉器文化的构成及文化承载 ······················ 182
第二节　玉文化的主要考古发现 ··························· 190
第三节　玉器文化的象征及价值 ··························· 197
第四节　玉器文化在甘肃 ····································· 203

第九章　建构华夏文明八千年起源的话语权 ······ 206

第一节　站在考古学和历史学之外 ······················ 206
第二节　文明起源与文明时代 ····························· 214
第三节　华夏文明起源的独特性 ························· 219

后　记 ··· 230

第一章　文明的起源与界定

地质学家将地球的历史发展大致划分为五个不同的时代：太古宙（地球形成—25 亿年前）、元古宙（25 亿年—6 亿年前）、古生代（6 亿年—2.5 亿年）、中生代（距今 2.5 亿年—6500 万年）和新生代（距今 6500 万年至今）。[①]而有关人类进化史的研究表明：直到大约 680 万年前，人类最早的祖先才在非洲乍得出现，它们被称为萨赫勒人乍得种。大约在 20 万年前，早期智人在埃塞俄比亚阿法尔地区出现。人类从蒙昧进化到文明，从无记载的历史演进到有记载的历史，此中又经历了漫长的岁月，而非一蹴而就。因此，与整个地球的历史相比，人类的历史实在短暂，人类的文明史更是短得可怜。

人，既是意义的主体，亦是意义的客体。任何学术研究与探讨都不能脱离人，对文明起源问题的探讨同样如此。这里的文明显然指的是人类的文明，对文明的探讨显然也是人类对自身文明起源史的探讨。随着科技的日新月异，学科、学术的日益发展和紧密合作，尤其是历史学与考古学新发现、新资料的不断丰富与充实，人们对历史源流问题的探究欲望与兴致也越来越高昂，其意义也显得越来越重大。

[①] 关于地球不同时代的划分，参见郭方主编：《全球通史：人类的文明》第一卷，长春：吉林出版集团有限责任公司，2010 年，第 7 页。

然而，著名历史学家科林伍德曾有论断："一切历史都是思想史！"这就说明，人类既是问题研究的最重要推手，也是问题研究的最大束缚，历史学只能在已经形成的文明时代里探究文明，考古学只能在文明时代的最先处拓展文明的源头。如此站在历史学和考古学之内，加上人性本身的辩证特性，就很自然很容易地形成了一种吊诡：所谓源头，本身只能是固定不变的，犹如河流的源头一样。如果源头依于考古资料的发现而得到证明，那么源头就是暂时的。因为随着考古工作的不断深入推进，新发现、新资料将不断出现。因此，文明的源头实质上就是一个不断拓展、不断发现的源头，只要出现有力的佐证，向上求证未尝不可。

第一节　关于文明的界定

在《哲学辞典》中，关于"文明"这一术语，其所给出的定义是："人类改造自然和改造社会的实践活动在物质和精神两个方面取得的积极成果的总和；人类开化状态和社会进步的标志。与'野蛮'相对"。[①]从这个定义当中，我们可以看到，《哲学辞典》主要是从三个角度来界定"文明"这一术语。首先，"文明"主要指的是人类在改造自然和社会的过程中在物质和精神两个方面所取得的积极成果。其次，"文明"主要指的是人类开化的状态，这种状态标志着社会的进步。最后，与"文明"这一术语相对应的一个词是"野蛮"。

如果我们从词源学的角度来对"文明"进行考察，我们会有这样的发现，中国古籍中最早出现"文明"二字连用的情况主要见于《周易》和《尚书》。在《周易·乾·文言》中，有"见龙在田，天下文明"一说。《周易》中"文明"连用的语词还有一些，譬如，"文明以健，中正而应，君子正也"（《同人》）；"其德刚健而文明，应乎天而实

---

① 冯契主编：《哲学辞典》，上海：上海辞书出版社，2007年，第207页。

行,是以元亨"(《大有》);"刚柔交错,天文也;文明以止,人文也。观乎天文以察时变,观乎人文以化成天下"(《贲》)等。在《尚书·尧典》中,有这样的说法:"曰若稽古帝舜,曰重华协于帝。浚哲文明,温恭允塞,玄德升闻,乃命以位。"唐代孔颖达注疏《尚书》时将"文明"解释为:"经天纬地曰文,照临四方曰明。"在中国古代汉语的表达习惯中,一般一个字就是一个表意单位,所以,中国古代所说的"文明"跟我们今天所探讨的"文明"仍然存在一定的差异。《说文解字》对"文"的解释:"文,错画也。象交文。"按照我们今天的说法就是:"交错的笔画。象交叉的纹案"。指的是天地万物的信息产生出来的现象、纹路、轨迹,描绘出了阴阳二气在事物中的运行轨迹和原理。"明"在《说文解字》中主要指的是"日月照耀"。当然,从《周易》和《尚书》这两处文本中,我们不难看出,"文明"在过去中国文化的语境中已经具有非常重要的含义,但是绝对不同于我们今天的理解。

英文中的"文明"(civilization)一词源于拉丁文"civilis",这个词在英文中的含义主要有:公民的、国家的、社会的、城邦的。从英文的这个词当中,我们可以看出,西方人在讲"文明"的时候,多与城邦政治和城邦生活相联系。从词源的角度来说,东西方在刚开始所谈论的"文明"并不是一回事,东西方对于"文明"的强调也并不相同。

希腊是西方文明的精神家园,在希腊所创造的文明中,当时伟大的哲学家都比较重视城邦政治和城邦生活,甚至将政治生活作为人的生活最为本质的规定。比如说写作《理想国》的柏拉图和写作《政治学》与《尼各马可伦理》的亚里士多德都持有这样的观点。在《理想国》中,柏拉图预设了国家和个人具有同构的关系,国家是放大了的个人,个人是缩小的城邦。人和城邦都要按照"正义"的要求去做,以实现各自的禀赋。亚里士多德在《政治学》当中将人理解为政治的动物,他在个人与城邦之间的关系上曾经有过非常精彩的论述。在《政治学》中,他说道:"城邦〔虽在发生程序上后于个人和家庭〕,在本性上则先于个人和家庭。就本性来说,全体必然先于部分;以身体为例,如全身毁伤,则手足也就不成其为手足,脱离了身体的手足同石制的手足无异,这些手足无从发挥其手足的实用，只在含糊的意义上大家仍旧称之为手足而已。我们确认自然生成的城邦先于个人，就因为［个人只是城邦的组成部分，］每一个隔离的个人都不足以自给其生活，必须共同集合于城邦这个整体［才能大家满足其需要］"。①亚里士多德甚至在书中进一步说道："凡隔离而自外于城邦之人——或是为世俗所鄙弃而无法获得人类社会组合的便利或因高傲自满而鄙弃世俗的组合的人——他如果不是一只野兽，那就是一位神祇。"②由此可见，在希腊社会，城邦对于个人来说是多么重要。在希腊社会，对于一个普通人来说，他们实现自己人生价值最为重要的方式不是获得更大的权力和积累更多的财富，而是让他们所生活的城邦成为世界上最好的城邦，让世界上其他地方的人们都听到他们这个城邦的名字，个人的成就与城邦的成就密切相关。当然，他们之所以如此看重城邦的存在，一个最为重要的原因是：失去了城邦的庇护，普通人将无法生存。在城邦与城邦的战争中，失败的一方会成为胜利一方的奴隶。从西方语言和文化的角度，我们可以看到，西方人在理解"文明"这个词的时候主要跟城邦政治生活联系在一起，城邦中的政治生活对于他们来说至关重要。

在对"文明的起源与界定"中，有些学者的观点影响比较深远。

1. 摩尔根的文明起源论

1877年，美国人类学家路易斯·亨利·摩尔根出版了《古代社会》一书，在这本书中，他研究了人类文明诞生的具体过程。在他看来："人类必须获得文明的一切要求，然后才能进入文明状态"。③为了揭示人类文明发展的轨迹，摩尔根采取由近及远的回溯逆推的方式，清楚地展现出不同时期人类文明的表征及其贡献。在摩尔根看来，近代文明、中世纪文明和希腊、罗马文明都在人类历史上做出了一定的贡献，"这些文明是在此以前的野蛮阶段的各种发明、发现和制度的基础上建

---

① （古希腊）亚里士多德著，吴寿彭译：《政治学》，北京：商务印书馆，1965年，第8—9页。
② （古希腊）亚里士多德著，吴寿彭译：《政治学》，北京：商务印书馆，1965年，第9页。
③ （美）路易斯·亨利·摩尔根著，杨东莼、马雍、马巨译：《古代社会》，北京：商务印书馆，1977年，第28页。

立起来的,而且也大量地吸取了野蛮阶段这方面的成就。文明人的成就虽然卓越伟大,都远远不能使人类在野蛮阶段所完成的事业失色,野蛮阶段的人已经自己创造并享有了一切的文明要素,仅字母文字一项为例外"。①摩尔根将人类政治方式的变迁作为人类社会进入文明时代的重要或根本的标志。他提出,"氏族的消亡与有组织的乡区的兴起,大体上可以作为野蛮世界与文明世界的分界线,也就是作为古代社会与近代社会的分界线"。②

2. 卢梭的文明批评论

卢梭是法国启蒙运动当中影响深远的一位思想家,拿破仑甚至说过"没有卢梭,就没有法国大革命"。卢梭在《论人类不平等的起源和基础》一书中严厉批评了现代文明的弊端,因此,卢梭也被后人看作是对现代文明和现代性进行批评的先驱。在这本书中,卢梭指出,从那最初被容许霸占土地开始,文明的不幸就接踵而至了:阶级的区分、奴隶制度、奴役、嫉妒、抢劫、战争、法律不公、政治腐败、商业欺诈、发明、科学、文学、艺术……所有这些文明的产物,无非是堕落而已。而且,为了保护私有财产,促使人类组织化,遂出现了国家;为使政府活动有力,使弱者服从强者,于是有了法律的发展。这样造成的结果是:少数特权阶级饱食终日,无所事事;而广大劳动者终日辛劳,却不得温饱。不仅如此,严重的社会不公引发了大堆的社会邪恶:奢侈、糜烂、堕胎、杀婴、暗杀、格斗、性变态等,整个社会道德败坏,人伦丧尽。一句话,在人类自然的肌体上,制造了多个"文明"的恶瘤。如果将文明社会的这些腐败和邪恶与野蛮时代相比较,野蛮人的生活倒是健康的、神圣的和合乎人性的。从这段话中,我们不难看出,卢梭认为"文明"主要是源于私有制,在私有制的基础上出现的经济、政治、国家、法律、道德、文化艺术等都是"文明"最为重要的表现形式,但是,卢

---

① (美)路易斯·亨利·摩尔根著,杨东莼、马雍、马巨译:《古代社会》,北京:商务印书馆,1977年,第30页。

② (美)路易斯·亨利·摩尔根著,杨东莼、马雍、马巨译:《古代社会》,北京:商务印书馆,1977年,第145页。

梭认为，这些"文明"的形式违背了人的本性，是对人的本性的遗忘与背叛，导致人的虚伪与堕落，因此是值得批判的。卢梭之所以这样看待人类的"文明"，跟他的生活经历有很大的关系。他刚出生不久母亲就去世了，他的父亲在他10岁的时候也离他而去，他自己在人生的早期有很长一段时间都是自然的孩子，到处流浪生活。这段居无定所的生活给他留下了深刻的印象，在流浪过程中他看到了所谓"文明"社会的各种弊端，自然淳朴生活的益处。所以，他在建构理想的社会制度的时候，提出了一种他所设想的"自然状态"学说。处在"自然状态"中的自然人或野蛮人是孤独的，相互之间没有交往和联系，因而不需要语言；两性的结合是完全偶然的，没有固定的居所，不存在家庭；没有农业和工业，没有战争，除了生理上的差异之外彼此自由平等，因而处在和平状态之中。这样的野蛮人的全部欲望表现为肉体的需要，这就是食物、交媾和休息。在自然人的心灵中有两个最原始的原则：自我保存和怜悯。自然法的一切准则都是从这两个原则产生出来的。私有制产生之后，人类从此便由自然平等的自然状态陷入了没有自由和平等的社会痛苦之中。为了解决私有制带来的弊端，人类必须想办法回到文明之前的状态之中。

3. 福泽谕吉的国家文明论

日本启蒙思想家福泽谕吉是日本明治维新运动的理论先行者，也是日本明治维新在思想上的设计师。他对于什么是"文明"和日本如何走向世界"文明"都做出了认真的思考。他在《文明论概论》一书中提出，"文明是一个相对的词，其范围之大是无边无际的，因此只能说它是摆脱野蛮状态而逐步进步的东西"。他说："'文明'这个词，是表示人类交际活动逐渐改进的意思，它和野蛮、无法、孤立完全相反，是形成一个国家体制的意思。"[①] 当然，福泽谕吉的这种理解主要跟当时日本所面临的处境和日本要走的道路密切相关。他所强调的文明着重于开化的"国家体制"。

---

① （日）福泽谕吉著，北京编译社译：《文明论概论》，北京：商务印书馆，1959年，第30页。

4. 马克思、恩格斯的社会文明论

马克思和恩格斯是中国人的精神导师,他们对于人类文明问题同样进行过深入的反思和思考。在关于文明起源的问题上,马克思、恩格斯在《德意志意识形态》中指出,"物质劳动和精神劳动的最大的一次分工,就是城市和乡村的分离。城乡之间的对立是随着野蛮向文明的过渡、部落制度向国家的过渡、地方局限性向民族的过渡而开始的,它贯穿着全部文明的历史并一直延续到现在"。①从这段话中,我们可以看到,马克思和恩格斯将城乡之间的分离与对立和从部落制度向国家制度的过渡看作是"文明"起源的开始。

马克思在理解社会发展运动变化的过程中,将人类文明与物质生产方式相联系,将文明分为物质文明和精神文明,认为精神文明建立在一定的物质文明的基础之上。恩格斯指出,"人们的一切法律、政治、哲学、宗教等等观念归根结底都是从他们的经济生活条件、从他们的生产方式和产品交换方式中引导出来的"。②物质生产方式在不同历史时期表现的形式并不相同,而物质生产方式的每一次飞跃,都会引起文明形态的改变。与不同的人类社会物质生产方式形成的社会形态相对应,便形成了奴隶制文明、封建制文明、资本主义文明、社会主义文明的不同文明形态。

在文明的本质这个问题上,恩格斯看到了在文明背后其实是赤裸裸的阶级斗争,阶级斗争构成了文明发展的动力。恩格斯认为,"由于文明时代的基础是一个阶级对另一个阶级的剥削,所以它的全部发展都是在经常的矛盾中进行的。"③

恩格斯在《家庭、私有制和国家起源》一书中,概括了摩尔根所理解的文明时代和野蛮时代的区别,他把摩尔根关于不同时代的特点概括如下:"蒙昧时代是以获取现成的天然产物为主的时期;人工产品主要是用作获取天然产物的辅助工具。野蛮时代是学会畜牧和农耕的时期,是学会靠人的活动来增加天然产物生产的方法的时期。文明时代是学会

---

① 《马克思恩格斯全集》第3卷,北京:人民出版社,1960年,第56-57页。
② 《马克思恩格斯全集》第21卷,北京:人民出版社,1965年,第548页。
③ 《马克思恩格斯全集》第21卷,北京:人民出版社,1965年,第201页。

对天然产物进一步加工的时期,是真正的工业和艺术的时期"。①恩格斯将文明时代的特征概括为以下五个维度:(1)出现炼铁,发明文字并应用于文献记录。(2)由分工而产生个人之间的交换,以及把这两个过程结合起来的商品生产得到发展。(3)私有制确立和阶级产生。(4)国家产生及作为政治、经济、文化中心的城市出现。(5)一夫一妻制的个体家庭确立,取代群婚制。

5. 李学勤关于人类早期文明的理解

李学勤先生是当代中国历史研究领域当中最为知名的专家学者之一,是"夏商周断代工程"的首席专家。他对于中国古代文明有很多非常深入的研究。在《通向文明之路》这本书的第一篇文章中,他从三个不同的角度对于早期中华文明进行了介绍。第一个方面是中国早期文明的长度,第二个方面是中国早期文明的广度,第三个方面是中国早期文明的高度。当然,在介绍中国早期文明的三个方面之前,首先要把什么是中国早期文明及"文明"本身说清楚。在谈及什么是"文明"的时候,李学勤先生认为应当采用国际上通用的标准。对这一国际标准贡献最大的是英国学者格林·丹尼尔。格林·丹尼尔长期担任剑桥大学考古系主任,主要研究欧洲考古和关于考古学的历史。在 1968 年,他写了一本书,即《最初的文明——文明起源的考古学》。这本书虽然很小,但是流行非常广泛,是西方考古学学生的必读书目,正是这本书把这一标准普及到全世界。当然,李学勤先生根据他自己的研究,指出这一标准并非格林·丹尼尔的首创,而是在 1958 年美国芝加哥大学东方研究所召开的一次研讨会上提出来的。这个研究所当时举行了一次关于"近东文明起源学术研讨会",在会上,有一位叫克拉克洪的学者提出了文明的三条标准,这三条标准后来被格林·丹尼尔先生补充完善,最终通过《最初的文明——文明起源的考古学》这本书在全世界获得了普及。那么,这三条标准究竟是什么呢?

第一条标准就是要有城市。就是发掘出来的遗址中应该有城市,如

---

① 《马克思恩格斯选集》第 4 卷,北京:人民出版社,1995 年,第 24 页。

果都是原始部落的小聚落是不行的，要有城市，也就是要有城市和乡村的对比和差别。这个标准还有量的限制，作为一个城市要能容纳5000人以上的人口。第二个标准是文字。没有文字的文明是很难想象的，因为没有文字的发明，人类的思想文化的积累就不可能留存和传播。第三个标准是要有复杂的礼仪建筑。什么叫复杂的礼仪建筑呢？简单来说，就是一个建筑物不是为了一般生活需要而建造的，而是为了宗教的、政治的或者经济的原因而特别建造的。①

李学勤先生关于"人类文明"标准的界定被很多学者所接受。主要原因有以下四点：第一，李学勤先生关于"文明"的界定是当今学术界普遍使用的标准。第二，李学勤先生所使用的这个标准更容易操作，可以更好地评价一个文明的方方面面，特别是可以更好地评价一个原初状态的文明是否能够称得上"文明"。第三，李学勤先生所使用的这个标准具有更大的解释空间，可以用这个标准来检验一个"文明"的广度和深度。第四，李学勤先生所提供的这个标准更具直观性。按照李学勤先生的观点，判断一个"文明"是否能够成为"文明"，主要的依据就是三点，即城市、文字和特殊建筑。借助于这样的标准，我们很容易对于新发现的一些人类活动的遗迹进行考察和界定，也可以跟其他发现的人类遗迹放在同样的尺度上进行衡量和比较。

毫无疑问，在人类思想发展的历史上，还有很多关于"文明"的起源与界定的研究，以上所列举的只是其中比较有代表性的几个。如果我们将所有关于"文明"的起源与界定都列举出来，那么将很难获得关于什么是"文明"的共识性理解。

第二节 对现有"文明"理论的质疑

当然，在谈论什么是"人类文明"标准的时候，我们很容易看到这

---

① 李学勤：《辉煌的中华早期文明》，《通向文明之路》，北京：商务印书馆，2010年，第10页。

一点,即关于"人类文明"标准的理解大部分都是来自西方学者所给出的观点,即使是国内历史学领域非常有影响的李学勤先生也采用了西方人所使用的关于"文明"的标准。这样一来,如果完全按照西方学者关于"文明"的标准来看待中国自己的文明史,我们就无法看清中国自己文明发展的历史脉络。在中国,黄帝以前信史缺乏,充满神话和传说,是难以考据的;西方不少学者甚至连中国有 5000 年文明史的影响都不予以承认;文明标准也是西方文明史很短的几个国家的学者提出的;相关的话语权一直牢牢把持在西方人手里。因此,作为中国的学者,我们应当借鉴西方学者的观点,而不是一味照搬照抄。我们确实需要站在人类文明史的高度上,重新来理解和解读中国的文明史。对于是什么构成了"人类文明"标准这一问题,我们需要根据中国的历史给出自己的答案。

恩格斯有句名言:"任何哲学都是时代精神的精华"。因此,在哲学视阈中,已有的"文明"理论或者说是相关标准的制定无疑都具有双层局限性:一是理论的提出者或者说是标准的制定者本身必然具有个体的局限性,包括其思维观念、学识的深度与广度,对待问题的眼界与角度等。二是理论或者说是标准所具有的时代局限性,包括当下时代的社会环境、科技水平、科研条件等。这些局限性,如同人体的 DNA 一样,是与生俱来的。

虽然对已有的"文明"理论或者说是相关标准制定的质疑不是一件简单的事情,不是简单的学术研究转向或者非专业人士的心血来潮就能解释的,而是必须返回到考古学和历史学的领域以辨究竟,这注定不是一帆风顺的,但这也是学术研究应当秉持的最基本态度。苏格拉底说"自知自己无知",是智者对己应有的态度。对未知的,我们保持谦卑的敬畏和大胆的好奇是最合适的。

我们可以对一些主要的"文明起源与界定"理论或者说是相关标准进行辨析,据此似乎可以给予较有力的佐证。

实际上,"地球史""人类史""文明史""有文字记载、有史料印证的文明史",这些概念在内涵和外延上都是有巨大差别的,至少在时空角度上依次是"大于号"的关系。事实上,"文明的起源"与"物种

第一章 文明的起源与界定

起源""人类起源"是不可混为一谈的。无论是西方的上帝造人说,还是达尔文的进化论思想,他们试图阐明的都不是文明的起源问题,而是人类的由来问题。

大多数历史学家认为,人类文明肇始于东方的大河流域和西方的沿海地区。最早的文明出现在大约5000—6000年前西亚和北非地区大河流域的一些小村落。底格里斯河与幼发拉底河之间的美索不达米亚和尼罗河畔的埃及曾先后出现人类文明。在底格里斯河与幼发拉底河流域的三角地带,苏美尔人建立了城市,乌尔城是其典型代表。大约在公元前2340年,来自北部的阿卡德人摧毁了苏美尔文明。此后2000多年间,这个亚非欧交会地区一直历经着巨大的动荡:巴比伦人、郝梯人、迦勒底人、米堤亚人,还有波斯人在这块土地上轮番登台,充当主宰。反观埃及文明,从大约公元前3000年开始,整个尼罗河流域就归于一个君主的统治。尽管历经朝代变迁,也受到南方部落的骚扰,但埃及文明一直相当稳定地持续了将近3000年。①

在这漫长的时间长河中,人类或许曾经创造过诸多不同的文明形式,但是大多没能经受住时间的考验,都被静静地淹没在历史的长河之中。即使我们现在偶尔发现一些上古时期人类的活动遗迹,我们在解读的时候也面临重重困难。我们并不知道那些人类留下的遗迹到底意味着什么。胡适曾经把历史比作小姑娘的辫子,可以任意打扮。这个比喻虽然有点夸张,但是,在人类对后来出现的人类文明遗迹进行解释的时候,确实在很多时候都会因为各种现实的原因而对于旧有的遗迹进行各种歪曲。没有被记载的,目前尚未被考古发掘的,并不能直接等同于它就没存在过,否认它是人类文明史中不可或缺的一笔,这是对历史极不负责任的行为。公元前350年,古希腊哲学家柏拉图的《对话录》在古希腊广泛流传。在对话录中,柏拉图以对话的形式第一次描绘了亚特兰蒂斯。2011年时,一支考古队声称他们已找到了亚特兰蒂斯的位置:在西班牙南部的泥滩之下。2013年12月,葡萄牙西边海域发现海底金字

---

① (美)丹尼斯·舍曼等著,李义天等译:《世界文明史》第四版,北京:中国人民大学出版社,2010年,第1页。

塔，疑似亚特兰蒂斯遗迹。关于亚特兰蒂斯，目前为止仍然处于争议当中。如果哪一天我们能够把亚特兰蒂斯的遗址找出来，难道这个文明不会颠覆现有的人类文明史？

中国，作为四大文明古国之一，在人类的文明史上，也留下了浓墨重彩的一笔。中国是四大文明古国当中唯一一个一直将自己的文明延续下来的国家，其他几个文明古国都湮灭在历史的长河中。曾经创造出光辉灿烂文明的古代埃及人，古代巴比伦人和古代印度人最后都不知所踪。作为中国人，我们经常说中国有五千年的文明史，但是，中国有文字记载的历史并不长。根据我国现有文献记载的古代确切年代，只能上推到西周晚期的共和元年，即公元前841年，这种结论难道不是十分可笑的吗？据此论调，中国公元前841年之前的历史难道是空白或不存在？那么裴李岗文化、仰韶文化、半坡文化等等文明要素又算什么？我国从1996年5月16日正式启动一项浩大的文化工程，即"夏商周断代工程"。该工程将自然科学、社会科学和人文科学的研究手段和研究成果相结合，设置9个课题44个专题，组织来自历史学、考古学、文献学、古文字学、历史地理学、天文学和测年技术学等领域的170名科学家进行联合攻关，旨在研究和排定中国夏商周时期的确切年代。"夏商周断代工程"本身，正是对近代以来疑古派、无古派的一种反驳。

由于历史文献资料的极度缺乏，对于文明起源的问题，可以肯定地说，无法进行全面而深入的探讨，因为每一步都预示着需要翔实的、可见的、充分的历史文献作为佐证，所以，只能就现有的资料做出当下的结论，虽然这一结论是可靠的，但并不能说明不依于此一条件得来的结论就不是正确的。"三要素"说或者"四要素"说存在的问题是，在实际应用中，这是一种绝对化的方法，不能穷尽所有事实。有国家就一定有文字？有文字就一定会建立国家政权？有城市遗址就一定有文字记载？有文字记载就一定能找得见城市遗址？所以说，要处理好文明要素的碎片和文明要素的片段的关系。只要有文明要素的碎片出现，就不能轻易断言此与文明毫无瓜葛，亦不能轻易断言此即文明的全部。文明时代的形成是文明诸要素是共生的，文明诸要素或多或少已经昭示文明片段的诞生与文明起源的形成。

文明的起源需要搞清楚的是人类产生之后，是如何由蒙昧野蛮逐渐进化到文明的？文明的源头在哪里？文明的标准是什么？对这些问题该如何较准确恰当地阐释与定义、总结与归纳，得出令人信服的结论，是摆在人类面前的一道难题。

在文明的起源问题上，"多源并流"的观点应该算是比较中肯的，这与苏秉琦等学者提出的"多元一体"的观点其实是异曲同工。因此，不应把文明的起源仅仅确定在某一点或某一处，它与具体的某一山溪的源头不同。

对文明起源问题的探讨与对文明标准的界定其实也分属两个不同的问题，虽然两者的内涵中有些细微交叉的部分。关于文明的标准，众说纷纭，尽管目前已有的理论中已认可了一些基本要素，或者换言之，起码在华夏文明目前已有的理论中已达成了一些基本共识，比如要有"定居农业的形成""制度承继开始发生""初步的社会分工开始形成""最早的文字符号开始出现""早期宗教意识的产生"……但这并不等于弄清了华夏文明的起源问题，这是两回事。只有对起源问题探讨清楚了，再立论某一文明迄今为止历经了多少时间才是有理有据，方能让人信服。

第三节　文明与文化的区别

同时，要想较好地解决上述问题，首先必须搞清楚文明与文化的关系问题。

"文明"和"文化"有什么样的区别和联系？这是一个比较复杂的问题。因为"文化"是一个非常广泛的概念，而且包含很多不同的维度和面向。据统计，关于"文化"的概念已经有200多种。不同的哲学家，社会学家和文化学家都曾经尝试着给"文化"下一个定义，但是，比较遗憾的是，到目前为止，还没有找到这样一个大家都能够接受的定义。

许多学者在使用"文明"和"文化"这两个词的时候,一般都不做区分,而是混在一起使用。"文明"与"文化"虽然有很多相同之处,但是这两个术语之间还是有一些区别。我们首先看看《哲学辞典》是如何界定"文化"这个术语的。

在《哲学辞典》的 206 页中有关于"文化"这一词条的介绍。在西方文化中,"文化"一词源于拉丁文"cultūra",原意为对土地的耕耘和对植物的栽培,以后引申为对人的身体和精神两方面的培养。在中国古籍中,文化的含义是文治与教化。[①]在《说文解字》中,"化"主要指的是"教行也",按照今天的说法就是"教化施行的意思"。从词源学的角度,我们可以看出,"文化"这个词在中西方的起源并不相同,甚至背后所隐含的预设也相去甚远,但是,在后来的使用中,也具有一些相似之处,即都希望人们向好的方面去改变。

按照《哲学辞典》第 206 页关于"文化"的解读,广义的"文化"跟"文明"有相似之处,都是指人类在社会实践过程中所获得的物质的、精神的生产能力和创造的物质财富、精神财富的总和,是一种历史现象。每一社会都有与其相适应的物质文化与精神文化,并随着社会物质生产的发展而发展。生产工具的革新、科学发明的程度、生产者的文化技术水平,以及教育、文学、艺术、科学在社会的普及状况,是衡量一定历史时期文化发展水准的重要标准。狭义的"文化"主要指精神生产能力和精神产品。包括一切社会意识形式:自然科学、技术科学、社会意识形态。有时又用来专指教育、科学、文学、艺术、卫生、体育等方面的知识和设施,以与世界观、政治思想、道德等意识形态相区别。作为社会观念形态的文化,是一定社会的政治和经济的反映,同时又给予一定社会的政治和经济以巨大的影响。它的发展有着历史的继承性,新文化总是吸取和利用旧文化的成果而逐渐形成。随着民族的产生和发展,文化具有民族性,通过民族形式的发展,形成民族的传统。

18 世纪,一些法国学者如伏尔泰等人在使用"文化"一词时,主要

[①] 冯契主编:《哲学辞典》,上海:上海辞书出版社,2007 年,第 206 页。

指的是受过教育的人所取得的一些实际成就，比如，良好的风度、文学、艺术和科学等。

1871年，英国人类学之父E.B.泰勒曾经给"文化"进行如下的界定："文化是一种复杂丛结之全体。这种复杂丛结的全体包括知识、信仰、艺术、法律、道德、风俗及任何其他人所能获得的才能和习惯，这里所说的人是指社会的一个分子"。从泰勒的定义中，我们可以发现，在他的思想体系中，"文化"并不是一个最小的术语，而是包含一系列其他的组成部分。我们要想了解"文化"，必须从文化所包含的其他部分入手。

20世纪上半叶，在美国人类学界有着比较重要影响的克鲁伯将"文化"界定为：一堆学得的和传承的自动反应、习惯、技术、观念和价值以及由之而导出的行为，乃是构成文化的东西。文化是人类所特有的，别的动物没有文化，文化是人类在宇宙间特有的性质……文化同时是社会人的全部产品，而且也是影响社会和个人的巨大力量。

哈佛人类学家克罗孔和凯利将文化界定为：文化是一整个人的丛结。这一整个人的丛结包含器物、信仰、习惯和被这些习惯所决定的人的活动的一切产品。当我们把一般的文化看作一个叙述的概念时，意即人类创作所积累起来的宝藏，也即书籍、绘画、建筑等。除此之外，还有我们适应人事和自然环境的知识，即语言、风俗、成套的礼仪、伦理、宗教和道德，都在文化的范围以内。所谓文化乃是在历史中为生活而创造出来的一切设计，在这一切设计中，有些是明显的，有些是隐含的，有些是合理智的，有些是反理智的，也有些是非理智的。这些设计在任何时候都是人之行为潜在的指导。

20世纪60年代，雷蒙·威廉斯在《文化分析》一文中，将"文化"界定为以下三种定义：一是"理想性的"定义，就某些绝对和普遍的价值而言，文化是人类完善的一种状态和过程……。二是"文献式的"定义，文化是知性和想象作品的整体，它们以不同的方式详细记录了人类的经验。三是"社会的"定义，文化是对一种特殊生活方式的描述，它不仅表现艺术和学问中某些价值和意义，而且也表示制度和日常行为中某些意义和价值。

"文化"这个词在历史上有很多的界定,在这方面与"文明"这个术语类似。"文化"与"文明"这两个词语都是人们在日常生活中经常使用的词汇,但是,人们在使用过程中一般都很难清楚地区别开来。至于"文明"和"文化"之间的区别和联系,如果不去深入地研究,很多时候很难说清楚这两者之间究竟有什么样的区别和联系。中国学者罗浩波曾经写过一本阐述文明学的专著,在这本专著中,他对"文明"和"文化"这两个术语之间的区别进行了详细的辨析。关于这两个词之间的区别和联系,他主要提出了以下几种观点。

第一,"文明"是"文化"的基础。在罗浩波看来,文明和文化都是人类出现之后才有的事情,但是,文明的出现是原始文化产生的基础。他认为,"文明所包含的内容代表了人类社会的一切方面,特别是人类社会的早期,人类主要从事的社会活动是劳动生产活动,其文明的遗存也更多的是物质形式方面,文化是建立在一定的物质基础之上的。"[①]罗浩波将文化定位为人类精神思维的产物。他认为,"文明和文化区别的关键在于,文明范畴的侧重点是人类历史进化提高的物质精神表现的总和;文化的侧重点是人类精神思维发展提高留下的物化历史,它是以物质生产发展程度为前提的,因而它是以文明中的物质进化部分为基础的,与文明中的人类精神思维部分发生重叠,但出发点不同"。[②]

第二,"文明"是包括"文化"的最大的实体。英国宗教社会学家道森认为,文明在概念等级上处于比文化更高的层次,即文明包括文化,而不是文化包括文明。一个文明可能包括深刻而广泛的文化分化或文化多样性。[③]

第三,"文化"是"文明"的典型表现。罗浩波指出,"文明"展示了人类社会向前发展的所有方面,所以,人们才把社会发展称为人类文明的进步,把人类社会称为"文明的社会",而没有称为"文化的社会"。显然,文化的社会只是表现出文明社会的某一方面。但是,无论

[①] 罗浩波:《社会文明学导论》,杭州:浙江大学出版社,2008年,第71页。
[②] 罗浩波:《社会文明学导论》,杭州:浙江大学出版社,2008年,第73页。
[③] Christopher Dawson, *The Dynamics of World History*, New York: Sheed and Ward Inc., 1956, p.403.

文明也好，文化也好，它们具有一个共同的本质，即都是人类在生产和生活中创造的，人的精神意识因素是文明和文化包含的主要特征。但与文明相比，文化集中表现了特定时期人的精神内涵，或把人的精神思想以物化的形式记录下来，使后人能从其中看到人类精神思维发展的轨迹，因而成为人类文明的典型表现。①

第四，"文明"是"文化"的内在价值。罗浩波指出，"文明是文化的内在价值，文化是文明的外在形式，文明的内在价值通过文化的外在形式得以实现，文化的外在形式借助文明的内在价值而有意义。文明的内在价值总要通过文化的外在形式体现出来，而文化的外在形式之中又总会包含着文明的内在价值"。

罗浩波的界定在我们谈论"文明"与"文化"之间的区分时，不失为一种有益的参考，对于探讨华夏文明的特征深有启发。

第四节　华夏文明的特征

对于我们生活在其中的华夏文明来说，我们总是希望对于这一独特的文明有更为深入和透彻的理解。总希望找到华夏文明都有哪些最为重要的特征，总希望知道是一些什么样的特点使华夏文明不同于其他文明。当然，在概括华夏文明特征的过程中，我们也要清醒地认识到我们有可能面临的各种困难。首先，我们很难对华夏文明进行确切界定，甚至很难回答华夏文明的源头究竟在什么地方类似这样最为基本的问题。如果我们查阅现在关于华夏文明研究的各种材料，我们会发现一种非常有意思的现象，就是很多地方都想把自己所生活的那块土地界定为华夏文明的源头，比如甘肃、河北、陕西、河南、山西、江苏等。其次，不管我们今天是从三千年的角度理解华夏文明，还是从五千年的角度理解华夏文明，还是从八千年的角度理解华夏文明，

---

① 罗浩波：《社会文明学导论》，杭州：浙江大学出版社，2008年，第77页。

这个时间的跨度都很漫长，华夏文明在这漫长的时间当中其实发生了很多变化。有太多的东西湮灭在时间的长河之中，到底是从哪一个时间节点来概括华夏文明，这本身也不是一个很容易解决的问题。最后，作为研究者，我们如何将华夏文明这样一个研究对象给对象化？"华夏文明"作为一个关键词在理论上是否能够被对象化这本身也是一个问题。不管是从横向还是从纵向的角度，我们发现"华夏文明"都很难被当作一个对象来进行考察。

这些困难并不容易解决，但并不妨碍可以从不同的角度对"华夏文明"的特征进行概括和总结。

1. 持续性

在《辉煌的中华早期文明》一文中，我国当代著名的历史学家李学勤先生曾经将中国文明的特点概括为"从未间断"。在与其他文明进行比较的基础上，李学勤指出，"这四大古代文明里面，我们中国的文明有一个突出的特点，就是从它起源开始一直绵延下来了，在这一点上，和其余的三大文明不一样，它们都没能做到像我们这样连续传承到现在"。[1]他对这一结论用丰富的历史事实进行了证明。

他认为，波斯人进入埃及之后，古代埃及的文明实际上已经逐渐衰落，特别是到了希腊化时期，埃及的古代文明基本上就衰亡了，古代埃及的文字后来也没有人能够认识……古代美索不达米亚文明更是如此，因为楔形文字同样早就没有人能认识了，也是经过解读才能理解那里有那么古老复杂的历史。古代印度文明也是如此，当时还不是后来的印度人，是公元前三千年左右在印度兴起的文明，后来印欧民族进入印度，那个文明就消失了。只有我们中国的文明，带着它光辉的历史流传下来，经过了许许多多的朝代，说不尽的风风雨雨，一直传承到现在。今天我们所有的中国人，仍然是这个文明传统的负载者，它还将影响我们……[2]。

关于华夏文明的持续性，我相信大部分人都能够对此表示认同。当

---

[1] 李学勤：《辉煌的中华早期文明》，《通向文明之路》，北京：商务印书馆，2010年，第6页。
[2] 李学勤：《辉煌的中华早期文明》，《通向文明之路》，北京：商务印书馆，2010年，第6页。

然，这一"持续性"特征的概括是建立在跟其他文明比较的基础上得出来的。而且，我们可以找到很明确的证据，就像李学勤先生在上文中所说的那样。

2. 变革性

很多学者都会认同李学勤先生对中国文明特点的概括，但是，我们也要看到，在中国文明发展的过程当中，中国的文明发生了很多变化，我们有时候很难把所有这些不同形态的文明看作内在具有一致性。王国维曾经写过一本书叫《殷周制度论》，在这本书中，他主要考察了殷周之际的变革，在他看来，中国文化、政治的变革，最为剧烈的就发生在殷周之际。

殷人比较相信鬼神，殷人的政治实践和政治制度的安排跟鬼神信仰密切相关。周人的制度跟殷人的制度有所不同，虽然周人的制度建设是在参考殷人制度建设的基础上构建起来的。这种不同主要体现在三个方面：一是"立子立嫡"之制，这是中国宗法等级制度的开端，由这种制度发展出宗法及丧服之制，并因而有封建子弟之制，君天子臣诸侯之制。二是庙数之制，这种制度主要是规定了礼的不同。三是同姓不婚之制。这三者奠定了我们后来所熟悉的中国文明，即孔子所要弘扬的礼乐文明。孔子在《论语·八佾》中曾经说过："周监于二代，郁郁乎文哉，吾从周"。这句话的意思是说，周朝的礼仪制度借鉴于夏、商二代，是多么丰富多彩啊，我遵从周朝的礼仪制度。由周公所奠定的礼乐制度在中国文明发展的历史中产生了非常重大的影响，这样一套礼乐制度被后来以孔子为代表的儒家进一步发扬光大。

当然，从我们现在所生活的境遇来看，整个20世纪才是中国文明发生剧烈变革之际。我们对于过去殷周之际的变革缺乏了解，但是，对于我们今天的变革却绝不陌生，可以说，我们今天就生活在变革的过程当中。变革成为我们这个时代最重要的一个标志，随着社会的发展进行改革也是我们华夏文明最为重要的特点。

自鸦片战争以来，中国的国门被西方列强的坚船利炮打开之后，中国人突然从天朝上国的迷梦中惊醒，以前需要"天国"教化的"番国"，现在竟然教训起我们来了，这是无论如何也无法从心理上接受的事件。在经过几次惨痛的失败之后，国人从狂妄走向了自卑，从此之后踏上了质疑自己文明的道路。当然，这种质疑有一个由浅入深的过程。首先是在器物层面，当时中国的有识之士普遍认为我们败于西方列强并不是败在文化制度上，而是败在我们的器物不如人，我们没有西方的坚船利炮。所以，李鸿章、张之洞等人轰轰烈烈地开展了"洋务运动"。不幸的是，甲午海战的失利，让更多的有识之士看到，仅仅有先进的武器仍然无法把中国从积贫积弱的状态下拯救出来，政治制度的变革才是最为根本的，公车上书、戊戌变法就是在这样的背景下发生的。然而，在不到一百天的时间里，制度变革的尝试就夭折了。制度层面变革的失败，让中国的知识分子对中国文明的质疑更为深远，"五四运动"对于中国文明的全面批判很能表现当时一批中国知识分子的心态。在他们看来，中国人之所以会遭受如此多的失败和耻辱，完全是由病态的传统文明所造成的。他们对于过去的文明程度展开了不遗余力的批评，甚至可以说，一部近代中国思想史就是中国知识分子试图和自己的文明传统决裂的历史，这种与传统决裂的勇气在"文化大革命"期间表现得更为彻底。

随着中国经济在世界范围内的崛起，中国人也越来越理性地看待我们自己过去的文明。在今天，我们在吸收西方文明的基础之上，不断地对我们自己的文明进行更新和转化，希望在不久的将来，我们不仅仅只是在经济上有话语权，我们还要争取政治和文化上的话语权。

3. 包容性

华夏文明是在不断地融合当中发展起来的，对于异域的文明，很多时候都持有一种比较包容的态度。20世纪40年代，徐旭生教授在他的名著《中国古史的传说时代》一书中提出了中国远古三集团说，他认为，"华夏、夷、蛮三族实为秦汉间所称的中国人的主要来源……从较古的春秋时期或战国前期的传说仔细爬梳，还不难看出在此前的部族的确分为三个不同集团的痕迹。"他又说："（华夏集团）是三集团中最重要的集团，所以此后它就成了我们中国全民族的代表……此部族中又分两个大亚族：一个叫作黄帝，一个叫作炎帝。"以上所说的与蛮、夷并列的"华夏"集团到底是指古代哪个部族集团呢？徐先生作了具体说明："华夏集团发祥于今陕西省的黄土高原上，在有史以前已经渐渐地顺着黄河两岸散布于中国的北方及中部的一部分地方。"①我们今天经常称我们自己为"炎黄子孙"，在很大程度上跟炎帝和黄帝所做的民族融合工作有关。

"八十年代，白寿彝先生在主编的《中国通史纲要》一书中，在1981年中国民族关系史座谈会上的讲话中，吸收并发展了这种看法，更明确地按地区把我国古代部族划分为三个大集团：即西部以黄帝为首的集团，其中又包括黄帝和炎帝两个大姓集团，传说中的古帝王尧、舜、禹也属于这个系统；东方夷人集团，包括太昊、少昊、蚩尤和羿；南方苗蛮集团，包括伏羲、女娲和槃瓠（后作盘古）。"②

中华文明正是在不断吸收、消化不同文明的过程中繁荣昌盛。在相当长的历史阶段，华夏文明充满自信，非常开放，气势恢宏。在中国历史上，我们曾经有被异族入侵和奴役的历史，比如元朝和清朝，但是，不管是蒙古人还是金人，最后都被华夏文明所同化，他们最终都接受了华夏文明。历史上有很多异族文明传入中国，最终都会被华夏文明所融合，成为颇具特色的华夏文明的组成部分。其中最为典型的是源自印度的佛教，佛教在其发源地几乎已经没有多少影响，但是，在中国不仅很好地保存了下来，而且还进一步获得了发扬光大，甚至形成了有中国特色的佛教体系。

当然，在华夏文明发展史上，不仅仅是佛教很好地融入了华夏文明的血液当中。今天西方的各种先进文化也在不断地被中华文化兼收并蓄，最终成为华夏文明的一部分，比如像源自西方的马克思和恩格斯的思想与源自古希腊的哲学思想等。中华民族在长期的思想融合中发展壮大，中华文明也将在不断兼收并蓄中进一步走向辉煌灿烂。

关于华夏文明的特征，还有其他一些学者做出过各种各样的概括和

---

① 徐旭生：《中国古史的传说时代》增订本，北京：科学出版社，1960年，第39、40、48页。
② 邹君孟：《华夏族起源考论》，《华南师范大学学报》（社会科学版）1985年第1期，第7—21页。

总结。比如说有学者认为华夏文明是以儒家思想为主导的文明,与之相对应的是伊斯兰教主导的文明、基督教主导的文明及佛教主导的文明等;有学者认为华夏文明是一种建立在农业基础上的文明;也有学者认为华夏文明是一种土地文明或者黄色文明,与之相比,西方文明是一种海洋文明或者蓝色文明等。在中国思想发展史中,有很多学者对于华夏文明特征都做过不同概括,在此不予赘述。以上所概括的这三个关于华夏文明的特征,主要是建立在与其他文明相比较的基础上得出的。

第五节　华夏文明八千年的立论与理由

文化与文明既有区别又有联系,不可等同。有了文化不一定就有了文明。中国的文化起源很早,有超百万年异常发达的根系。根据中国自然地理环境和史前文化发展的特点,中国著名考古学家严文明先生对中国史前文化的起源形式与发展格局做出了界定:中国史前文化以多元的形式起源,从新石器时代起,中国史前文化就已形成重瓣花朵式格局;中原地区是花心,黄河流域、长江流域的其他各地区是内圈花瓣,在此以外的各文化区则是外圈花瓣。然而,中国文化发展直至新石器时代,当时也就只有发展水平较高的中原周围各文化区有的甚至已经孕育着某些文明的因素。[①]这也正好与中国著名考古学家苏秉琦先生对中国历史基本国情的概括及关于中国文明起源的论断是相吻合的。苏先生把中国历史的基本国情概括为"超百万年的文化根系,上万年的文明起步,五千年的古国,两千年的中华一统实体。"[②]苏先生在"区系类型学说"基础上,提出了华夏文明[③]多元论起源说,即"条块说"和"满天星斗说",认为华夏文明是多元起源的,而不是由某个中心起源然后向周围

---

① 段小强:《甘青史前文化是华夏文明起源重要组成部分》,《中国社会科学报》2014 年 12 月 15 日。
② 苏秉琦:《中国文明起源新探》,沈阳:辽宁人民出版社,2009 年,第 176 页。
③ 注:在中国的学术界,一般公认华夏文明即中国文明或中华文明。

第一章 文明的起源与界定

扩散。各地区文明化进程的内容与方式各不相同，时间有先有后。黄河流域、长江流域的文明出现较早，产生了夏商周文明。后来，周边少数民族地区陆续形成了自己的文明。这些文明并非彼此孤立，而是紧密联系在一起，共同组成多元一体结构，最终形成以汉族为主体的多民族统一国家。①华夏文明正是融会了多源头的古老文化而连续不断万古不绝，在中国这片古老的大地上，各地区史前文化交融会合，最终凝聚成华夏文明的辉煌。不断发掘更新的考古资料也证明"中华文明有超百万年的文明文化根系、近十万年的文明起步、近万年的国家文明史而斜睨世界"②。起源是多元的，进程有先后，这是文化与文明共同的特点。但文化的起源在先，文明的起源在后。文明的起源与文明的形成也并非一回事，学术界普遍采纳张光直先生提出的"中国相互作用圈"。他认为，关于华夏文明的起源问题，应该从各大文化区的考古学材料出发，总结出各地区的文明化进程，然后置于华夏文明起源的大背景中，总结、提炼华夏文明起源的特点、过程、原因、背景机制等。文化是文明产生和起步的根基，有了文化，才慢慢产生文明的因素，再由文明的因素慢慢形成文明的样态，这是一个有序的、不可逆的过程。

甘青地区是古代中西文明交流的重要通道和中华民族的文化资源宝库。当地史前文化从距今约8000年前的大地湾一期文化起，经师赵村一期文化、仰韶文化、马家窑文化、齐家文化，直至辛店文化、寺洼文化、卡约文化、沙井文化。这不仅形成了完整的史前文化发展序列，而且每个文化均发现有彩陶，构成了完整的彩陶发展史。

自从1923年瑞典人安特生发现甘青地区史前文化以来，对当地史前文化和彩陶的研究，始终是中国考古学界瞩目的热点之一。数位著名考古学家孜孜不倦，通过对甘青地区史前文化遗址的调查、发掘和整理研究，他们不但纠正了安特生、瓦西里耶夫"中国文化西来说"的错误观点，而且通过对甘青地区史前文化陶器纹饰、器形演变、区系类型、

---

① 段小强：《甘青史前文化是华夏文明起源重要组成部分》，《中国社会科学报》2014年12月15日。
② 刘波：《源——人类文明中华源流考》，长沙：湖南人民出版社，2008年，第33页。

发展序列等研究，将马家窑文化从仰韶文化中区分出来，在甘青地区建立起完整的新石器时代文化发展序列。

甘青地区史前文化的区域特质，反映了我国早期文明的多样性和文化渊源的连续性。当地史前先民领先于世的灿烂文化，在中国传统文化中占有重要地位，曾对华夏文明的演进做出了杰出贡献。近年来的重大考古发现更足以证明，甘青地区史前文化不愧为华夏文明的源头之一。[1]

同时，关于华夏文明，甘肃省政协原副主席、中华伏羲文化研究会会长周宜兴先生提出的观点也非常有参考价值。周先生不仅提出了自己的"华夏文明标准"，还着重厘清了华夏文化与甘肃伏羲文化、大地湾文化之间的关系。

谈到文明的标准时，周宜兴先生有着自己的见解。他认为，世界四大文明的起源年代，都是根据古文明标准来确认的，我国近30年来的考古成果，不断更新着学术界对我国上古文明的认识。在这种形势下，建立中国自己的古文明确认标准是必要的。首先，他认为人类是先从采集狩猎经济，经过早期栽培经济后，开始步入成熟农业经济年代，这是确认一个民族集团进入文明时期的首要条件。其次，一个民族集团能创造并使用符号文字（书契），用以记录他们对大自然与自身的认知，是人类进入文明时期的第二个条件。最后，具有初期社会功能的聚落（相当于城郭）的出现，是人类进入文明时期的第三个条件。此外，陶器是新石器时期人类生产、生活的重要工具，所以彩陶的出现，可以作为人类进入文明时期的第四个条件。至于音乐的产生与享用，则是人类进入文明时期的第五个条件。

周先生指出，华夏族是夏朝立国之初就存在的，夏的地域总称为"九皋"或"九州"，大体包括了黄河中下游和长江下游地区，是后来华夏族团发展成汉民族的核心区域。九州包括东夷，但广大的南蛮、西戎、北狄地域的族群并没有被包容进来。黄帝是华夏族团的先祖，黄帝

---

[1] 段小强：《甘青史前文化是华夏文明起源重要组成部分》，《中国社会科学报》2014年12月15日。

在征服了炎帝与蚩尤之后，在九州大地始创了国家与王权的雏形。其后经历多代建立了以华夏族团为核心的九州帝国。再往后，历时5000年、多元民族集团你来我往的交融与会合过程中，在亚洲东部的这块神圣大地上形成了中华民族大家庭。

周宜兴先生说："中华文化包容了比华夏文化更加广阔的地域，包容了更加多元的族团文化，这些族团是被称为'东夷''南蛮''西戎''北狄'的众多族团。他们与地处九州的华夏族团共同承接着一个以伏羲文化为基因的大中华文化而泱泱8000年。华夏文明5000年，起于黄帝时代。中华文明8000年，始于伏羲时代。"

谈及伏羲始创的文明成果，周宜兴先生表示，伏羲造网罟促渔猎，开创农业；继承结绳、造书契、始创八卦，应天时地利得人和；俪皮为礼，制度婚娶，始有家和姓等多方面的文明创造，绝不可能是一代伏羲所能完成的。它是伏羲时代的先祖对公元前13 000—8000年所创文明的集成与总结，也是其后的数十代伏羲历时1600年才逐渐创建的伏羲文化。在这个创建过程中，伏羲带领族群的一部分部落，沿着渭河到达黄河中游地区，把他们的文化与当地的族群文化相融合，为后来在黄河中游地区形成以三皇五帝为开端的华夏文明史奠定了坚实的基础。伏羲文化是中华民族的根文化，现在有一个伏羲故里（甘肃天水）、伏羲故地（河北新乐）、伏羲故都（河南淮阳）三角之说，它反映了伏羲文化由西向东传播的过程。其实，全国各地都有伏羲和女娲的活动遗存和寺庙，这也充分证实了一代代伏羲当时曾走遍中华大地，向各个地区不同的部落族群传授文明薪火。由此可见，中华民族的形成过程是在距今8000—4000年，由伏羲所创文明开始，经历了神农、黄帝和尧、舜、禹的时代，最后形成了以汉民族（也即华夏族）为核心的中华民族。

周宜兴先生还指出，"伏羲文化与大地湾文化在时间与空间上的双重重合，不是偶然的，而是有其历史的必然性，二者是同一个新石器文明的两个不同的形态与表象。"[①]

---

① 周宜兴：《中华文明8000年之说》，北京：中央文献出版社，2015年。

事实上，可以用来表征华夏文明八千年的，远不止"伏羲文化""大地湾文化""彩陶文化"，还有"八千年前先民的生存环境""八千年前的农耕文化""八千年前的神话传说""八千年前的玉文化"等。

是以，本书立论："华夏文明八千年"。一家之言，抛砖引玉。

第二章　八千年前先民的生存环境

马克思指出,"不同的共同体在各自的自然环境内发现不同的生活数据,所以他们的生产方式、生活方式和生产物是不同的。"环境变化与人类文明的变迁休戚相关,四大文明中的古埃及、古印度、古巴比伦文明的中断,古玛雅文明的消失都和环境的恶化有着不可割裂的联系。美国环境史学者费·卡特和汤姆·戴尔在他们的著名《表土与人类文明》一书中曾讲道:"文明人从未能够在一个地区内持续文明30—60代人(约800—2000年),他们的文明在一个相当优越的环境中经过几个世纪的成长和进步之后,就迅速地衰落和覆灭下去,不得不转向新的土地"。他们的论述揭示了人类文明变迁的规律。在中国古代,农业是上层社会经济活动最基本的支撑系统。而古代农业年成的丰歉,很大程度上依赖于天气与气候状况的好坏。气候变化通过影响粮食生产安全进而影响粮食的获取和利用,并反映在人口流动、经济形态、政治文化等各个层面。以甘肃为核心的黄河上游甘青地区作为华夏文明的渊薮之地,是彩陶的故乡,更是黄河文明的源头。奔腾不息的黄河水、雄宏肥沃的黄土高原、绵延千里的河西走廊,孕育了丰富发达的新石器时代及青铜时代文化,向世人昭示着华夏文明的辉煌与灿烂。

第一节　先民迁徙：气候变迁

在距今约 8000—5000 年，全球气候进入"全新世地质时代"（西方学界称"大西洋温暖期"，中国学界又称"仰韶温暖期"）。中国冰川学研究的奠基人中国科学院施风雅院士通过对我国全新世温暖期气候和环境进行研究后认为，全新世温暖期的持续时间段为距今 8500—3000 年，大致界定为新石器时代到商代。这一时期，冰期结束、海平面上升、气候湿润，在更广泛的地域范围内出现了更适宜于人类繁衍生息的自然环境。全新世地质时代是古人类发展和成长壮大的曙光，人类社会在这一阶段经济生活、文化形成方面都获得了前所未有的发展。中国的黄河流域、长江流域气候温暖湿润、河川纵横、草原广布、植被覆盖茂密，为早期人类的生存提供了适宜的栖息条件，中华古文化（考古界称"仰韶文化早中期"）在这一阶段跨入了新石器时代（又称细石器时代）。

在神州大地上出现了诸如仰韶文化、磁山文化、大汶口文化、沂细石器文化、裴李岗文化、后李文化、兴隆洼文化等各种新石器时代文化。考古学上较为著名的文化区域分布主要有：黄河中游一带以仰韶文化为主的中原文化区；黄河下游以后岗一期文化、早期大汶口文化为主的海岱文化区；燕北、辽西一带以赵宝沟文化和前红山文化为主的燕辽文化区；长江中游以早期大溪文化为主的两湖文化区；长江下游以马家浜文化为主的江浙文化区。各类史前文化遗址、遗迹，星罗棋布、灿若星河，华夏文明由此迎来了人类历史上蓬勃发展的全盛期。"全新世温暖期"对于人类社会发展来讲是气候最为适宜的阶段，我国环境史学研究表明，全新世温暖期，今陕西宝鸡至河南安阳的黄土高原东南部地域属亚热带气候环境，华北平原和渭河谷地的广大地域内沼泽密布，生活着亚洲象、马来貘、圣水牛、麋鹿、竹鼠等亚热带动物。这一研究观点已经被西安半坡遗址的考古发掘所印证，即如《孟子·滕文公上》所载："草木畅茂，禽兽繁殖，五谷丰登，禽兽逼人，兽蹄鸟迹之道，交于中国"。这种温润适宜的气候环境一直持续到商代，人类文明由此进入快速的发展期。缓慢延存了约200万年的旧石器时代至此结束，以陶器的制造和农业、畜牧业的出现为标志的新石器时代拉开帷幕。

甘肃地区的情况也基本如此。气候环境的变化是古文化变迁的驱动。甘肃西部山地冰川后退，雪线上移，河流水量增大，下游能够形成湖泊和绿洲，出现小片灌木丛和林地，荒漠景观发生变化，生态环境适宜于人类生存。而甘肃东部的情况更为优越，年平均气温估计约为8—10℃，年降水量估计在500—600毫米，地表土壤肥沃，植被茂密，河流湖泊众多，水量充足，高原、山地和沟谷，也都有森林生长，出现了大量动物（图2-1、图2-2），人类生活群落也广泛的分布。

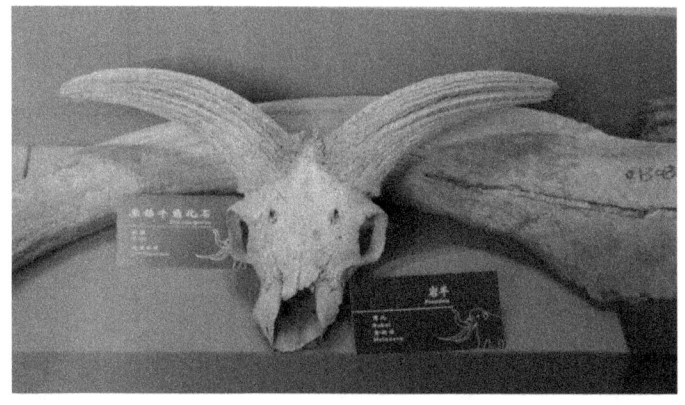

图2-1 野牛、岩羊化石（摄于甘肃省博物馆古生物展厅）

图2-2 野马、岩羊等食草动物化石（摄于甘肃省博物馆古生物展厅）

距今约 7000 年左右的大地湾文化，就是在这种环境中繁荣起来的。平坦而疏松的黄土堆积面，以及水土肥美的河谷台地，极有利于锄耕农业的发展，许多古文化遗址中发现有数量可观的窖藏粮食，显示了种植业的发达；草原广阔、水草茂盛的植被条件，又使畜牧业和饲养业的经营具备了优势，墓葬中盛行殉葬猪、羊、狗等家畜的习俗，即是很好的说明。据古植物孢粉分析显示，当时大地湾一带植被为落叶、阔叶乔木，属暖温带半湿润气候。出土动物化石的种属中不仅有红白鼯鼠、苏门犀、苏门羚羊等亚热带地区的动物，还有猕猴、熊、虎、豹、象等。

除大地湾遗址之外，在泾河、渭河、西汉水流域的许多河谷阶地上，都可以找到新石器时代的典型文化遗存，许多遗存已表现为规模较大的聚落。譬如，今天水市西部的渭河支流耤河北岸的师赵村和南岸的西山坪村两处新石器时代遗址，时间上属于全新世中期。上述遗址的植被孢粉分析显示，草本植物花粉占据绝对优势。在遗存后期层面中，禾本植物花粉含量明显上升，这反映出该地区的史前居民已有较为发达的种植业。此外，在甘肃各地频频发现的史前岩画（年代界定大约在新石器时代中晚期）上出现了象、貘、羚羊、野牛等喜好温热的食草动物图像（图 2-3），也说明全新世温暖期甘肃境内气候环境温热湿润，适宜动植物和古人类繁衍生息。

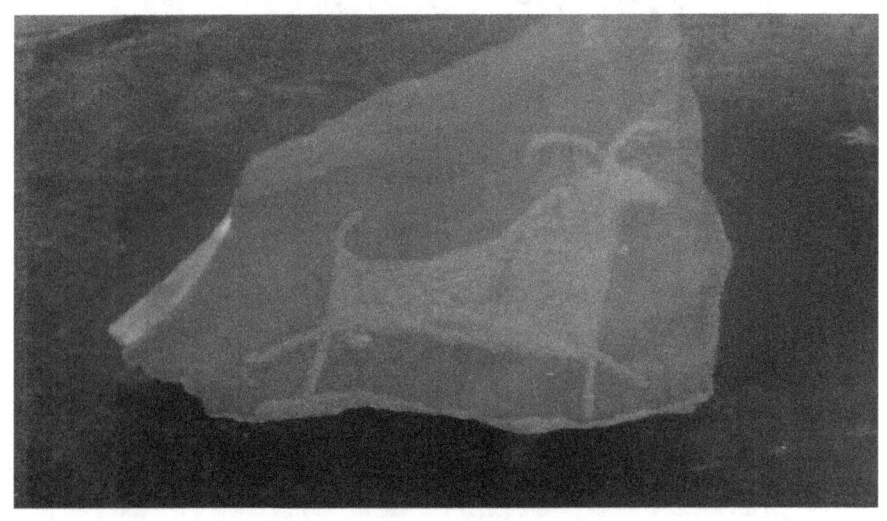

图 2-3　甘肃嘉峪关黑山野牛岩画

第二章 八千年前先民的生存环境

甘肃、青海东部地处我国西部，位于青藏高寒区、东部季风区与西部干旱内陆区三大地理区的交汇地带，因此，自然环境具有强烈的过渡性和不稳定性，对于气候变化具有显著的敏感度。甘青地区作为黄河上游史前文化分布最重要的区域，出现了以大地湾文化（又称甘肃仰韶文化）为主的史前古文化，其不间断时间延续达3000年之久，继大地湾文化之后，后来的马家窑文化和齐家文化等分布区域更广。直至先秦时期，甘青地区都是我国西部史前文化分布最重要的场所。基于自然环境对于气候变化的响应和长期以来甘青地区所沉淀的丰富的古文化遗存，使得甘肃和青海东部地区成为管窥史前气候变化对于人类发展影响的"窗口"。

此外，甘青地区地处青藏高原、内蒙古高原、黄土高原交汇地带，山川起伏、陵塬绵延、深谷纵横、沟壑相连，地形较为复杂，对于史前文明和古文化的孕育都具有重要的影响。复杂特异的地理环境，种类纷杂的土壤植被，迥然有别的气候因素，使得该区域的史前文明和古人类有着多样化的活动区域和环境。这些条件为古人类繁衍提供了良好的生存资源，这是甘肃境内早期人类活动遗迹有较多发现、考古学文化类型极其丰富的重要原因。同时，新石器时代也是史前社会人口快速增长和对外迁徙扩张的重要阶段，奠定了史前人类的活动范围。一些学者研究认为这一时期人口活动的特征为旱作农业区向西扩张，农业文化扩散至河西走廊和今青海省东部地区。

马家窑文化遗址大多分布在黄河及其支流（泾河、渭河、葫芦河等）的河谷地带，这些地区地势平坦、植被资源丰富，为马家窑文化的发展提供了良好的自然环境条件。马家窑文化的分布范围很广，以洮河、湟水、大夏河流域为核心地带，东到宁夏六盘山，西到青海同德黄河谷地，南到秦岭，向北延伸至河西走廊中东部。马家窑文化自诞生起，数千年间没有太大的地域变迁，唯有早期从甘肃东部向西部和青海东部迁移，发展至后期该文化辐射至河西走廊境内。继马家窑文化之后，甘青地区又出现了齐家文化，考古界又称铜石并用时代。

在距今4000年左右，地球上出现了一次持续约200年的低温期，对甘肃地区生态环境影响巨大。这一判断和从其他角度研究我国全新世气候波动的结论是一致的，如对渤海湾西岸的贝壳堤等海岸线指示物的研究发现，发现在距今 4000—3800 年有一次明显的低海面时期，这是气候寒冷的标志。对冰碛物的 ^{14}C 测年分析也表明，距今4000年前后我国西部冰川出现过冰进事件，标志着全新世温暖期的结束和新冰期的到来。这个"新冰期"导致甘肃地区生态环境发生巨大变化，年平均气温下降约 3—4℃，地带性森林南离或下移，植物群中耐寒、耐旱品种剧增，大部分高原被草原和荒漠草原占据，古土壤发育停滞，西北方向的风沙再度活跃，高山地带冰川向前推进，湖泊水位下降，降水量明显减少，喜暖动物如苏门犀、苏门羚等一起消失。

甘肃东部地区在全新世温暖期发育起来的史前农业，因这次新冰期的到来而受到严重摧残。但甘肃境内的古文化群体还是顽强地生存下来，并在适应寒冷环境的前提下，继续向前发展。气候干冷变化对甘青地区的齐家文化产生了明显的影响。具体而言，原始农业衰落，畜牧经济占主导地位并成为主要的生产方式。齐家文化晚期墓葬中的羊骨数量较之早期墓葬中的猪骨更多，这一突然转变是甘青地区文化演进过程中的谜团之一。许多专家对此问题进行了专门的研究，通过对该地区的土层刨面、孢粉分析及考古资料的实证，他们认为气候环境的变化是大地湾文化衰落的主要原因，齐家文化期间文化面貌的变化也是对此现象的响应。从文化面貌来看，齐家文化晚期时甘青地区以史前农业文明为根基的文化，演化为以畜牧业为主的文化，大型的聚落消失，代之为小而分散的居址，彩陶制作较之前期粗糙，并且出现了齐家文化和辛店、寺洼文化间的文化断层现象。当代学者并且利用现代"地理信息系统"（GIS）技术对文化遗址的地域分布情况研究后认为，马家窑文化和齐家文化在地域分布的变化上有所不同，马家窑文化向东迁移了一个经度，向南迁移了约半个纬度。具体而言，马家窑文化大体没有越过六盘山，但是后来的齐家文化，地域分布已经不限于洮河、湟水、大夏河流域，向东分布到了泾水流域，而且齐家文化较马家窑文化在青海东部的遗址减少。齐家文化的分布呈现出向低海拔和东南部迁移的趋势，经济生活中畜牧业的比重更为突出。后来甘肃地区在大地湾文化之后，历经马家窑文化和齐家文化的繁荣，最后演变为一系列地域性的青铜文化。

这些文化变迁见证了新石器时代先民不朽的生命曲线。

第二节　先民记忆：史前大洪水与海进

古洪水是指过去或古代发生的、历史或文献可考证洪水期以前时段内发生的大洪水事件。古洪水多发生在气候环境演变的过渡时期，尤其是在气候转型时期的环境突变阶段，在人类社会征服自然的历程中，洪水一直是危害人类生存最大的自然灾害。早在华夏文明诞生之初，洪水灾害就存在。大洪水困扰着先民的生活，这个时期就有"大禹治水"的传说。在中华文明数千年的发展历程中，洪水灾害一直是生活在沿江河流域平原地区先民的心腹大患。中国地处亚洲东部，受季风气候和地形条件的限制，雨量年际变化大，而且年内分配不均，多数地区的降水量集中在夏季的6—9月，并以暴雨形式出现较多，洪水灾害发生频繁，在各种灾害中占有较大的比例。

据上古神话传说，我们的人文始祖是经过大洪水幸存下来的伏羲和女娲。在中国民间神话故事《伏羲和女娲兄妹结婚》中，讲述了伏羲与女娲经历大洪水并结合的故事。据传说那是一场特大洪水，放眼世界，西方也有人类初期的大洪水传说，西方《圣经·创世记》中的神话传说《诺亚方舟》就提及，耶和华后悔造了人，心中非常忧伤，因为人的罪恶很大，终日所思的都是恶。耶和华告诉诺亚："地上充满了强暴，凡有血气的人类及生物，其品行全都败坏了，我要将他们全部毁灭。因为你正直，我想与你立个约，保存你全家的性命。你马上用歌斐木修造一座方舟，这方舟要长300肘，宽50肘，高30肘，分为上中下3层，里外抹上防水的松香。你和你的家人从各类生物当中挑选出洁净的畜类和飞禽各七对，不洁净的畜类各一对，带上方舟，以便保留物种。同时你要储备好充足的食品。7天之后我会连降40天的暴雨，把我创造的活物涤荡得一干二净。"诺亚按耶和华的旨意办理，第7天到来之前带领3个儿子和3

个儿媳搬进了方舟。可怕的时刻终于来了,天上阴云密布,电闪雷鸣,仿佛苍天裂开了一个大口子,暴雨像瀑布似的倾泻不停,地面上的水位急速升高,江河泛滥,波涛滚滚。大水淹没了丘陵和高山,所有的生物,大到牲畜,小到昆虫,一股脑都被卷入洪水中消失了,连天上的鸟儿也被暴雨冲进了波涛中……大水茫茫,什么都没有留下。40天以后,雨停了,几个月后,水势才消退,诺亚方舟停在了亚腊拉山的山顶。

从自然科学的角度来讲,关于形成大洪水的原因,有人认为是地球捕捉月球时两个天体之间的引力引起的天文大潮。有人认为是小行星撞击地球,激起海水泛滥。这些分析都有道理,但根据传说,如果是小行星之类撞击地球海域,激起全球性大浪潮,那么可能仅是海啸巨浪,人类可以躲到高原、山顶,不必躲在"船"里。推测大洪水的原因,有可能是地球与彗星相撞造成的。彗星拖着长尾巴经过地球轨道,地球与彗星相遇,地球正好穿越彗星的"冰带",冰块与大气摩擦变成水,可能会形成传说中的暴雨。如果彗核质量较大并距离地球较近,也可能形成海洋天文大潮。当时可能的情况正如传说所描述的"雨大得使鸟儿无法飞行",所有山脉、高原、陆地的积水四溢横流汇到低洼处,水位暴涨。几天以后地球穿过"冰带",大水渐退,可能冰块摩擦产生的水蒸气在大气层中凝聚又下了很长时间的雨。这仅是一种理论的设想或推测,如存在这种与"冰带"交会情况,人们还应探索是否对太阳系其他星球产生影响并留有痕迹,从另一个角度去寻找证据。那大洪水发生在什么时间呢?这还是个谜,如果试着推测一下的话,这个时间可能在距今12 000—10 000年前后。得出这两个时间主要依据一些考古情况,从环境考古和自然地理科学的层面来解答史前大洪水和海进。全新世温暖期以来,人类进入新石器文化发展的鼎盛期,生产工具的进步促进了生产力的发展,人类对周边自然环境的改造能力有了很大提高。因此,作为自然生态系统的一个因子,人类的生产活动方式、内容、地域范围及生活居住特点等与自然环境系统之间发生着连续的、直接或间接的、主动或被动的联系。这种联系性通过大气圈、水圈、生物圈和岩石圈等载体反馈到地球系统中,叠加在自然环境系统固有的运行机制上,使得全新世环境变迁的特征比末次冰期时更为复杂多变,特别是中全新世气候转型期古洪水等灾变事件的发生及其对区域新石器人类文明演进的影响，已成为目前环境考古学界深入探讨和关注的问题。

现将有代表性的国际性研究成果观点阐述如下，以便用更加具体的实例来佐证史前大洪水和海进的真实存在。

（1）英国学者对 Staford 郡 Yoxall 大桥青铜时代遗址地层沉积物中的孢粉、植物大化石和昆虫遗存以及沉积物底部 1049—810BC 倒下的古树研究，论证了古洪水发生和人类遗址被遗弃的年代。

（2）May（2003）利用 6 个地点剖面地层样品的 ^{14}C 测年、沉积物中淤砂、淤泥和有机质百分含量的垂向剖面变化研究发现，美国内布拉斯加州 Loup 河流域的洪泛平原主要形成于全新世地址时代，即史前大洪水发生期。

（3）Brown 等（2000）利用沉积物粒度、^{14}C 测年、TOC 和磁化率并结合历史文献资料研究了英国北佛蒙特地区（North Vermont area》10000 年来的古洪水记录，发现除文献记载外，该区至少还存在 2620aBP、6330aBP、6810aBP 和早于 7860aBP 的几次大洪水事件。

（4）Hassan（2007）发现埃及中世纪（AD 930—1500）尼罗河极端洪水事件与饥荒发生的关系密切，并探讨了这种相关性背后揭示的气候意义和原因。

（5）Norton 等（2004）根据对世界各地洪水事件和冰沟溃决、水库垮坝、暴雨事件等的统计，讨论了全新世以来世界各地特大洪水与全球灾变事件的联系。

（6）Sheffer 等（2002）将水文观测、^{14}C 测年、沉积相分析和历史文献资料相结合，研究了法国南部阿列河（The Ardeche River）古洪水现象，在全新世地层中发现了两个中全新世和 4 个晚全新世的古洪水沉积层。

（7）2004 年，Dirszowsky 和 Desloges 研究了洪水和气候之间的联系及其对加拿大驼鹿湖三角洲（the Moose Lake Delta）形成和演变的影响，发现河槽与河滩沉积物与河源区的细粒沉积物的地球化学指标具有联系性，驼鹿湖三角洲的洪泛平原主要形成于早全新世，主要由细粒、低载荷的古河道沉积物构成；驼鹿湖三角洲的洪泛平原区自 4kaBP 以来其发育受到限制，河道中出现大量高载荷的沉积物，反映了区域气候条件从温暖干燥的高温期向冷湿的新冰期气候的转变。

（8）2012 年，Medina、Elizalde 和 Rohling 通过对尤卡坦半岛和南美洲玛雅文明的多条地层记录与降水量建模的综合分析，发现古典期玛雅文明的衰落与夏季降水特别是赤道暴雨洪水发生频率和强度的减少有密切关系。

（9）2009 年，Vott 等人通过地貌学、沉积学、地球化学、微形态学和微体古生物学等方法，集成研究证实 3kaBC 至中世纪希腊 Lefkada 海峡及邻近地区多次的海啸活动，强烈海啸事件周期大致为 500—1000 年，而古代人工开掘的水道也多次为海啸导致的洪水沉积物所堵塞。

（10）2001 年，Anderson 和 Neff 对美国 Arizona 州 Colorado 河大峡谷 1050—1170 年四个考古遗址地层中记录的古洪水事件进行了研究，并探讨了古洪水事件对考古遗址聚落分布形式和人类活动的影响，反映了早期农民在聚落形式选择和聚居地迁移方面对古洪水事件的适应。

（11）2007 年，Benedetti 等人则估算了美国密西西比河泛滥平原上 Sny Magill 考古遗址地层中古洪水沉积垂直加积速率，并指出流域内洪水逐渐增加而水中悬浮泥沙沉积物逐渐减少的明显变化。

（12）2007 年，Turney 和 Brown 基于数量众多的考古遗址证据讨论了欧洲地区早全新世海面上升导致的洪水灾害与人类迁移、新石器文化变更的关系，指出早全新世的 8740—8160aBP 由于北美 Laurentide 冰盖的消融全球海面迅速上升，致使欧洲沿海地区大量的早期农民被迫放弃土地向欧洲大陆内陆和北部扩散迁移，伴随着早期农业向畜牧业经济的转变，这种转变同时产生了新石器文化的变更。

（13）2011 年，Jean-Frangois 系统而全面地研究了法国罗讷河河中游流域全新世考古地层与自然沉积地层（包括古洪水沉积层）

第二章 八千年前先民的生存环境

的分布与堆积状况，发现考古文化层主要集中分布在下游冲积平原和阿尔卑斯山地区。

近年来，我国学者利用地层分析、磁化率和粒度成分测定、文化遗物鉴定、OSL 和 ^{14}C 技术断代，证明在 4300—4000aBP 关中盆地经历了一个洪水期，发生了多次大洪水事件；在大水发生期间，漆水河谷沿河第二级阶地面以浒西庄遗址为代表的龙山文化早期（庙底沟二期）聚落和田地被淹没，同时，在更高阶地和黄土台塬边沿地带，以赵家崖遗址为代表的龙山文化晚期（客省庄二期）聚落得到迅速发展；结合在泾河和北洛河河谷发现的史前大洪水沉积学证据，揭示出了龙山文化晚期关中盆地普遍发生大洪水的客观事实，同时也发现在 3100—3000aBP（即先周在周原"岐邑"时期），关中地区和渭河河谷也曾经发生多次大洪水。此外，国内相关研究成果有：

（1）朱诚等环境考古界专家，在过去对长江流域考古遗址和全新世自然沉积地层的研究中，利用对遗址地层的 AMS ^{14}C 测年、埋藏古树和沉积学等方法研究过长江三峡库区和长江三角洲的古洪水，并将现代洪水堆积物在重矿物组分、锆石微形态、粒度、磁化率、Rb/Sr 和 TOC 等特征指标运用于对同流域考古遗址地层中古洪水层的剖别，发现 7.6ka BP 以来水位在 147.024m 以上的古洪水在长江三峡库区丰都玉溪遗址 T0403 探方地层中至少留下了 16 次沉积记录。

（2）白九江等先生则采用考古学方法，根据玉溪遗址的考古发现，从地层堆积特点、包含物、陶器和石器、砾石产状等多角度分析了疑似洪水层与遗址文化层的差异，确认了疑似洪水层是长江洪水后的遗留，并探讨了古洪水发生的周期。另外，在古洪水事件对早期文化发展影响的环境考古研究方面，朱诚等专家通过孢粉分析结果认为，马桥遗址区良渚文化的衰落是大规模陆地洪灾所致，可得出史料记载中的鲧、禹治水也在这一时期的论断。

（3）申洪源等先生通过对太湖流域新石器遗址时空分布与地貌类型的相关性研究，结合地层堆积特征，认为良渚文化晚期受海面上升、气候变化等的影响，低洼地区洪涝灾害增多，良渚文化层之上普遍发现的淤积层表明先民居住地遭受洪水灾害，可居住面积锐减，先民背井离乡，最终导致太湖流域新石器文化的衰落。

综上所述，从国内外学术界的研究成果可以发现，当全新世适宜期结束后，全球气候进入波动加剧的时期，全球异常洪水事件频发。在东亚、西亚、北非、两欧、两河流域和印度河流域等地都有气候突变的记录，这次气候波动导致撒哈拉沙漠中的绿洲 5200a BP 以后重新沙化，湖泊减少或干涸，我国祁连山中的冰芯记录也表明 4900—2900a BP 虽然整体变暖，但仍然出现了 5 次冷暖交替事件，发生在 4000a BP 前后的气候突变事件，标志着全球许多地区气候适宜期的结束和全新世的开始，受其影响，西亚地区进入当地最冷和最为干旱的时期，此时阿尔卑斯山地区冰川开始广泛分布，北大西洋开始出现 1—2℃的广泛降温过程，撒哈拉沙漠中的淡水湖泊全部干涸，全新世适宜期气候总体温暖湿润且稳定，而适宜期后期（5000—3000a BP）进入气候转型时期，环境变化极不稳定，气候波动加剧是造成异常降水事件，即特大洪水发生的主要原因。

全新世以来考古遗址地层由于常蕴涵丰富的人类活动遗迹遗存和各种可靠测年的材料，还常保留有古洪水、海进、古地震等突发自然灾害留下的事件性沉积地层，从而成为近些年国内外全新世环境考古与环境演变及人地关系研究的热点内容。在该研究领域中，近年来全新世突发古洪水事件对人类活动影响的环境考古研究尤为引人关注。譬如，2001 年全国十大考古新发现，青海省民和县黄河北岸官亭镇喇家村发现的齐家文化时期洪水灾难遗址，为研究史前古洪水、地震灾难提供了翔实的考古资料，其被考古界称为东方的庞培。

此外，我国江汉平原地区是中国古代农业文明的发祥地之一，历史悠久，文化灿烂，存在大量新石器时代以来的考古遗址。中华人民共和国成立 60 多年来的考古调查和发掘表明，该地区在进入全新世以来洪水灾害频发，对区域内社会发展和生产生活产生了深远影响，这些为我们利用考古遗址地层学研究人类文明发展与环境演变及古洪水事件等人地关系地域系统变化提供了极好的高分辨率记录题材,将会对过去难以解释的长江流域地貌与环境演变及人类文明孕育发展史等问题提供更多可靠的地层学记录解释,对于揭示古地理环境、古人类生活状况、中华文明起源、早期发展阶段的环境研究等都具有重要的借鉴意义和指导作用。

史前大洪水是中国古代史研究中不可回避的重大问题,上述各古洪水事件的环境考古研究成果,对于揭示区域气候水文变化和全球气候变化的规律,阐明大洪水事件对中国史前文化突变和社会转折的影响,具有十分重要的科学意义。

第三节　先民聚居:部落与都邑

恩格斯在一百多年前就曾指出,"历史进入文明阶段,便有了城市,它屹立着高峻的墙壁……它们的壕沟深陷为氏族制度的墓穴,而它们的城楼已经耸入文明时代了"。可见城市(都邑)与国家形影相随地从野蛮的氏族社会来到文明时代。因此,探索早期城市起源、形成的问题只能从此入手。史前时期的晚期,作为某一个地区政治中心的城市(都邑),从其发展历史看,它与国家几乎是同时产生。国家的兴起皆由氏族经济发展到部落时开始,先占据某地,逐渐扩大,兼并四邻,把制度施加于他人,为此而组织统治(政府),建立堡垒、制度、法律,修筑城郭,又营建宫殿,沟通交通,开展贸易,集中财富,荟萃人才,发展文化教育事业等。我国历史上往往称都即国,都国互易,国即指都。按照马克思主义的观点,历史上城市的出现绝非偶然,是生产力发展到氏族社会晚期的必然结果,像国家一样是私有制产生后萌发并逐步形成的历史产物。可见城市的出现是人类社会发展史上的一次大变革,是人类历史从史前的野蛮时代向文明社会转变、发展的重要标志之一。史前都邑的形成和发展可归结为如下几个特征。

(1) 史前都邑一般选建在黄河中下游。不管炎黄两帝还是蚩尤都在黄河中下游的地方建都。这是从军事、政治角度着眼的，因为这些地区在当时是居天下之中，特别今河南一带属于《尚书·禹贡》记载的豫州是天下九州的中州，在交通十分困难的古代，地理因素在选建都邑上显得特别重要，这样更便于掌权者统治之故。因此，不少故墟后来发展为著名的城市，如阳翟、陈。黄河流域也成为中华文明的摇篮。

(2) 史前都邑大都选择在人口稠密、土地肥沃的地方。如上所述，炎黄两帝至夏代古都分散在今晋西南、豫中南和晋、冀、陕、豫交界处，那里是华夏先民长期生息的地方，因为那里人口稠密，土地肥沃。在古代这些条件太重要了，无论从生产、生活、征伐、贡赋和国家管理角度考虑都是如此，特别是土地条件的选择，在当时生产落后和城市人口密度大的矛盾中显得更重要。

(3) 史前都邑都是经常迁徙。也就是《尚书·盘庚》上说的"不常厥邑"。如颛顼初都高阳，复迁新郑、鲁县、偃师，尧曾以涿鹿、丹陵（山西临汾）、陶（山东定陶）、雷泽（山西永济）、冀（晋冀交界地）、平阳（山西翼城）等作都邑。舜都迁搬更频繁，包括涿鹿、上虞（山西平陆）、姚墟（山东菏泽），诸冯（晋冀交界地）、负夏（豫北）、历山（浙江余姚）、妫汭（冀北）、鸣条（晋南）、南河（河南濮阳）、河阳（河南孟州）、饶内（陕西安康）等地。太昊、黄帝、少昊、蚩尤也都经常迁徙都城，后来夏商周三代也是这样。考察其原因，首先是从当时战争形势的需要出发（胜败也都可能要迁徙），其次才是其他因素，如打仗、生产、生活、经济等天时、地利、人和等。

(4) 史前都邑的规模都不大。这是与以后大城市相比较而言，这个道理很简单，那时都邑受到当时经济发展水平的制约和军事、政治需要来决定。这就是古城邑规模比较小和不规则状的原因，如平粮台古城只有5万平方米，曾一度被误认为夏都阳城的王城岗"小城堡"充其量也不过是1万平方米。尽管如此，它的出现是人类历史进步的重大事件，标志着人类社会从野蛮时代进入文明社会。

我国传说中的炎帝神农氏和东夷太昊氏的时代相当，正处于考古学上的仰韶文化晚期，也是父系氏族制确立时代，迄今五六千年左右，这

第二章 八千年前先民的生存环境

时人类除已定居外并形成几个胞族（若干个氏族组成的部落）为中心的聚落（居民村）。根据考古学家的考证，"神农，太昊时期，聚落面积约10万—30万平方米左右，如半坡遗址10万平方米，庙底沟遗址24万平方米，大河村遗址约30万平方米等"。当时的聚落，从结构和布局方面都趋于合理，如陕西临潼姜寨遗址就是这样，以居住区来说，中心是广场，周围分布一百多座房屋，分别为大、中、小三种类型，大小搭配形成五个建筑群，大房子是老年人和小孩及未婚青年的住所，又是氏族、部落议事和举行庆典的场所。据考古人员分析，这一遗址可能是五个氏族组成的部落的聚居地。考古资料还表明，五个氏族住宅区中间的中心广场，除了五个胞族统一集会使用外，也可供氏族成员进行物资交换之用。这一点与《易·系辞下》所言及的神农之世，"日中为市，致天下之民，聚天下之货，交易而退，各得其所"相吻合。上述由部落中若干胞族组成相对稳定的聚落，当然比单个氏族游移不定的村落进步，它的布局和结构应当是都邑的雏形。

传说中的炎帝和太昊部落都曾建都于陈（今河南淮阳）。这座又称宛丘的陈城遗址在今淮阳县城东南八里的平粮台，占地百亩，与炎帝、太昊早期的聚落规模类似，结构和布局也都相仿，可看出一脉相承的关系。该城址呈正方形，夯土的城墙取代了过去聚落的壕沟，城中干道置有排水的陶管道，逐节相接。房屋为土坯、木柱结构，分高台和平地建筑两种。城内明显分出耕作、墓葬、居住、货物交换区。从出土的鸭嘴形足陶鼎、深腹罐及其他陶器特征来看，有人主张它是炎黄之际的城堡。

炎帝下传八世而衰，黄帝族兴起，与此同时，少昊取代太昊而起，距今约五千年上下。黄河中游形成以黄帝为代表的华夏族，下游则形成以少昊为代表的东夷族，长江下游形成以三苗九黎为代表的苗蛮族。从考古年代划分，这正值龙山文化中晚期。黄帝部落兴起于陕西西北部今黄陵、洛川一带，后沿北洛水南下到今大荔，复渡黄河，顺太行山向东北方向发展，后定居今河北涿鹿一带，当时正处于母系氏族崩溃、父系氏族兴起时期，平等的公有制为贫富不均的私有制所取代，部落夺取财富的战争和冲突频繁，这便是《史记》中说的"诸侯相侵伐，暴虐百姓"的时代，破坏了以往"耕织而食，妇织而衣，行政不用而治，甲兵不起而王"的氏族制度。这一时期都邑的选定和营建、布局多从战争需要出发。如黄帝为据守中原征战南北，虽有"涿鹿故城本黄帝所都"一说，实际上其都邑迁徙往来并无常处，主要"以师兵为营卫"。少昊族的情况与黄帝一样，虽有故墟在鲁（山东曲阜）之说，实际上他们辗转于泰沂山系与黄淮二水流域十几万平方千米的广阔地区，何曾宁息于某地，这正反映了社会进入文明时代门槛时的情景。不过根据史书记载，黄帝时代有车船发明、文字运用、史官设置，《左传》记载说少昊氏主要官员由五鸟、五雉、五鸠、九扈、二十四个部落长担任，据此可以推断，当时他们的都邑比炎帝、太昊时代要大得多，庞杂得多。以房屋修建为例，东海峪龙山文化遗址的9座房均属方形土台式建筑，其台基、护坡，室内地基均系分层夯筑，这是仰韶文化遗址所没有的，"龙山文化时期的房子较之大汶口文化时期基槽深、居室面积亦较大"。它证明由于生产力的提高，人类生活得到改善，社会文明程度在提高。黄帝时代诸如仓颉造字，嫘祖养蚕织帛都证明这一点，作为社会生产、物质文明总体表现的城市当然比以往更加繁荣，可惜地下资料迄今为止被找到的几乎没有，无法述评。

　　按《史记》顺序排列，继黄帝、少昊之后是颛顼、帝喾，其中世系不可能像《史记》认为的那样，颛顼是黄帝之孙，帝喾是黄帝之曾孙。从古籍及注家材料分析，可以看到这一时期国家已初具规模，如《国语·楚语下》云："颛顼，乃命南正重司天以属神，命火正黎司地以属民，使复旧常.无相侵渎，是为绝地天通。"真是管辖着天上地下人神诸事了。虽然颛顼故墟帝丘（河南濮阳）、帝喾之墟亳（河南偃师）未曾找到直接材料，但他们将都邑定在中原腹地，说明黄河流域居民日益融合趋于统一。又从"少昊以前，天下之号象其德，颛顼以来，天下号因其名"，可以看出这时"国家"首领的权力比部落时代的联盟长一类人物大得多，他的名字就是旗帜，如帝喾之世"日月所照，风雨所至，莫不从服"，真有点像封建时代皇帝"朕即法律"的劲头。一些古籍认为颛顼乃东夷后裔，帝喾是炎帝后裔，他们都是继黄帝之后先后主宰中原地区。实际上不管是谁的后裔，谁拥有威服能力，谁就是主宰，那时

第二章 八千年前先民的生存环境

可以说是凭暴力来达到统治使其下属"莫不从服"的,说明国家又向前发展一步,其时的城市规模、结构和布局也相应地有了新的变化。从二里头宫殿遗址(偃师翟镇区北)和商城遗址(偃师城关尸乡)还看不出与古籍记载帝喾故墟(偃师城关高庄)有什么直接联系,但三个遗址都在偃师洛河边邙山旁,远近只5—20里,相距一箭之地,它们有一定承继关系。从商城的材料看,作为国家统治中心的都城,城郭结构日臻严密、街道相当宽阔,宫殿亦可称宏伟。

尧、舜时代,他们作为华夏族的首领,活动范围更广泛,足迹遍及黄河、长江流域大部分地区。表面上虽保持部落时代"禅让"之类的传说,但他们都是几十年的统治万国(氏族),辞世之际想把权力传给子孙,因"四岳"和部属反对而不得逞被迫"禅让",据《史记》记载,尧时曾设"百官",舜时曾颁布度量衡之制,修订五礼、制作五刑,国家机构进一步完善,其职能也大为扩大,社会情况与三代之夏王朝所差无几。如传说中尧舜时代继承了帝喾以来多妻制。至于都城虽有尧都平阳(山西临汾)、舜都蒲坂(山西永济)之说,但这是初都或纪念性质的故都,因他们都兴起于山西,那里有他们的故地、封地,可能早年虽在这偏西北地区惨淡经营过,我们认为他们的都邑应在今河南,即当时的中州腹地较为切实,但迄今尚未发掘到相应的材料,难于决断。20世纪70年代以来,考古工作者在距山西襄汾县城东北约15里,发现了南北宽约1500米,东西长约2000米、总面积达300万平方米的陶寺遗址。这是一个有相当规模的都邑遗址,李民先生从地域、年代、生活方面予以论证,认为其早期的后一段与尧舜时代相当,与在炎黄、太昊、少昊时代,都是迁徙无常、以兵为营大不相同,倒与"舜一徙成邑,再徙成都,三徙成国"或"二年成邑,三年成都"相吻合,很可能是舜早期的都邑,"是其对四周居民聚落控制范围的扩大",它具有"形成以城市为中心的奴隶制国家"的可能。总之,尧舜时代都城规模和建筑技术肯定比宛丘(陈)要大得多,进步得多,只是有待于考古发掘材料给予具体的证实。舜晚年洪水泛滥,禹继承鲧治水之业,在外十三年劳身思开九州、通九道治住洪水,被万国拥戴,取代了舜的统治,实为夏朝创建奠定了基础,斯时天下诸侯统归于禹。

夏朝和其后的殷商一样，也是"不常厥邑"，曾多次迁徙其都城，如阳翟（河南禹县）、阳城（河南登封）、斟鄩（河南偃师至巩义间）、安邑（山西夏县）、平阳（山西临汾）、晋阳（山西太原）、洛汭等都被认为夏曾建都之处，真是虚实参半似有牵强附会地方。尽管诸说均能引经据典找到根据，但从《孟子·万章》有"禹避舜之子于阳城"，以及《竹书》又有"禹居阳城"的记载看，反映了先秦人认为夏都阳城较为切合实际。禹是武装夺取政权的，为了与舜子商均较量，驻地阳城肯定有较大的营建，这是毫无疑问的。值得一提的是夏都斟鄩，据《竹书》载，太康（启子）居斟鄩，是因其生活奢侈失国，临时逃匿于此，后来逐步营建而成。斟鄩的地望《水经注》说得很明白："城东，东北历郛中……迳訾（斟）城西，郛水注之"。斟鄩在今偃师县府店区稍柴村，它与巩义只一沟之隔，北临伊洛二水，南依嵩山，地势是高坡小平原，与春秋滑国故城相邻。稍柴村遗址出土文物中，反映了当时房建技术的提高（房子宽大而用白灰过面）、手工业制品的庞杂多样（包括缸、豆、瓮、鼎、盆、盉、爵、甗、鬲等陶制器皿，其中不少是酒器），其工艺水平也是相当高的，因为未曾发现城邑的其他遗址，被认为是斟鄩故都手工作坊区。该遗址叠压在龙山文化层上，早商、夏文化与龙山文化的继承关系也清楚反映出来。大禹是夏王朝的第一个王，从《左传·哀公七年》的记载："禹会诸侯于涂山（今安徽蚌埠），执玉帛（来献）者万国（邦、族）"。《国语·鲁语》进一步说："（涂山之会）防风氏后至，禹杀而戮之"。禹"以铜为兵"来护卫自己既得的权力，禹晚年传位于子启，破坏了以前氏族时代的"禅让"制度，《竹书》还有"（伯）益干启位，启杀之"的记载。太史公司马迁说的好，"禹传子""家天下"，从此中国进入世袭的王权社会。"自禹后，以中原地区为中心，一个统一的奴隶制帝国统治着东方大地"。中国已进入西方学者称为的"文明社会"，即有剥削、阶级压迫的奴隶制时代。

如前所述，史前都邑的形成与奴隶制国家的发展形影相随，经历了萌芽、形成和发展的过程，上溯炎黄时代聚落，下至禹启之世王都，目前无具体年代可稽，大体推论超越千年。从考古发现与古文献有关的记载互为佐证，史前都邑形成可分作如下进程：炎帝、太昊时代是萌芽和起步阶段，黄帝、少昊时代是发展和初具规模阶段，尧舜禹时代是完善和最后形成阶段。从此作为国家统治的中心，都城已成为政治、经济、文化的总枢，它被建筑在交通方便、形势险要、人口稠密，文化发达的地方，代表国家成为向下属臣民发号施令的地方。正如著名的历史学家，考古学家夏鼐指出的那样，古代社会从野蛮进入文明阶段，论其特征，"除了政治上的国家外，已有城市作为政治、经济、文化各方面活动的中心"。随着劳动生产技术的日益进步，社会组织的日益成熟，都邑的形成涉及一系列有待解决的问题，对它的研究，很自然有利于促进对我国国家起源问题的探讨，对研究我国古代史怎样从原始社会逐步向奴隶制发展亦具有现实意义。同时，它也像运用出土的半坡陶文研究古文字起源一样具有同样深远的意义，能够把中国文明史大大向前推进一步，中国的古老文明史，其开端不是五千年，而是更加久远。

第四节　华夏民族的原始生活形态

我们要了解和揭秘史前先民的原始生活形态，除了依据文献资料记载的蛛丝马迹和田野考古所揭示的古文化遗存外，更离不开对神话传说的探究。诚然，人类社会有文字记载的历史是很短暂的，人类跨进文明大门以前的远古经历，零零散散地保存在初民的群体记忆中。群体记忆只保留那些对社会生活影响最大，在初民脑海中印象最深的人物和事件。尤其是那些关于远古英雄的传说，关于部族战争与流徙的传说，关于始祖起源与衍生的传说，关于重大灾难与变故的传说，其中大都隐示着曾经发生过的史实印迹。

甘肃是中华民族重要的文化资源宝库，是华夏文明重要的发祥地，是"彰显华夏文明的重要历史文化基因库"。早在 20 万年前，甘肃境内就有人类生息。七八千年前，甘肃先民创造了灿烂的大地湾文化。大地湾文化是传说中中华人文始祖伏羲开辟的辉煌时代的真实展现，是甘肃远古文明的源头。

以伏羲、女娲传说为标志的远古文明和华夏民族的渊源之间存在密切的联系，伏羲、黄帝、夏禹在传说记载中都存在一个源起于西部而辉煌于中原的问题。这种历史处位的变换，不仅反映了部族的转移迁徙，也反映了文化的传播和流向。一种形成规模的文化，不可能世代固守一个地域，它们的对外影响绝非单纯的静态辐射，而是以族体衍分和流动的方式表现出来。分族的移迁造成不同文化之间更直接、更强烈的交往、渗透、碰撞和融合，从而形成更先进、更具生命力的文化。伏羲、炎黄两帝和夏禹的传说，均寓含着这一历史演变的规律。从伏羲、女娲为代表的部族，最初活动在甘肃东部地区。伏羲、女娲传说的地域源头，从渭水中上游到西汉水中上游，遍及甘肃东部，而这些地区，又正是大地湾文化的分布带。成纪古城距大地湾遗址不过 28 千米，天水西山坪遗址、师赵村遗址、武山西旱坪遗址、傅家门遗址、石岭下遗址、秦安王家阴洼遗址、甘谷灰地儿遗址等，其文化内涵都属于大地湾文化体系。而雷泽、仇夷所在的西汉水中上游地区，大地湾文化遗存同样非常密集，而且早、中、晚各期都有。早在 20 世纪 40 年代，考古学家裴文中先生就曾在礼县、西和、成县等地作过调查，发现了 24 处同类型文化遗址。中华人民共和国成立后该地区的新石器时代文化遗存的发掘，更是硕果累累。

从时代与历史发展阶段的角度考察，伏羲、女娲传说所反映的社会面貌，也正同大地湾文化的内涵相符。首先，伏羲、女娲神话传说折射出的漫长时间跨度，与大地湾文化从新石器时代早期至晚期延续 3000 多年的事实完全一致。伏羲、女娲传说的文字记载，从战国到两汉无疑经过了许多文人的整理，值得注意的是，几乎所有的记载，都把伏羲尊奉于中华民族始祖的位置，《汉书·律历志》"继天而王，为百王先"的提法，不过是对众说的概括。有的上古史体系在伏羲之前还列举了有巢氏和燧人氏，但在传说中却没有他们的事迹和功业，他们只反映了初民对更古远的旧石器时代的一点缥缈印象。含有实质性文化内容的神话

第二章 八千年前先民的生存环境

传说,是从新石器时代开始的。结合女娲造人和伏羲、女娲兄妹结合为夫妇而生育人类的故事思考,可知他们和他们所属部族的活动,是初民群体记忆向远古追溯的最早上限,这一点也恰好与大地湾文化相呼应。我国新石器时代最重要的主流文化是仰韶文化,仰韶文化是以渭水流域为中心发展起来的;而大地湾一期文化,是渭水流域时代最早的新石器文化,它是目前所能溯寻到的仰韶文化的母源。

传说中伏羲在经济领域的贡献,主要是渔猎业与饲养方面,这也和大地湾文化的实际情况相符。甘肃地区史前文化渔猎经济之突出,是早在旧石器时代即已存在的传统;在新石器时代的大地湾文化遗存中,仍给人以深刻的印象。甘肃东部地区属于暖温带湿润区向亚热带的过渡地带,生态环境为渔猎业的持续发展提供了优越条件。除了遗址所出兽骨的种类和数量,以及用于渔猎活动的众多工具,能够说明大地湾文化渔猎业的繁荣之外,彩陶纹饰上各种形态的鱼纹图案,是大地湾文化彩绘的一大特色,那是人们经常捕鱼、食鱼的现实生活在艺术领域内的反映。大地湾四期文化遗存的地画,就是以狩猎活动为题材的交感巫术媒介物,也从一个侧面反映了狩猎业在大地湾文化经济生活中的重要位置。狩猎业是家庭饲养业的前提,在大地湾文化遗存中,"六畜"除了马之外,猪、狗、牛、羊、犬的饲养已十分普遍,以猪头作随葬品的风俗已相当流行。总之,大地湾文化繁荣期,也正是渔猎水平大幅度提高而家畜饲养日趋发展的阶段。伏羲的传说突出渔猎与饲养方面的贡献,正与之相吻合。

我们分析女娲抟黄土造人及断鳌足以立四极的传说时,曾指出这一传说同陶器制作及房屋构建存在一定的联系,而大地湾文化居民恰巧就是擅长制陶和建房的部族。大地湾一期文化遗址出土了我国时间最早的一批彩陶,目前虽然尚未发现时间更早的原始陶器,但大地湾文化无疑应属我国北方最早从事制陶业的古文化之列。大地湾文化的主人很早即开始过着定居生活,而陶器的发明,必须以群体稳固的定居生活为先决条件;考古实践表明,早期陶器总是伴随半地穴式房屋而出现的,大地湾一期文化面貌就是如此。最早的一批圆形半地穴式房屋,屋内面积很小,地穴较深,但已用 4 根向内倾斜的木柱支撑攒顶式屋顶，具备了最简单的房屋地面构架。女娲抟土造人的传说，还隐示着女性在创制陶器事业中的贡献，这也符合文化考古学提出女性发明陶器的推论。

早期制陶一般有三种成胎方式：挤压成形法、泥片贴筑法和内模敷泥法（图2-4、图2-5），后者首见于大地湾文化。所谓内模敷泥法，是先用植物类质料如藤条、树枝、芦苇等编制成一定形状的内模，然后在模上敷泥，烧制时内模被焚化，其外敷泥层即成陶器。实际上最原始的制陶内模就是妇女从事采集活动所使用的篮子，大地湾文化初民首创的内模敷泥法，与女娲抟黄土造人的传说相映生辉，使女性发明陶器的文化考古学推论更具可信性。此外，传说中的伏羲和女娲，还是两个和音乐艺术极有缘分的人物，女娲是笙、簧的发明者，前文已谈过；而伏羲，《世本》说他发明了琴瑟，《琴操》甚至说"伏羲琴名龙吟"，《琴操》之说，可能是因伏羲"以龙纪"而生的附会。但两人都有发明乐器的传说，还是发人深思，这反映了他们所属部族对音乐的擅长和热爱。而这一点，也能从甘肃史前文化中找到依据。匏木丝竹类乐器不可能保存下来，我们今天只能见到史前的陶质乐器，甘肃史前文化遗存出土的陶质乐器如鼓、铃、哨、埙等，数量之多，形制之奇特，装饰之精美，都昭示着音乐艺术之兴盛。

图2-4　鱼纹彩陶盆（摄于甘肃省博物馆彩陶展厅）

第二章　八千年前先民的生存环境

图 2-5　内彩弦纹彩陶豆（摄于甘肃省博物馆彩陶展厅）

伏羲的功德对后世影响最大的是"画八卦"，因为在文明时代冠居群经之首的《周易》，就是以八卦为基础演绎而成的。在延续了近3000年的华夏主流文化体系中，《周易》始终处于炫目的位置，被认为蕴涵了东方哲学、政治学和社会学的全部要义。毋庸赘言，当今研究《周易》的学者没有人会把围绕该书形成的博大思想，归之于伏羲；即便是汉唐诸儒，至多也不过把六十四卦的推演，上靠到周文王名下。但用两种直线符号组成 8 种固定图案的八卦发明权，却属于伏羲。"画卦"究竟意味着什么？为何初民把"画卦"看得如此重要？前引《周易·系辞下》说：伏羲"仰则观象于天，俯则观法于地，观鸟兽之文与地之宜，近取诸身，远取诸物，于是始作八卦"，强调其画卦最初源于对现实事物的观察，即所谓"观物取象"，这是正确的，因为这符合文化创造的规律。但"取象"的动因，应当是出于现实生活的需要。

在没有文字的时代，一切知识其实都是记忆。人们的记忆常要靠某种物质形式来辅助。发明某种帮助记忆的物质形式并被群体所接受，是史前社会的一项创举，传说中的结绳、刻契记事，就是最常见的物质性记忆形式。使用一些固定符号来记事记数，应当是结绳、刻契一类形式的进一步发展，它更方便，更精确，功效更高。八卦很可能就缘起于这类记忆符号，是某些符号的规范和整理。伏羲或者说伏羲所代表的那个部族，最早发明、使用这类记忆符号，因此后世传说便把符号的规范、整理之功，以"画卦"的名义归之于伏羲。最早出现在大地湾文化中的陶符，即属于这种性质的符号。在大地湾一期文化中，陶符是绘在彩陶上的，样式只有十几种；在后来几期文化中，尤其是在由大地湾文化衍生的关中仰韶文化中，陶符则多以刻画形式出观，使用更加广泛，而且种类大为增加，有学者统计多达52种；深受大地湾文化影响的马家窑文化，陶符又有更新的发展，多以绘制形式出现在彩陶上，仅青海柳湾遗址，就发现有绘符的陶器679件，包括139种不同的样式。尽管目前我们还难以弄清这些符号的含义，但它们的出现具有一定的规律性，种类随时代推进而增多，使用的地域范围又相当广。

分析上述因素可知，它们是当时社会生活实际需要的产物，其功能应当就是记数或记事。从这层意义上说，陶符虽然还不是文字，但也绝非初民的偶发性即兴之作，它们一定承担着后世文字所承担的部分功能。八卦是8种规范化的符号，乾、坤、离、坎、巽、震、艮、兑8个卦名，乃后人所赋予的。《周易·说卦传》云："乾为天，坤为地，离为火，坎为水，巽为风，震为雷，艮为山，兑为泽。"这是对八卦含义最古老的解释，包含相当大的合理成分。因为这八种物质现象是构成人类生存环境最基本的要素，是影响人类生活最强大的自然力量，当然也是人类最早关注的对象。所以，当人们设计记物、记事、记数符号的时候，这8种物质现象应当处于最优先的位置。八卦用最简明的线条，最合理的组合，最有规律性的变化，表示这8种物质现象。这样的规范化布位，在符号向原始文字过渡的道路上，迈出了重要的一步。《帝王世纪》载：伏羲"造书契以代结绳之政"，所谓"造书契"不应理解为发明文字，而是指对记忆符号的使用和规范。文字从起源到形成，必然要经历一个权威性的整合过程。只有社会发展水平较高的强势部族，才能承担这个任务并被其他部族所认可。伏羲部族对记忆符号的规范，当然还不能说是文字的整合工作，但它对于日后文字形成的整合与推广来说起了某种先导作用。大地湾文化是史前记忆符号的起源，那么，伏羲与大地湾文化的关系，也就不言而喻了。

综上所述，不论是活动地域、所处时代，还是文化面貌、社会阶段，都一致地显示出伏羲、女娲所代表的那个部族，就是大地湾文化的

第二章 八千年前先民的生存环境

创造者。因此,关于伏羲的传说,和大地湾文化相对应;关于黄帝的传说,则和大地湾文化之后的其他史前文化相对应。大地湾遗址最上层是常山下层文化,而常山下层文化正是齐家文化的源头。但黄帝所代表的那个部族跨时甚长,其早期活动可能上溯至齐家文化之前,应包括马家窑文化在内。传说中黄帝的许多功业,都能在甘肃新石器时代晚期文化中找到印证。譬如,黄帝掘地昆吾山下,"炼石为铜,铜色青而利",说黄帝"采首山铜铸鼎",这比女娲炼五彩石补天的传说更直接地表明先民已经掌握了金属冶铸工艺。而在大地湾文化深刻影响下发育起来的马家窑文化遗存中,发现了迄今所知我国最早的青铜器,在稍后的齐家文化遗存中,冶铜业有了更进一步的发展。正是甘肃地区的史前文化,最先拉开了我国青铜时代的序幕。尤其要注意的是,传说黄帝首创以铜制镜,"帝既与王母会于王屋,乃铸大镜十二面,随月用之。则镜始于轩辕矣。"而我国时代最早的铜镜,正好出土于齐家文化遗存中。又比如传说"黄帝之时,以玉为兵,以伐树木,为宫室,凿地。夫玉亦神物也,又遇圣主使然。"这表明黄帝部族已较早制作、使用玉器,而给后世留下深刻印象。而齐家文化正是我国北方较早而且大量使用玉器的史前文化。齐家文化玉器品种计有斧、锛、铲、凿、钺、刀、环、佩、镯、璧、琮、璜、联璜璧等,内涵已很丰富,有工具、武器、仪卫器、祭器、佩饰等,古代玉器拥有的主要功能,齐家文化的玉器皆已具备。结合其工艺水平看,齐家文化治玉业已颇具规模,这在我国黄河流域史前文化中是极其突出的。

又如,黄帝"设五量",这点常被人们所忽视,其实这是很重要的一条资料,表明黄帝部族首创量制和量具,在度量衡制度史上做出了贡献。而大地湾四期文化遗存中,出土了我国最早的量具,包括陶质的条形盘、铲形抄、箕形器、四把深腹罐,以及表面有等距刻度的骨匕形器。考古工作者对陶量具的容积作过测试,发现箕形器容积约为铲形抄的2倍,铲形抄的容积约为条形盘的10倍,四把深腹罐的容积约为铲形抄的10倍,显示出那时已形成便于实际操作的量级体制。又比如传说黄帝以兽皮制鼓,"声闻五百里,以威天下",说黄帝用鼓于军阵以助势取胜,"帝伐蚩尤,玄女为帝制夔牛鼓八十面,一震五百里,连震三千八百里。"这表明黄帝部族善于使用战鼓,很可能就是鼓的发明者。而马家窑文化恰以多次出土彩陶鼓而著称,其鼓形制特色鲜明,装饰华美,鼓身中部为中空圆柱,大口一端呈喇叭形,小口一端呈罐形或浅体钵形。大端蒙皮,外沿周设许多固定皮面的钩錾,鼓身有可系背绳之鼻钮,可知为在行动中击用。又如说黄帝初创房屋建筑,"天下人民,野居穴处,未有室屋,则与禽兽同域。于是黄帝乃伐木构材,筑作宫室,上栋下宇,以避风雨。""轩辕氏以土德王天下,始有堂室,高栋深宇,以避风雨。"这表明黄帝部族不仅较早开始了室居生活,而且掌握了较高的建筑技术。而甘肃地区的史前文化,正以擅长房屋修建而引人瞩目。大地湾一期文化中出现了我国时间最早的一批圆形半地穴式房屋,以后几期文化的居室建筑式样越来越多,房屋结构越来越复杂,室内面积也渐趋增大,居住条件也越来越舒适,到四期文化甚至出现了著名的大型庙堂建筑群,已初步具备了中国古典建筑前堂后室两侧出厢房的传统格局,无论其规模结构还是其修造技术,都居我国新石器时代建筑之冠。马家窑文化和齐家文化承袭了大地湾文化的建房传统,并在形制上又有了新的变化,这是人类社会物质和精神生活发展的体现。

  黄河流域的古文化在华夏文明形成中起主导作用。由于黄河流域先进文化的影响和推动,形成了包括今渭河流域、陕西关中平原及丹江上游地区的大地湾文化圈。因此,甘肃大地湾文化位于华夏文明起源的核心区,并与中原的磁山文化、裴李岗文化相互影响,相互交融,构成了华夏文明的主体,与其他同时期文化一起在中华文明共同体形成中具有重要的作用。诚然,黄河上游流域范围辐射至包括今陕、甘、青三省区,是中华文明的重要发祥地之一,境内大地湾、马家窑、齐家、马厂、四坝、骟马、寺洼文化、火烧沟……诸多史前考古遗迹和文化遗存,在华夏文明的形成中占重要的地位。近几十年来,随着我国文物考古事业的迅速发展,各地史前考古资料日益丰富,大量反映史前人类生活的考古资料被频频发掘出来,为我们洞悉早期人类的生产活动、精神世界提供了诸多可资参考的实物佐证。这些资料从不同的角度向我们展示着上古社会的基本生活图景,诉说着华夏先民不朽的奋斗足迹。

第三章 八千年前的农耕文化

第一节 农耕文化的概念

一、农耕文化的内涵及特点

文化是人类社会的产物,是人类在几千年来生存斗争中不断创造的果实,也是人类不断摆脱自然控制走向成熟和自由的标志。文化作为人类构建的生存系统,它是一种动态的形式,是一种总是进行着的人类生存方式。人类是一代又一代绵延发展的社会种群,是一种生物上和文化上都处在进化中的种群。

农耕,本质上是一种经济方式,农耕社会是指以农业耕作为主要生产方式的社会形态。农业耕作是一种以体力为主,以自然生态作为对象的手工劳动方式。在农耕社会中,人们黏附在土地上,通过手工劳动的方式,利用自然界的动植物来实现再生产,从而获得物质资料。

所谓农耕文化就是指以种植经济为基本方式的农业社会文化,由农民在长期农业生产中形成,以为农业服务和农民自身娱乐为中心的一种风俗文化。它是在传统的自给自足的自然经济基础上形成的一种思维方式、价值取向、生活和社会行为模式的总和。包括通过农业方式创造的一切物质财富和精神财富，它是人类生活的反映、活动的记忆和历史的沉积。从广义上来看，它既包括强制性的制度范畴，如国家的法律、法规和各式各样的规则等，也包括非强制性的制度范畴，如林林总总的社会风俗、习惯、传统、价值形态等。从狭义上来看，农耕文化是指建立在自给自足的自然经济基础上的小农文化，通常也被称为小农意识，主要包括农业社会时期人们的思想意识、文化传统、风俗习惯和价值观念等非强制性的制度范畴，其中居于中心地位的则是思想意识形态和价值观念，这是整个农耕文化的精髓所在。

钱穆先生在《中国文化史导论·弁言》中说："大体文明文化，皆指人类群体生活言。文明偏在外，属物质方面。文化偏在内，属精神方面。故文明可以向外传播与接受，文化则必由其群体内部精神累积而产生。……人类文化，由源头处看，大别不外三型。一、游牧文化，二、农耕文化，三、商业文化。……游牧、商业起于内不足，内不足则需向外寻求，因此而为流动的，进取的。农耕可以自给，无事外求，并继续一地，反复不舍，因此而为静定的，保守的。"这里明确地指出了农耕文化的特点就是自给的、静定的、保守的。

二、远古农耕中心

距今约 10 000 年前，人类由旧石器时代向新石器时代过渡，开始出现了农耕。大约与此同时，也出现了畜牧业。从这个时期起，人类开始由食物采集者转变为食物生产者，包括以种植谷类为主的农业生产者和以繁殖畜类为主的牧业生产者，这是人类历史上生产发展的一次飞跃。由此开始，世界上先后出现了几个各具特色的农耕中心。第一是西亚，在美索不达米亚周围地带，最早驯化了野生麦类，发展为种植小麦、大麦的农耕中心。第二是包括中国在内的东亚、东南亚。中国的黄河流域是一个独具特色的农耕中心，因为这里培育了稷，即小米。中国长江以南至东南亚、印度恒河一带，则是以培育水稻为特色的农耕中心，约在距今 10 000 年前培育出了亚洲栽培稻。第三是墨西哥，约在 7000 年前培育了玉米。第四是撒哈拉沙漠以南的非洲内陆。

三、农耕文化产生的历史意义

农耕文化的产生和发展是人类历史上一次划时代的伟大变革，也是动植物发展史上一件极为重大的事件。

从此，人类实现了由攫取经济向生产经济的重大转变，开始通过自己的劳动来增殖天然产品，改变了整个社会的经济面貌，从而结束了采集狩猎经济，进入了农耕经济的时代。动植物也在人类的干预之下，改变了自生自灭的状态，开始向有利于人类的方向进化和发展，新的种类和品种不断涌现，广泛地为人类所利用。这一伟大变革，对人类的发展产生了深远的影响。同时，人类生产劳动的结果，不仅改变了人类的外部世界，也改变了人类自身，使人类自身的素质不断提高，文明程度不断进步。在绵绵不息的历史长河中，炎黄子孙植五谷，饲六畜，农桑并举，耕织结合，形成了土地上精耕细作、生产上勤俭节约、经济上富国足民、文化上天地人和的优良传统，创造了灿烂辉煌的农耕文明，为中华民族繁衍生息、发展壮大奠定了坚实的基础。

本章主要研究的是人类远古时期农耕文化的形成和发展，由于时代的久远，文字记载的缺乏，有关原始先民精神方面的东西不多，只能通过现存历史典籍中的记载去探索原始先民们的精神世界；原始先民的物质世界就只能通过考古发现的大量固化的物质遗存去探索研究。因此，本书是现存历史文献典籍的记载与考古发现相结合的产物。而本书所研究的文化，一般是指考古学意义上的文化，即由原始先民创造的史前精神产物（如岩画、彩绘等）与固化的物质遗存。而考古学上的文化，如仰韶文化、马家窑文化，是指大体同时、集中在一定地域并具有相同特征的物质遗存共同体，主要包括以下几个方面：一是生产工具。二是大量的生活用具。三是装饰品或宗教艺术品。四是房屋建筑和聚落形态。五是墓葬与埋葬方式。

第二节　原始农耕文化起源的动因

农业的起源是人类历史演变的革命性事件，它不仅反映了人类对自然界动植物和生态环境操纵能力的提高，更为重要的是农业经济导致了土地载能的提高，促进了人类社会生产力的发展。

许多学者都认为，原始农业的出现，是人类认识世界、改造自然的巨大成功，农业的产生与发展是文明出现的首要前提。英国考古学家柴尔德最早做出了这样的论说："食物生产，包括对食用植物尤其是谷物的自觉栽培和对动物的驯化、饲养和选择，是人类历史上自掌握火以后最伟大的经济革命。"并把它称为"新石器时代的革命"[1]。美国社会学家阿尔温·托夫勒也对此进行了评价，他在自己的名著《第三次浪潮》中，将农业的开始作为人类文明史上出现的第一次浪潮，认为那是人类社会的第一个转折点。

农业的出现，是新石器时代到来的一个最重要的标志。世界上的学者将新石器时代的起始时间定在公元前10 000年左右，这与地质学上所称的全新世开始的时间是一致的。但农业不可能在一夜之间就发生，它的起源应该经历了一个漫长的过程，而这个过程就是人类将野生动植物驯化的过程。

关于农业起源的研究理论，目前主要有海登的"竞争宴享说"、弗兰纳瑞的"广谱革命说"、麦克克瑞斯顿和豪尔的"季节性短缺说"、威尔逊的"社会关系改变说"、考文的"心理—文化学说"、博赛洛普的"人口压力说"等，这些理论虽说都有一定的研究价值，但都很难对农业起源这一现象做出具有充分说服力的解释。农业起源的动因，不可能是单一的，而应该是多因素的。它应该既有产生的客观条件，又有产生的主观条件，这是因为人类社会任何事物的产生与发展都是主观条件

---

[1] V.G.Childe, *Man Makes Himself*, New York: Mentor Books, 1951.

与客观条件相互作用的结果。按照 Alphonse de Candolle 和 H.LingRoth 两位学者的观点①,农业起源的客观条件就是物种——野生动植物资源的存在、适合驯化的地理环境与气候;主观条件则是人类生产力发展水平、驯化技能的掌握、生活方式及食物需求。客观和主观条件是互为联系不能割裂的,既要从环境的角度考察环境作用于人的证据,也要从人类文化的角度来考察人作用于环境的遗存②。

据考古资料显示,我国农业产生于旧石器时代晚期与新石器时代早期的交替阶段,距今有10 000多年的历史。古人是在狩猎和采集活动中逐渐学会种植作物和驯养动物的。原始人为什么在经历了数百万年的狩猎和采集生活之后,选择了种植作物和驯养动物来谋生呢?也就是说,古人为什么最终发明了"农业"这种生产方式?学术界对这个问题作了长期研究,提出了很多学术观点。目前比较有影响的观点是:

(一)气候灾变

很多学者认为环境的变化是导致原始农业出现的诱因。大约在15.47kaBP 时,东亚地区重要的气候改变期——末次盛冰期结束,中国开始进入冰消期,季风迅速增强,随后经历了 Bolling-Allerod 暖期,降水量有所增加,植被开始繁茂,动物数量也随之增加。但到了距今约 12 000—11 000 多年,转而发生了快速降温的"新仙女木(Younger Dryas)"事件。"新仙女木"事件带来的剧烈环境变化,给东亚人类的生存带来了巨大的压力:中国的夏季风降水存在强烈的不稳定和波动,该区最大降水268毫米,最小降水42毫米,降水变率达226毫米③,气候变得干冷和不稳定,极端天气和灾害频发④;气候恶化导致中国北方基本被荒漠和草原气候所控制,森林和草原界线南退至长江沿线,热带基

---

① Alphonse de Candolle, *Origin of Cultivated Plants*, London: Kegan Paul, Trench&Co., 1884.
② 王红星:《驯化水稻和稻作农业的源地研究》,《湖北大学学报》(哲学社会科学版)1998年第3期。
③ Zhou Jie, et al, Evidence for Asian summer monsoon precipitation instability of the Younger Dryas Phase, *Chinese Science Bulletin*, Vol.44, Issue 9, 1999, pp.849-852.
④ 侯光良、肖景义:《晚更新世末期——全新世早期的气候突变和中国农业的起源》,《热带地理》2011年第2期。

本消失,亚热带萎缩在华南一带[①]。这种环境的急剧变化,导致可以采集到的食物(如坚果、水果等)大大减少,同时,原有的很多动物也灭绝或向南退移,人类的渔猎活动面临困境和巨大挑战。人类在采集水果、浆果,猎取飞禽走兽,捕捞鱼虾不能果腹的情况下,不得不转向利用木本植物的块茎、草本植物的种子,迫使人类从渔猎为主转向以采食野生植物为主,并在实践中逐渐懂得了如何培植、储藏可食植物,以及如何驯养动物,以维持最基本的生理需求和族群繁衍。大约距今1万年左右,人类终于发明了自己种植作物和饲养动物的生存方式,于是我们今天称为"农业"的生产方式就应运而生了。之后,由食物采集者转变为食物生产者的人类,逐步沿着两条不同的道路发展,一条是从植物的驯化到农耕;另一条是从动物的驯化到游牧。在雨量充足、河渠充盈、土壤肥沃的地带,逐渐发展以农耕为主的生产方式,农耕不断扩展,就形成了农耕地带。在雨水很少,但是草原辽阔、冬季白雪覆盖的山峦,到了夏季,山坡上却牧草丛生的地带,就逐渐发展以游牧为主的生产方式,形成了游牧地带。

(二)人口扩张

这一理论最早是由美国考古学家博赛洛普提出,他认为农业起源是对人口增长的反应,是在人口压力下强化劳动力投入的结果。其潜在含义是:人口有不断增长的内在趋势,且人们难以控制这一增长趋势。

作为这一模式的最早倡导者之一的 Bifiord 认为是人口压力直接导致了文化向新的生态位变化。造成原来的人口—资源模式失衡的原因有两种:一是自然环境的变化使可利用的动植物密度降低。二是人口的增加接近载能。旧的平衡模式被打破后,人口超过了载能,为了提高生产力而改造和控制环境的做法成为优先选择,人们会选择更有效的取食手段。人口压力理论提出后,很快得到了许多学者的响应,成为解释农业起源的主流理论。

也有学者从发掘遗址的统计结果进行分析,发现旧石器时代早中期

[①] 黄镇国,张伟强:《末次冰期盛期中国热带的变迁》,《地理学报》2000年第5期。

遗址的数量较少，差别不是很大，占比接近，说明人口的增长不明显。其原因可能是当时人类的生存能力（早期人类的生存能力应该指人类应对自然环境的能力，包括应对恶劣气候、抵御疾病、防止其他动物的侵袭等）还较差，死亡率较高，出生率与死亡率基本持平或略高，人口数量比较稳定或增长缓慢。尚未超出土地的载能（载能指一个区域利用生产技术而不破坏该地资源所能供养的人口水平），不需要向外分流或只有局部分流。而到了旧石器时代晚期，遗址数量大增，占比是前两者之和还多，说明这时人口在激增，向外的分流现象也较普遍。此外，从遗址分布范围的变化也能找到人口增长的证据。

（三）技术进步

人类不同于动物的是人类可以运用技术来应对各种生态环境。诚如斯图尔德所言："技术的发明改善了人类控制和调节环境的能力"[①]，人类发展史实际上是技术发展史。随着人类的发展，人类的技术水平也在不断提高，技术水平的提高相应地提升了人类应对大自然的能力。对于早期人类而言，技术水平的提高往往表现在制作工具的技巧、获取资源手段、食物的处理方式、防御能力方面。由于史前社会尚无文字记载，我们要研究人类的技术水平，只能从考古发掘的工具的形态特征、制作方式、使用功能等方面来加以考察。

目前考古所见旧石器时代早中期的工具主要是石器，未见骨、角、牙、蚌器具。石器大多以砾石打制而成，打制方法为锤击法，单向打击多见，极少出现第二步加工，无修理台面。以大型石器为主，器类有砍砸器、尖状器、手斧型器、刮削器等。器体一般厚重，打制简单，器类较少。到了旧石器时代晚期，工具的种类增多，不仅有石器，还有骨、角、牙、蚌等器具。石器打制方法和器类的变化虽然不是很大，但出现更多的加工技术，如双向打击、第二步加工、修理台面等。到了旧石器时代向新石器时代过渡期，技术的进步更加明显，不仅在石器制作上出

---

① J.H.Steward,Cultural ecology,D.L.Stills,*International Encyclopedia of the Social Sciences*,New York:The Macmillan and Free Company,1968,pp.337-344.

现了磨制和穿孔技术，而且还出现了陶器。

磨制和穿孔技术是石器制作技术上的两次飞跃，磨制使石器种类多样化，成型更加规整，体形轻薄，刃部锋利，表面光滑，使用效率大大提高。而穿孔技术则使石器能绑缚在木棒上组成各种加工工具，用于制作其他材质的工具和从事复杂劳动生产，拓展了石器的功能范围，从而使生产的领域得以扩大。磨制、穿孔技术的出现使旧石器时代向新石器时代过渡期的以多种获取食物方式为特征的广谱经济形态得以形成，并为新石器时代出现以生产型为主的农业经济奠定了基础。

（四）知识累积

驯化是人们在生产生活实践当中出现的一种文明进步行为，是将野生的动物和植物的自然繁殖变为人工控制的过程。因此，人类对这类资源的开发利用主要包括以下两个方面。

（1）植物的驯化。人类在长期的采集活动中，对于一些食用植物有了很深入的了解，并有意识地观察这些植物的生长，有时会发觉某些植物有定期生长出新芽的现象，有时则发现从植物上脱落被埋藏起来的果实、籽粒经过一段时间会自动长出新苗。人们于是特别留心这一类的植物或果树，渐渐地在收获中积累了经验，对于那些一段时间内（如一年）可以反复再生的某些植物进行专门采集。在采集活动中，人们通过优选，使采集的植物种类集中到某种或几种再生能力强，便于贮藏，且在一段时间内能多次取食的植物身上，这类植物也就是人们最早的驯化栽培对象。水稻、粟、黍就是这类可食用植物之一，由于它们再生能力强，野生祖本分布较广，能成片生长，产量大，口感好，长期不腐烂，籽实相对容易储藏，既可以大规模栽培，又可以解决因食物季节性短缺带来的饥饿问题。

（2）动物的驯化。家畜的驯养，据研究大体经过了拘禁驯化、野外放养与定居放牧几个阶段，或者用散放、放牧和圈养作为家畜驯养的三种不同形式。但对于动物家养的起源，比较客观的解释应该是，所有野生动物变成家畜家禽的过程都是相同的，都要在人的暴力高压下强制执行人的命令，按人的意愿改变自己原有的野性。但是强制的手段因动物不同而异，方法是多样的，不存在某个固定的模式。例如，人类在长期的狩猎过程中，把一些暂时不食用的弱小动物先圈养起来，等他们长大一点、强壮一些的时候再宰杀食用。慢慢地由一种动物驯养到几种，由单只驯养到多只驯养，原始畜牧业就产生了。狗和猪是人类最早驯化的动物。

总之，农耕的起源，动因不是单一的，应当是多元的，应该同时具备上述四个因素才能产生。环境变化、人口扩张是客观条件，是农耕起源的主要诱因；解决人口增长的压力是农耕起源的直接动因；而人类的生产力、技术水平、知识累积是主观条件，是农耕起源的动能，这四者相互作用的结果催生了农耕的产生。

一、原始农耕文化起源的本质和机制

（一）形成的本质和机制

"新进化论"代表人物 L.A.White 提出"能量学说"，他认为文化是人类为了在自然界生存而需要采用的一种适应机制。即一方面从自然界获取能源；另一方面利用能源有助于社会集团的继续存在和向前发展。J.H.Steward 在"文化生态学"中，也提出了"文化—适应机制"。这就说明文化是人类的一种伴生现象，有了人类就有了文化，只是随着人类的发展，在不同的时期，不同的地域，产生的文化内容有所不同而已。农耕文化是远古人类在进行农业生产时的创造物，它与人类之间的关系是一种并列的、外在的、相互作用的关系。用一个公式表述应该是：人=农耕文化+动物，其含义即是：人不再是一种动物，动物仅是人完整结构中的一个组成部分，而构成人的另一个组成部分则是农耕文化。这就是说，农耕文化是一种人类现象，它既是人类的创造物，又是人类的有机组成部分。从这种人类与农耕文化表述公式出发，可以得出：农耕文化=人-动物。如此简单的关系式所表明的并非其他，而是人类的动物性不断减少，即人化的不断积累和增加才是农耕文化产生和发展的本质所在①。

从文化产生和发展机制上看,农耕文化起源和发展的本质则愈加清楚。文化学研究告诉人们,文化产生和发展的规律有"自然—人化"律、"沉淀—积累"律、"进化—分化"律、"互渗—统一"律、"功能—结构"律等②,其中主要的是前三者。农耕是一种文化事象,它的产生和发展也必然受这些规律的支配和制约。农耕文化赖以产生的基础环节,是人类对野生动植物的驯化,完成自然物向文化事物的跃迁和人化,使"自然—人化"律得到集中的体现。受"沉淀—积累"律和"进化—分化"律支配,来源于采集渔猎文化的农耕文化,经过不断的沉淀积累和进化、分化之后,不仅作为一种全新的文化脱颖而出,而且逐渐发展,形成了自己的文化体系。

从文化发生序列上看,任何一种后出的较为先进的文化事象无一不是在原有文化母体中孕育的结果。农耕文化也不例外,它同样是在采集狩猎文化的母体中孕育而来的。考古资料证明,我国黄河流域旧石器时代野生谷物采集已相当普遍。以骨角加工而成的铲式工具在许家窑遗址中即有出土,其主要功能在于挖掘块根,这种骨铲形制较小,是新石器时代用于翻土骨铲的滥觞。下川遗址中出土的石磨盘,系用圆形卵石作旋转式研磨加工谷物。而峙峪遗址中出土的小石刀则是谷物收割工具的萌芽形式,河南安阳小南海洞穴遗址和许昌灵井遗址中出土的弧背长刮器的主要用途是收获野生谷穗,其形制已与新石器时代的石刀和石镰相当接近③。这些实物证明,人类逐渐使采集文化发生量的积累变化的同时,也在其晚期孕育了质的变化。采集文化发达的最终结果,推动人类进入了农耕文化岁月。

(二)农耕文化起源的标志

农耕文化起源的标志只能从人类的文化氛围中去寻找,其中最主要的就是生产工具。生产工具是衡量社会发展水平的尺度,是人的创造,

---

① 吴存浩:《中国农耕文化形成试论》,《东岳论丛》1993年第3期。
② 韩民青:《文化论》,南宁:广西人民出版社,1989年。
③ 李根蟠、黄崇岳、卢勤:《中国原始社会经济研究》,北京:中国社会科学出版社,1987年。

第三章 八千年前的农耕文化

属于文化物的范畴。工具属于最早的文化,因而某种先进工具的起源也就成为某类文化的起源。人类文化史研究表明,到晚期智人阶段,人类的肉体进化已基本达到现代人的水平,此后人类的进化不是表现在肉体方面,而是表现在文化方面,在于标志某种文化核心的工具,工具是扩大人类力量的唯一手段和物质条件。从这种意义上讲,人类发展史是一部文化发展史,也是各类生产工具的发展史。因此,将农业生产工具的问世作为农耕文化诞生的首要标志,是历史的必然。

那么,在众多原始工具中,何种工具才是推动采集文化向农耕文化发展的决定性工具呢?迄今为止,考古所发现的早期农具当为穿孔石器。穿孔石器出土较早的有阳春独石仔遗址、柳州白莲洞遗、封开黄岩洞遗址、桂林甑皮岩遗址、江西万年洞遗址等。根据民族学材料,这种穿孔石器应为安在木棒上掘土的"重石",曾在一些原始民族中被用作早期农具,用于掘土或耕播。因此,类似"重石"的穿孔石器的出现不仅是石器制造工艺的进步,也是原始采集文化向农业文化过渡的重要标志。

二、原始农耕文化的形成和发展

依据大量的考古发现,结合多门自然科学技术,农耕文化的诞生、形成及发展过程,学术界已获得较多的共识。现将中国史前农耕文化发生和发展的主流历程,划分为从萌芽到形成、初步发展、发达、鼎盛四个阶段,大体与中国新石器时代的早、中、晚、末期相对应。

由于气候条件、地理环境、农作物祖本的自然资源、居民文化背景等多种因素的差异,中国原始农耕文化自一开始,就形成了南北两个不同的类型,南方是以长江中下游为重心的稻作农耕系统,北方是以黄河中下游为重心的粟作农耕系统,两大农耕系统各自独立起源、并行发展。

(一)史前农耕文化从萌芽到形成

当人类经过长期对野生植物的驯化,成功培育出最初的粮食作物,就意味着原始农业的萌芽,也是原始社会开始进入新石器时代的重要标志之一。中国史前农业萌芽期经历了数千年缓慢之旅,大致从公元前10 000年以前至公元前7500年左右才最终形成,处于新石器时代早期。

1. 栽培稻起源与稻作农业的萌生、形成

江西万年仙人洞和吊桶环遗址,重点反映了人们从采集野生稻到出现栽培稻的渐进演变历程。遗址位于赣东北的大源盆地周边的小山上,两个遗址直线距离约800米,是长期并存而处、互有联系和功能上分工的两处居民生活地点。两地按文化层的划分及其内涵,可归纳为3个时期:旧石器时代晚期、旧石器时代末期、新石器时代早期,是旧石器时代晚期到新石器时代早期的典型洞穴遗址。据了解,仙人洞遗址有上、下两个不同时期的文化堆积,下层为旧石器时代末期,上层为新石器时代早期。位于其附近的吊桶环遗址分为上、中、下三层,下层为旧石器时代晚期,中层为旧石器时代末期,上层为新石器时代早期。在发掘过程中,考古专家在距今约12 000—7000年的地层中发现了水稻植硅石标本。

两处遗址的旧石器时代末期地层都出土了野生稻植硅石,新石器时代早期地层都出土了丰富的野生稻植硅石和栽培稻植硅石。这说明在10 000年以前,人们就已经开始人工种植水稻和采集野生稻。在距今7500年左右的地层中发现的水稻植硅石,属于栽培稻,说明稻作农业已经形成[1]。生产工具有打制石器、穿孔石器、局部磨制石器和类似细石器的石片等;骨器有锥、笄、铲、凿、镞、镖和投掷器。说明当时是多种经济手段并存的一种经济形态。

湖南道县玉蟾岩遗址发现了最早的古栽培稻壳实物,是研究稻作起源、陶器起源又一重要例证[2]。玉蟾岩遗址是1988年发现的,经过1993、

---

[1] 曾悦之:《万年仙人洞考古发现震惊全世界》,《江西晨报》2015年1月19日。
[2] 袁家荣:《世界上最早的栽培水稻实物标本面世——玉蟾岩遗址》,李文儒主编:《中国十年百大考古新发现》上册,北京:文物出版社,2002年;袁家荣:《湖南道县玉蟾岩1万年以前的稻谷和陶器》,严文明、(日)安田喜宪主编:《稻作陶器和都市的起源》,北京:文物出版社,2000年。

第三章 八千年前的农耕文化

1995、2004年三次考古发掘,具有旧石器时代向新石器时代过渡的文化特征。三次考古发掘均出土了稻谷遗存,据农业专家对两次出土的稻壳进行电镜分析,鉴定1993年出土的稻谷为普通野生稻,但具有人类初期干预的痕迹。1995年出土的稻谷为栽培稻,兼备野、籼、粳的特征,是一种由野生稻向栽培稻演化的古栽培稻类型。2004年出土的稻谷经专家鉴定为栽培稻,尚保留野生稻、籼稻及粳稻的综合特征。生产工具主要有打制石器和骨器、角器、牙,以及穿孔蚌器,反映的是种植、采集、渔猎等多种获取食物手段并举的一种经济形态。据考证,玉蟾岩遗址主要以渔猎、采集业为主,水稻栽培仅处于稻作农业的萌芽阶段,据^{14}C测定年代大约在距今12 000—10 000年,属于旧石器向新石器过渡时期的遗存。

牛栏洞遗址位于广东省英德市云岭镇东南约2千米的狮子山牛栏洞内。牛栏洞遗址的堆积可分三期。第一期为距今约12 000—11 000年,为旧石器时代晚期。第二期为距今约11 000—10 000年,为新旧石器过渡时期。第三期前段为距今约10 000—8000年,为新石器时代早期。专家从牛栏洞遗址抽取的32个孢粉,经考证,有4个探方6个层位有稻属植物化石,皆属于二、三期。堆积层发现的这些稻属植物硅质体是迄今岭南地区所见年代最早的稻属植物遗存[①]。同时,该遗址也出土有大量的石制品和少量骨器、蚌器。

上山遗址位于浙江省浦江县黄宅镇渠南村,浦阳江上游一座名为"上山"的小山丘上。该遗址地层堆积分为7层,第3—7层为新石器时代堆积,厚度约40—50厘米。上山遗址出土的夹炭陶胎中含有大量稻谷壳和茎叶末,从谷壳形态观察属于栽培稻,同时陶片中还发现有稻属植硅石。遗址内发现干栏式和基槽式两种房屋残迹,这是全国新石器时代目前最早的房屋遗迹。工具以打制石器为主,并发现少量通体磨光的石锛和石斧。大量的石球、石磨棒和石磨盘,与原始的狩猎、采集和原始农业的复合性经济模式相对应,石球应该是狩猎的投掷物,石磨棒、石磨盘可以用来脱去稻壳,也可以用来碾磨块茎类食物以获取流汁状的

---

① 张正洪等:《英德牛栏洞史老墩遗址发掘有重要收获》,《中国文物报》1998年9月20日。

淀粉。经加速器质谱 ^{14}C 测年为前 7600—前 6000 年左右，树轮校正值约前 9400—前 6600 年。

上山遗存大部分处于新石器时代早期的后一阶段，其原始农业已经形成，人们已摆脱洞居生活而专门营造房子，建立了正规的农业聚落。

上述数处典型遗址所揭示的重要考古发现表明，约在公元前 1 万年左右，人类社会已开始出现初步驯化成功的栽培稻。人们之所以要通过艰难持久的努力，选择把野生稻驯化成栽培稻，从根本上说是为了获得较多稳定的基本生活食物和提高生活质量。

2. 早期粟作类遗址的探索

在华北地区，也发现了数处重要的新石器时代早期遗址。与长江以南同时期遗址相比较，其遗址的自然类型都属旷野遗址而非洞穴遗址，但尚未发现房屋遗迹；目前资料所示，华北地区进入新石器时代的标志物陶器和磨制石器（或局部磨制石器）似乎在同一时期出现，或者先后出现而时间间距不长，不像在华南地区这两种器物往往是先后出现并存在长时间间距；经济生活方面，华北地区的渔捞成分明显低于华南地区，狩猎、采集色彩强烈；从工具、气候环境等方面分析，推测当时已开始种植粟、黍，但至今尚未实际发现到农作物遗存。

北京门头沟区东胡林遗址，是既有生活遗迹又有墓葬的一处重要遗址。文化层中出土的遗物有石器、陶器、骨器、蚌器，以及数量较多的石块和崩片、动物骨骼、植物果壳、螺蚌壳等。石器包括打制石器、磨制石器与细石器等，以打制石器居多，其次是细石器，磨制石器的数量很少。根据对几十个测年结果的分析，"东胡林人"生活的年代大致在距今 11 000—9000 年前，属于新石器时代早期。

根据 2012 年杨晓燕等人[①]对北京市门头沟区东胡林遗址出土石器和陶器的表面残留物，以及文化层沉积物中的古代淀粉遗存进行的提取和

---

① 该研究获得了中国科学院战略性先导科技专项（XDA05130603）、全球变化研究国家重大科学研究计划（2010CB950100）和国家自然科学基金（40771205，41072140）的支持，由中国科学院地理科学与资源研究所牵头，参与研究的还包括美国微体化石植物考古基金会、中国科学院地质与地球物理研究所、河北省文物局、山西大学、北京大学、北京市文物研究所等单位的多位科学家。

分析结果,在距今 11 000 年以前,古代淀粉残留物中已经出现了具有驯化特征的粟类淀粉粒,说明当时人类已经开始了对粟和黍这两种作物的野生祖本进行驯化,该研究将人类对粟类植物(狗尾草属和黍属)的利用向前推进了 1000 年,其中对粟的利用向前推进了 2000 年①。

河北徐水南庄头遗址,地处太行山东麓前沿,华北冲积大平原的西部边缘。根据 ^{14}C 测年约前 8500—前 7800 年,高精度校正约前 10 000—前 8700 年。出土的文化遗物有石磨盘、磨棒、石锤、骨角器、凿孔木棒(器柄)等,并发现少量烧制火候很低、极易破碎的夹砂陶片。动物遗骸有大量的兽骨、禽骨和螺蚌壳,以及植物的茎叶和种子等。根据这些遗物推测,当时人们的经济形式仍以狩猎、采集为主,猪和狗可能已被驯养,农业也可能有了萌芽②。

(二)史前农耕文化的初步发展

距今约 8000—5000 年左右,我国处于新石器时代中期,这时的史前农业有了初步发展,最显著的表现是已确立的一批考古学文化具备了农耕文化的鲜明性质。具体体现在:原始农业实施一定规模的大田生产,以独立的经济部门运行,其后又逐步上升为社会经济的主要部门,占有主导的地位,这从大量成套的农业工具,较多的农作物收获量,以及农业与渔猎采集经济的比重关系等方面都有所反映;普遍饲养了家畜、家禽,有猪、狗、牛(水牛、黄牛)、羊和鸡;建立起一大批不同规模的农业聚落,普遍营建了居住房屋,更有些屋群作有序排列,有的聚落初次修筑起了围壕,有些居址与墓地进行分区安置,总体上已初显聚落的布局形式。

1. 初步发展期的稻作农耕文化

现有的考古发现集中在长江中游两湖地区的彭头山文化、皂市下层

---

① 中国科学院地理科学与资源研究所:《地理资源所等在粟作农业起源研究中获重要进展》,http://www.cas.cn/ky/kyjz/201202/t20120227_3446162.shtml(2012-02-27)。
② 徐浩生:《徐水发现万年前的新石器时代早期遗存》,《中国文物报》1990 年 12 月 20 日;保定地区文物管理所等:《河北徐水县南庄头遗址试掘简报》,《考古》1992 年第 11 期;金家广,徐浩生:《浅议徐水南庄头新石器时代早期遗存》,《考古》1992 年第 11 期。

文化和城背溪文化等几支农耕文化，长江下游钱塘江南岸也发现有重要遗存。它们大体处于北纬 28°—31° 的地带。

彭头山文化分布在湘北平原，年代约前 7000—前 6000 年。其稻壳遗存普遍存在于陶器胎壁中，形成大量夹炭陶，最具代表性的是在彭头山文化晚期八十遗址的一系列发现[1]。一些学者在古河道的浅滩处发现了堆垒田埂辟为稻田的重要线索，出土了 1.5 万粒稻谷和米粒实物。据农业专家鉴定研究，是一种正在分化的倾籼小粒形原始古栽培稻。八十遗址古栽培稻的基本特征是，兼有籼稻、粳稻和普通野生稻多种特征，群体性状组合呈倾籼的分化趋势，平均粒长粒宽总形态表现为一种小粒形[2]。当时八十遗址用于起土和农业生产、加工工具中，较重要的有木耒、木铲、似骨锄、木杵等。另外，八十遗址还出土了猪、牛、鸡家养动物骨骼。基于当时的农业生产依存于聚落群居的社会背景，一些专家认为聚落群体有利于对农业生产的组织和推进。同时，八十聚落最早兴建了土垒和围壕，两者里外相并行基本围绕于聚落外周，部分地段利用自然河道为屏障，围壕内分布着一些房子和墓葬，这标志着一种崭新聚落形式的面世。

皂市下层文化约前 6000—前 5000 年，上承彭头山文化发展而来。仍有相当数量的夹炭陶，其羼和料也是炭化稻壳末等，但其含量远不如彭头山文化那样多。在临澧胡家屋场、岳阳坟山堡、南县涂家台等遗址陶片中，都发现了稻壳印痕。此外，胡家屋场发现的猪、水牛、羊骨骼数量都比较丰富，应当都属于家畜。

城背溪文化分布于鄂西长江两岸，年代约前 6500—前 5000 年。在夹炭陶和房屋残存红烧土，都掺有稻壳和稻草末，从中偶尔能见到完整的稻壳印痕。经过专家鉴定，该遗址陶器上的稻壳印痕为粳稻。

在长江下游浙江萧山跨湖桥遗址，文化遗存年代约前 6000—前 5000 年稍后期。该遗址出土了千余粒栽培稻壳和稻米颗粒，同时还检测出稻属植硅石，农具以骨耜较具有代表性。发现地面式房子残迹和室外活动面，坑口构筑井字形木护框的浅地窖，以及夹炭陶、彩陶、独木舟（残长

---

[1] 裴安平：《澧县八十垱遗址出土大量珍贵文物》，《中国文物报》1998 年 2 月 8 日。
[2] 张文绪，裴安平：《澧县梦溪八十垱出土稻谷的研究》，《文物》1997 年第 1 期。

516 米)、木桨等较多遗物,是一处文化内涵较丰富的水乡农业聚落①。

2. 初步发展期的粟作农业文化

粟作农业主要有黄河中游的裴李岗文化、磁山文化和大地湾文化,黄河下游的后李文化,东北的兴隆洼文化等。粟作农业聚落面积普遍比同时期南方稻作农业聚落大,前者总数也多于后者,前者单处地点的房屋、灰坑(窖穴)遗迹及文化遗物的数量种类比后者要丰富,总的反映出新石器时代中期华北人口较多,聚落偏大,分布范围较广,文化发展势头稍强。

裴李岗文化主要分布在河南境内,年代约前 6200—前 5500 年。发现粮食作物遗存的地点如许昌丁庄、新郑沙窝李、郏县水泉(以上出土粟)、新郑裴李岗(出土黍)等。以丁庄出土的脱壳炭化小米为代表②,经专家鉴定研究,将丁庄古炭化小米与现代人为炭化小米、现代新鲜小米之间的颗粒大小、千粒重进行对比分析,认为丁庄古小米已经相当于质好产量高的现代春谷(粟)标准,而较优于现代夏谷。总之,丁庄粟的品种和产量都较好,并且种的很可能就是春谷。裴李岗文化石质农具均为磨制,主要有平顶舌形铲(耜)、两端圆弧刃长条铲、齿刃镰、鞋形四足磨盘、圆径磨棒等。家畜除常见的猪、狗外,还发现有牛(新郑裴李岗、长葛石固、舞阳贾湖等出土)、羊(以上三地和淇县花窝出土)。

磁山文化主要分布在冀南地区,年代约前 6100—前 5600 年。河北武安磁山遗址发掘出粮窖 88 座,绝大多数为规整的长方形灰坑,这些窖穴当时分批存在,历时久长,其近底部均存留淡绿灰色朽粮堆积,有 10 个窖穴的朽粮堆积厚度达 2 米以上。从偶尔见到的粮食完整形态和用"灰像法"分析结果都确认为粟。其数量之多,堆积之厚,在我国发掘的新石器时代文化遗存中是不多见的。磁山遗址主要农具为长舌形石铲、双面刃石镰、三足或四足或无足的厚板式石磨盘、石磨棒等。磁山遗址灰坑壁上发现使用木耒留下的细条状痕迹,可能为单齿木耒。另外,磁山

---

① 任式楠:《中国史前农业的发生与发展》,《学术探索》2005 年第 6 期,第 110—123 页。
② 张履鹏:《谷子的起源与分类史研究》,《中国农史》1986 年第 1 期。

遗址出土了大量的家畜、家禽，有猪、狗、黄牛和鸡。其中，遗址中出土的鸡骨经过鉴定之后，人们发现绝大多数为公鸡，可能是当时人们杀公鸡吃肉，留母鸡产蛋。磁山遗址陆水生野生动物骨骼占全部出土动物骨骼的一半以上，表明居民获取肉食资源是以野生动物为主、家养动物为次。

大地湾文化主要分布在关中、陕南和陇东，年代约前6000—前5000年。甘肃秦安大地湾一座编号为H398的灰坑中，发现一堆炭化的粮食标本，经中国科学院植物研究所刘长江先生鉴定为黍（俗称糜子），但黍粒均小于现代品种，反映出当时栽培技术的原始。同坑还有油菜籽①，是作为蔬菜种子储存起来的一种叶用油菜。农具有平顶舌形石铲、凹腰石锄、穿孔蚌刀、齿刃蚌镰、平底石磨盘、石磨棒等。这些农业生产工具进一步证实了农业已经产生，并且超越了刀耕火种的最初阶段。此外，临潼白家遗址出土了猪、水牛、狗和鸡4种家养动物骨骼。白家遗址地层中散见有一些家犬粪便，这些粪便中含有较多碎骨渣，说明当时人们普遍饲养的狗在村落里到处走动。将白家遗址出土可确定种属的动物遗骸进行统计发现，4种家养动物约占60%，12种野生动物约占40%。这是关中地区较早出现以饲养畜禽为主、狩猎动物为副的获取肉食资源方式的代表。

兴隆洼文化主要分布在西辽河、大凌河流域，年代约前6200—前5300年。内蒙古敖汉旗兴隆沟遗址出土了约1500粒黍和10余粒粟，其所属年代在距今8000—7500年②，属兴隆洼文化中期，农具中最突出的是打制的短把双肩宽梯形石锄，数量很多。

第三节 史前农耕文化的发达阶段

新石器时代晚期（约前5000—前3000年）的原始农业，呈现出较

---

① 甘肃省博物馆，秦安县文化馆：《一九八〇年秦安大地湾一期文化遗存发掘简报》，《考古与文物》1982年第2期。
② 赵志军：《有关农业起源和文明起源的植物考古学研究》，《社会科学评论》2005年第2期。

第三章　八千年前的农耕文化

快增长势头和比较发达的局面。在全国范围内，农业文化性质的遗址数量激增，分布地域大幅度扩展，依据其文化特征被划定的考古学文化也显著增加。由已揭露出的稻田及相关的田间配套灌溉遗迹可以发现，小型水田灌溉农业已经存在；经过很长时期的人工选育，稻米品种渐趋优良，后期有的粳稻已接近现代粳稻的种质；用麻十分普遍，且在南北方都已出现人工栽培大麻，增添了一种新的基本农作物，后成为"五谷"之一；已有的 5 种家养动物继续发展，尤为突出的是大量养猪与流行尽力积存猪下颌骨以示富有地位的社会观念形成，有的地方还可能饲养了家蚕；农业工具普遍发生较大变化和进步，同时，南北农业系统的农具分别出现了地区性特点。

一、发达期的稻作农耕文化

这一时期分布在长江中下游的稻作农耕系统的考古学文化，主要有两湖地区先后存在的汤家岗一期文化、大溪文化、屈家岭文化，皖鄂之间的薛家岗文化，赣西北山背文化，宁镇地区北阴阳营文化，浙江宁绍平原河姆渡文化，太湖地区先后存在的马家浜文化、崧泽文化等。

两湖地区史前农业考古重要的发现是湖南澧县城头山稻田遗迹[①]。水稻田位于聚落边缘，分上、下两层，属汤家岗一期文化（约前 5000—前 4500 年）的末期至大溪文化早期，使用年代约在前 4500—前 4100 年左右。在该遗址，发现由长短 3 条并行的田埂形成的两块长条形田丘，其中较大的一块已揭露的面积约 132 平方米，因尚未见两端田埂，其全部完整面积不详。在田丘两侧发现水坑 3 个、水沟 3 条，系与水稻田配套的原始灌溉设施。稻田土壤黏性很强，土中拣选出炭化稻壳、稻秆和根须，从稻根须留下的痕迹可辨识出当时采用撒播直种，即不是用插秧移栽方法，因而也不见由一窝窝稻棵形成的整齐行距。经过对稻田土样检测，稻叶植硅石 95%以上为粳型[②]。出土石器中两侧磨刃对称的圭形

[①] 湖南省文物考古所：《澧县城头山古城址 1997—1998 年度发掘简报》，《文物》1999 年第 6 期。
[②] 任式楠：《中国史前农业的发生与发展》，《学术探索》2005 年第 6 期，第 110—123 页。

石凿颇具特色，也有少量的穿孔石铲和斜双肩石锛，偶见出现长达三四十厘米的巨型石斧。同时，有相当数量的石锄和椭圆形石片切割器等打制石器。

大溪文化（约前 4500—前 3300 年）、屈家岭文化（约前 3300—前 2600 年）的原始农业有新的发展。两者在陶器和建筑物用土方面较为相似，继续利用稻谷壳或其碎末作为羼和料，其中较完整稻壳印痕时有所见。大溪文化华容车轱山一座灰坑中出土小堆炭化大米。城头山遗址大溪文化早中期壕沟中发现大量的大米和少数稻谷，根据形态学鉴定研究，籼米占 79%，粳米占 18%，另有 3%介于籼粳之间；种植的稻种类型与现代的有所不同，以小粒稻为主[1]。该壕沟中还出土了粟、大麻、薏、冬瓜、小葫芦瓜等籽实、茎叶[2]。据报道这些植物经过鉴定认为属栽培作物。其中，粟和大麻尤为重要，粟当是从北方传到长江中游以南迄今所知时间上最早的实例，种植大麻提供了较可靠的油料（麻籽）和纤维来源。从湖北京山屈家岭遗址红烧土内所夹大量稻谷壳特征和形态测定判断，这些谷粒当属于粳稻，且在我国是比较大粒的粳型品种，它与今天栽培的粳型品种最为接近[3]。从先前的小粒形稻种演化为较大粳稻优良品种，这从一个侧面反映出屈家岭文化时期两湖平原史前稻作农业已相当发达。稻谷的去壳加工，主要用杵和臼。1973 年在红花套遗址发现了两处保存较好的地臼，是一种锅底状的圆坑，周壁坚硬光滑，附近还有木杵的遗痕，经测量木杵长 1.4 米，中部较粗、两端呈圆头，用于稻米加工。这一考古发现，证实了《周易·系辞下》关于上古时代"断木为杵，掘地为臼"的记载。此外，在许多遗址中还出土了舂米用的陶臼，还出现了一些直接利用形体合适的河卵石做成的石杵。

河姆渡文化（约前 5000—前 3300 年）[4]，普遍发现了稻谷遗存，有

---

[1] 顾海滨：《湖南澧县城头山遗址出土的新石器时代水稻及其类型》，《考古》1996 年第 8 期。
[2] 尹检顺：《湖南澧阳平原史前文化的区域考察》，《考古》2003 年第 3 期。
[3] 丁颖：《江汉平原新石器时代红烧土中的稻谷壳考查》，《考古学报》1959 年第 4 期；又载中国科学院考古研究所编著：《京山屈家岭》附录，北京：科学出版社，1965 年。
[4] 浙江省文物考古所：《河姆渡——新石器时代遗址考古发掘报告》，北京：文物出版社，2003 年。

的地方稻谷、稻叶、稻壳等交互混杂，形成 0.2—0.5 米厚的堆积层，最厚处超过 1 米，一些灰烬堆积中发现不少炭化米粒。据周季维对完整稻谷形态特征检测研究，籼稻占 74.9%，粳稻占 21.8%，中间类型占 3.3%，估计鲜实千粒重 23 克左右，认定为亚洲栽培稻属籼粳并存、以籼为主的混合体。经钻探勘查[①]，在河姆渡遗址外侧 3 米以下即前期文化的土层中，按其土壤结构性质和 1 克土样水稻植硅石含量标准，推断应属于沼泽型水稻田区，面积约 2 公顷左右。除种稻外，还种植小葫芦作为蔬菜。小葫芦在马家浜文化、崧泽文化、良渚文化中均时有发现。河姆渡文化农具最突出的是出现大批骨耜，用较大动物肩胛骨加工制成。其他还偶见木耜、木铲、木锄、角质鹤嘴锄、木杵等。此外，余姚鲻山还发现一件可能用于播种前平整水田的拖拉平田坂。

马家浜文化（约前 5000—前 4000 年）的居民主要从事稻作农业，多处遗址中出土了稻谷、米粒和稻草实物，经鉴定，已普遍种植籼、粳两种稻。农用工具有穿孔斧、骨耜、木铲、陶杵等，还饲养狗、猪、水牛等家畜，渔猎经济也占重要地位，常发现骨镞、石镞、骨鱼镖、陶网坠等渔猎工具，以及陆生、水生动物的遗骸。马家浜文化的稻作农业在江苏苏州市吴中市草鞋山遗址得到集中的展示[②]，发现了水稻田遗迹，在已揭露的 1400 平方米范围内共发现水田 44 块，水沟 条、蓄水井 10 座，人工水塘 2 个，灰坑（有的实为蓄水坑）8 座，以及较多的通水口。单个田块绝大多数为浅坑式，形状为圆角长方形、椭圆形或不规则形。水稻田使用年代约在前 4300—前 4000 年左右，属马家浜文化晚期。细分为三期：第一期，水稻田是在临近水源的浅水洼地进行简单改造即成，尚未见到人工灌溉系统。第二期，因地下水下降，在原地点下挖成浅坑式小田块，形成以水井为水源，由井、沟、水口等组成的灌溉系统。第三期，扩大地段开辟浅坑式小田块，形成以人工水塘为水源的多水量灌溉系统。稻田的黏质土壤具有良好的蓄水性，土壤中微量化学元素反映出适合水稻种植所需的氧化还原环境

[①] 赵晓波：《河姆渡遗址农业形态的探讨》，《农业考古》2002 年第 1 期。
[②] 谷建祥等：《对草鞋山遗址马家浜文化时期稻作农业的初步认识》，《东南文化》1998 年第 3 期。

和稻作养分。从水稻植硅石鉴定和对居住地出土炭化米 DNA 分析，两者结果均属栽培粳稻型。此外，常州圩墩出土稻谷和米粒，在孢粉分析中还发现水稻和菜类花粉。

二、发达期的粟作农耕文化

这一时期以粟作农业为主导经济的考古学文化，主要有黄河中游的仰韶文化，黄河上游的马家窑文化，黄河下游的北辛文化、大汶口文化，西辽河流域的赵宝沟文化、红山文化，辽宁中部的新乐文化，燕山南麓上宅文化等。

仰韶文化（约前 5000—前 3000 年）各个部落继承了前仰韶时期各种文化的传统生产方式，农业生产仍以种植粟类作物为主[1]。粟在西安半坡、临潼姜寨、华县泉护村、洛阳王湾、临汝大张、荥阳青台、郑州大河村等遗址均有出土，姜寨遗址还发现有黍。另外，在淅川下王岗遗址，也发现了稻谷痕迹。上述情况表明，仰韶文化范围内的农业生产比较发达，粮食作物品种不仅是一种粟。同时，人们还掌握了蔬菜种植技术，半坡遗址的一座房子内出土的陶罐里装满了已经炭化的白菜或芥菜之类的种子。仰韶文化农业工具有较明显的进步，如石铲（耜）有舌形、双肩等多种形制，新出现两侧缺口陶刀和穿孔石刀，姜寨遗址还发现仰韶文化早期双齿耒的挖土痕迹数组。仰韶文化家养动物中，家畜家禽有猪、狗、牛（多为黄牛）、羊、鸡。半坡、姜寨遗址在聚落居住区内发现圈栏遗迹，姜寨遗址还有两处面积较大的牲畜夜宿场，反映出圈养动物较有规模和照看较好。

马家窑文化有早、中期的石岭下类型、马家窑类型，年代约前 4000—前 2900 年。马家窑文化居民以经营旱地农业为主，大田作物主要种植粟和黍。这两种谷物的遗存曾分别发现于甘肃东乡林家遗址的窖穴和兰州青岗岔的房屋遗址中。另外，在青海柳湾墓地的许多墓葬中，也

---

[1] 中国科学院考古研究所，陕西省西安半坡博物馆编：《西安半坡——原始氏族公社聚落遗址》，北京：文物出版社，1963 年。

都发现有装在粗陶瓮中的粟,说明这种作物是当时人们的主要食粮。在东乡林家遗址 F8 房子的 3 件陶罐中发现大麻籽①,外形完整,籽实呈卵状,稍扁,除有明显斑纹外,还有网眼状纹饰,与现代栽培的大麻籽表面的构造相类似。农业生产工具,有翻地的石铲,通体扁薄,略呈长方形,效率很高;收割用的爪镰,形状有长方形穿孔的和两侧打成缺口的两种;谷物加工工具有石磨盘、石磨棒、石杵和石臼等。在日常生活中还饲养猪、狗、羊、鸡等家畜,有些氏族墓地的墓葬中用整只的猪、狗或羊随葬。

大汶口文化早中期年代在前 4100—前 3000 年,后来在公元前 2600 年演变为龙山文化。主要种植的粮食作物是粟,在山东胶县三里河、莱阳于家店、广饶傅家、枣庄建新等地均出土了炭化粟,另外在长岛北庄还发现了黍壳。其中,三里河②一座屋内窖穴里残存的灰化和炭化粟就有 1.2 立方米。农业生产工具主要是磨制石器,已大量使用磨砺精良的穿孔斧、刀、铲等,收割工具有骨镰和蚌镰,加工谷物的工具则是石杵和石磨盘、石磨棒。在这一文化的中晚期,出现了有肩石铲、石镐和一些鹿角锄。大汶口文化养猪业空前发达,数量大增,盛行用整猪、猪头或猪下颌骨作随葬物。例如,泰安大汶口墓地③133 座墓中,有 43 座墓随葬猪头共 96 个,其中最多的一座有猪头 14 个。三里河 18 座墓随葬猪下颌骨共 144 件,最多的一座随葬猪下颌骨 37 件。此外,他们还从事以种植粟为主的原始农业生产,饲养猪、狗、牛、鸡等家畜,同时渔猎经济也是其重要的生产部门。

红山文化(约前 4700—前 2900 年)的居民主要从事农业,还饲养猪、牛、羊等家畜,兼及畜牧业和渔猎。主要农具有长身宽刃烟叶形大石耜、桂叶形双孔石刀、近长方形双孔石刀、长方形平底石磨盘、

---

① 甘肃省文物工作队,临夏自治州文化局,东乡自治县文化馆:《甘肃东乡林家遗址发掘报告》,《考古学集刊》第 4 集,北京:中国社会科学出版社,1984 年;西北师范学院植物研究所,甘肃省博物馆:《甘肃东乡林家马家窑文化遗址出土的稷与大麻》,《考古》1984 年第 7 期。
② 中国社会科学院考古研究所编著:《胶县三里河》,北京:文物出版社,1988 年。
③ 山东省文物管理处,济南市博物馆编:《大汶口——新石器时代墓葬发掘报告》,北京:文物出版社,1974 年。

石磨棒等。尽管红山文化目前尚未发现农作物实物，但结合其聚落数量增多，彩陶、玉器的发达，冶铜的初现，祭祀性建筑宏大等反映社会发展程度较高的状况，可以推断红山文化经济形态当是建立在以农业为主的基础上的。

三、史前农耕文化的鼎盛期

进入新石器时代末期（约前 3000—前 2000 年），原始农业在长期积累、稳步发展的基础上，达到了全面兴盛、繁荣阶段，为邦国型的初级文明社会提供了坚实的物质基础。

（一）鼎盛期的稻作农业文化

以较先进的良渚文化（约前 3300—前 2100 年）为例，水稻栽培是当时最主要的农业生产活动，在仙蠡墩、徐家湾、钱山漾、水田畈和苏州市吴中区澄湖等遗址的良渚文化堆积中，都发现了稻谷和稻米的遗迹。经鉴定，这些稻谷属于人工栽培的籼稻和粳稻。除了水稻外，各个氏族部落还从事蔬菜、瓜果及一些油料作物的种植。钱山漾遗址[①]出土了葫芦、花生、芝麻、蚕豆、甜瓜子、两角菱、毛桃核、酸枣核等遗物，有些是野生植物的果实，有些可能是人工种植的，这时的农作物品种显然比马家浜、崧泽文化大为增加，农业生产的范围也有所扩大。主要农具除穿孔石刀、石镰等外，新出现三角形犁形器、斜柄刀、"耘田器"、半月形刀、镰和阶形有段锛等器形。从出土的大量三角形石犁等农具看，良渚人已摆脱一铲一锹的耜耕农业，而率先迈入了连续耕作的犁耕农业阶段，这是古代农业发展的一大进步。此外，良渚人还发明了农业生产中的灌溉技术，出现了灌溉农田用的大量水井和水沟，大大增强了抗旱与排涝的能力。

---

① 浙江省文物管理委员会：《吴兴钱山漾遗址第一、二次发掘报告》，《考古学报》1960 年第 2 期。

（二）鼎盛期的粟作农业文化

这一时期主要以陶寺文化、马家窑文化后期（半山、马厂类型）遗存及齐家文化为例。晋南地区陶寺文化（约前2500—前1900年）遗址出土有炭化粟。通过对骨骼中 ^{13}C 的测定，了解食谱中 ^{4}C 类植物（其中农作物如粟、高粱）摄入量，陶寺人占66.9%，而西安半坡、宝鸡北首岭两遗址仰韶人的平均占48.1%，可见陶寺人食用小米比陕西地区仰韶人显著增多。陶寺文化出土的猪骨中 ^{4}C 类植物竟占71.5%，这意味着用较多的 ^{4}C 草类和作物喂猪，其中应当包括喂食了小米或其谷糠①。此外，陶寺文化饲养的家畜有猪、狗、黄牛。

马家窑文化半山、马厂类型（约前2500—前2000年）中也屡有农作物粟、黍发现。兰州青岗岔一座半山类型房子内出土黍。青海乐部柳湾②、甘肃永昌鸳鸯池③两地马厂类型墓葬群，随葬常见有大陶瓮，瓮内普遍发现炭化粟。柳湾M339内4件大陶瓮都装满了粟，鸳鸯池M134一件大陶瓮装有粟，瓮口上专用一石片盖住。

齐家文化（前2000—前1900年），是铜石并用时代的文化。分布在甘肃、青海省境内的黄河及其支流沿岸阶地上，共发现遗址350多处。居民经济生活以农业为主，各氏族都过着比较稳定的定居生活。居民经营农业，种植粟等农作物，使用石铲和骨铲、穿孔石刀和石镰等生产工具；用石磨盘、石磨棒、石杵等加工谷物；作为农业生产的重要补充，畜牧业相当发达。从出土的动物骨骸得知，家畜以猪为主，还有羊、狗、牛、马等。仅皇娘娘台、大何庄、秦魏家三处遗址，即发现猪下颚骨800多件，表明当时养猪业已成为经济生活的重要内容。与饲养业同时，采集和渔猎经济继续存在，一些遗址中发现了氏族先民捕获的鼬、鹿、狍等骨骸。制陶业发达，双大耳罐、高领折肩罐和镂孔豆等

---

① 蔡莲珍，仇士华：《碳十三测定和古代食谱研究》，《考古》1984年第10期。
② 青海省文物管理处考古队，中国社会科学院考古所：《青海柳湾——乐都柳湾原始社会墓地》，北京：文物出版社，1984年。
③ 甘肃省博物馆文物工作队，武威地区文物普查队：《甘肃永昌鸳鸯池新石器时代墓地》，《考古学报》1982年第2期。

为典型器物。已出现冶铜业，有铜刀、锥、镜、指环等一类小型红铜器或青铜器。

综观中国史前农耕文化的发展轨迹，主要以长江、黄河两大流域为基础，南北形成稻作、粟作史前两大农业系统的格局，这在世界史前农业史上是独一无二的。从出土遗迹和实物遗存来看，中国是水稻的原生地之一，亚洲栽培稻的最早起源地在中国，中国是最早种植水稻（亚洲栽培稻）的国家之一。中国是粟黍的起源地，粟、黍都是中国黄河流域的原生植物，年代上位居世界同类农作物的前列。同时，其品种较好，栽培技术日趋成熟，产量较高，其发展水平在世界史前旱作农业中非常突出。

第四章　八千年前的神话传说

人类生活史上的第一页，就是神话，它童稚而真实，有持久魅力，我们甚至可以把神话视作人类一切文化的最初源泉。"一千个读者眼里有一千个哈姆雷特"，一千个读者心目中也会有一千个从自己的生活经验、情感体悟出发而来的林黛玉、薛宝钗……审美主体不同，审美客体不同，自然会有彼此互不相同的一段段审美体验，获得不同的感觉与认知。那么，面对神话，历史家能从中找到史实，哲学家能从中领悟出哲理，宗教信徒也许能从中寻觅到教义的影子，文学艺术家从神话中获得灵感和启示，便成为自然而然的事。

神话的魅力若斯，不管是中华民族，还是世界其他民族，都不约而同地以神话的形式来展示各自童年时代的坚强与勇敢。

上古神话时期，东西方各民族的审美主体——人，是各不相同的；他们各自面对的审美客体——自然界，更是千差万别，东西方民族的心理结构和精神内核便出现了根本上的不同。生活在世界各个角落的人们，纷纷以自己各自熟悉的生活环境为依托，为自己的心灵插上翅膀，放飞梦想，按照各自不同的方式进行幻想，由此产生了差异明显的神话。世界从哪里来？如何开天辟地？人们锲而不舍地执着于这个问题，因此便有了世界各地各具特色的开辟神话；人从哪里来？究竟是谁创造了人类？对这个问题的关注与追问直接导致人类起源神话的出现；自然界为何拥有如此强大的不可抗力量？如何看待自然界中种种神秘奇妙、斑驳陆离的景象？面对与自己日常生活息息相关的自然界，人们不得不去追寻这种种景象背后隐藏的奥妙与神秘力量，由此便有了自然神话；如何抵御强大的自然力量？如何在面对肆意而不可预知的自然力量时寻找到一点安全感？人们不辞辛苦地呼唤英雄、寻找英雄，由此便有了英雄神话。

马克思在《政治经济学批判导言》中提出"神话是人们在幻想中经过不自觉的艺术方式加工过的自然界和社会形态"。高尔基《苏联的文学》则认为，"一般说来，神话乃是自然现象，对自然的斗争，以及社会生活在广大的艺术概括中的反映。"

在原始神意史观的支配与影响下，产生了神话传说，也出现了历史传说与神话传说的渗透与混杂，出现了历史神话化和神话历史化的趋向。传说中的神话英雄人物，往往既是人，又是神；或先为神，后为人；或先为人，后为神；或生前为人，死后为神。总之，他们都具有神的属性。比如说伏羲是雷神之子，雷神龙身人头，伏羲也是人面蛇身或龙身人首。神农氏人身牛首，是农业神。他发明农业，教民初耕时所用谷种是上天降下的。"神农之时，天雨粟，神农遂耕而种之，然后五谷兴助，百果藏实。"[①]黄帝的本意就是"皇天上帝"，"黄""皇"古时通用。故汉代高诱说："黄帝，古天神也。"相传黄帝有四个脸面，能同时看到四面八方，还能调集天上诸神参与人事。黄帝与蚩尤大战于涿鹿，急令雨神应龙来助战，蚩尤也请风伯雨师，兴起了一场狂风暴雨。接着黄帝又调来天女旱魃制止风雨，还赶制了一面神鼓。惊天动地的鼓声激励黄帝的军队大败蚩尤，夺取了这场大规模械斗的胜利。为了纪念这一辉煌的战绩，黄帝曾派人采首山铜以铸宝鼎。在铸鼎过程中，连虎、豹百禽都来为他护炉察火。宝鼎铸成后，黄帝又邀请天上诸神、人间民众合集在一起，举行了一场庆功盛典。接着他便乘龙而去，返回天庭。显然，黄帝具有双重的属性，既是人，又是神，在这里，历史传说

[①] （清）马骕撰，王利器整理：《绎史》卷四引《周书》，北京：中华书局，2002年。

与神话传说是完全结合在一起的。

既重人事，又信神意，既肯定人的作用，又强调神的威力。人神混杂，亦人亦神，这就是中国神话一个最突出的特征。

第一节　神话传说与人类起源

开辟神话与人类起源神话总是相依共生的。

无论是东方还是西方，也无论是东西方哪个国家或民族，在他们的远古神话故事里，关于宇宙天地、人类世界和民族自身如何产生的故事，总是放在第一位的。这可能是因为这些是人类首先关心的重大问题。而对于这些问题的解读与分析，往往是承载在一个个动人的神话故事之中。但是对于它的不同描述，却鲜明深刻地表现了不同民族独特的性情特质、思维方式和文化源流。

《圣经·旧约全书·创世纪》第一章记载了希伯来人（犹太人）的开辟神话："神创造天地，地是空虚混沌，深而黑暗。"在他们的开辟神话中，神创造了天与地，并创造出日月星辰来充实天，创造出鸟兽虫鱼、树木花草来充实原本"空虚混沌""深而黑暗"的地。神创造了万事万物，没有人的万事万物未免寂寞，于是神还"照自己的形象造人"，上帝在第六天按照自己的形象造出了亚当，同时为了能够使他更好地履行责任，上帝还用亚当的肋骨造出了第一个女人——夏娃。天地由人而开辟，人由神而造，希伯来人的开辟神话与人类起源神话就此回答了天地与人从何而来的重大问题。

在希腊神话中，天地未出现之前是混沌不分的一团，水、气、地浑成没有分别的一处，水不流动，气不透明，地不坚固。混沌之神（Chaos）与夜之女神倪克斯（Nyx）同为此时世界的主宰，两神之子即黑暗之神厄瑞玻斯（Erebus）赶走父亲混沌之神，娶了母亲夜之女神倪克斯，两神生下一个极大的鸡子，又生下爱神厄洛斯（Eros）。天地便由爱神所创造，他还用箭射入地心，草木鸟兽便由此产生。

在北欧神话里，世界是冰与水两种势力较量的战场。漆黑无底而无边际的大深谷在中间，彼此角力的一方是从那无穷泉赫凡尔格尔密尔（Hevergelmir）流来的无尽冰山，另一方是火焰巨人（Surdr）之家的墨司潘耳司赫姆（Muspells-heim）。后来，大神奥宝杀死了冰巨人伊密尔（Ymir），用伊密尔的尸体造了天地——用伊密尔的骷髅造了天，用伊密尔的肉造了土地，用他的血造了海，把他的骨骼化作山，用他的牙齿造了山上的崖石，云是他的脑子造的，树木花草和蔬菜是他的头发做的。这便是北欧神话中的开辟神话。

中华民族的盘古开天地与女娲抟土造人神话，更是人们所熟知的中华民族有关开辟与人类起源的神话。

> 天地浑沌如鸡子，盘古生其中。万八千岁，天地开辟，阳清为天，阴浊为地。盘古在其中，一日九变，神于天，圣于地。天日高一丈，地日厚一丈。如此万八千岁，天数极高，地数极深，盘古极长……故天去地九万里。

三国（吴）徐整的《三五历纪》现已遗失，上文所引有关"盘古开辟天地"的神话幸亏被宋代《太平御览》卷二收录才得以流传至今。

在中华民族的盘古开辟天地神话中，宇宙原是漆黑混浊的一团，像一个极大的鸡子，盘古就被关在其中，一万八千年后：

> 昔盘古氏之死也，头为四岳，目为日月，脂膏为江海，毛发为草木。秦汉间俗说："盘古氏头为东岳，腹为中岳，左臂为南岳，右臂为北岳，足为西岳。"先儒说："盘古泣为江河，气为风，声为雷，目瞳为电。"古说："盘氏古喜为晴，怒为阴。"吴楚间说："盘古氏夫妻，阴阳之始也。"

宇宙最初是漆黑混浊一团，像一个极大的鸡子，那是没有天，没有地，没有日月星辰。这鸡子里有一个人，名叫盘古；他被关在里面，不能出来。直到过了一万八千年，忽然一声巨响，这个鸡子裂开，分成两半，一半是清轻的，就往上升，一半是重浊的，就往下沉。上升的成为天，下沉的就为地。盘古立在天地中间，一天之内多次变化，比天地还神圣。天每天高一丈，地每天厚一丈，盘古每天长一丈。像这样又过了一万八千年，天非常高，地非常深，盘古也非常长。后来盘古死了，他的头变成东西南北四岳（或者传说还加上躯体），一双眼睛变成太阳和月亮，身上的脂膏变成江海，毛发变成草木……于是天上有日月，地上有山川草木，世界就从这时开始了。

女娲的名字最早见于《楚辞·天问》："女娲有体，孰制匠之？"相传她是一位肇始万物、心性纯良的神女。《说文解字》："娲，古之神圣女，化万物者也。"《山海经·大荒西经》郭璞注："古神女而帝者。"这位神女的最大贡献就是造人。《太平御览》卷七八引汉应劭《风俗通义》云："俗说天地开辟，未有人民，女娲抟土为人。"起初，她亲手捏制一块泥团做一个人，但这工作量太大，"剧务，力不暇供"，于是改用藤条将搅浑了的泥浆直接往地上洒，结果，溅落的泥浆竟也变成了一群群的人。人类出现了，为了使这批最早的人群能生生不息，代代相传，女娲又建立婚配制度，"置婚姻，合夫妇"①。从此，世界上不仅有了人类，而且人口也日益繁衍增多。

"我是谁？""我是从哪里来的？"这不仅是一个哲学问题，而且更是人类对自我最直截了当的追问。在西方世界的宗教程式中，是上帝"造"了人类始祖亚当、夏娃，而后他俩繁衍了人类；而在东方中国的远古神话传说中，关于始祖的诞生、人类的繁衍，又蕴涵着另外一种美丽深邃的神性精神和观念。

伏羲、女娲的神话属于华夏民族的始祖神话，女娲既是华夏文明中的创世神，又是始祖神，而关于伏羲、女娲与华夏人类的起源有这样三则经典神话传说。

其一，关于始祖伏羲、女娲诞生的故事。唐司马贞《补史记·三皇本纪》记载，相传，在远古"燧人之世"，伏羲女娲的母亲华胥，有一天在雷泽看到一双大大的脚印，很好奇，就用自己的脚踏在大脚印上，当即就有一种与雷神交应的感觉，于是就怀孕了。这身孕一怀就是十二

---

① （汉）应劭撰，吴树平校释：《风俗通义校释》，天津：天津人民出版社，1980年，第449页。

年，后来就生下了伏羲，再后来又生下了女娲。由于"雷神，龙身而人首"，所以伏羲女娲是"雷神"之子，即"天神"的后代，是龙身人首的"龙种"。

其二，关于他俩"兄妹成婚"，繁衍人类的故事。唐李冗《独异志》卷下云："昔宇宙初开之时，只有兄妹二人在昆仑山，而天下未有人民。议以为夫妻，又自羞耻，兄即与妹上昆仑山"，咒曰："天若遣我二人为夫妻，而烟悉合，若不使，烟散。"烟即合，二人即结为夫妇。

其三，始祖女娲"抟黄土造人"，作造人类的故事。《太平御览》引《风俗通》云："俗说天地开辟，未有人民，女娲抟黄土做人，剧务力不暇供，乃引绳于泥中，举以为人"。

在第一则神话故事里，伏羲、女娲是其母与宇宙天神相感而生的具有天地"神圣之德"的"天神之子"。在第二则传说里，伏羲、女娲是繁衍人类的始祖，寓意传统的"阴阳和合"。第三则神话，女娲"抟黄土造人"有两层意思，一是女娲为化生万物之神女，诞生人类之母亲，闪现着母性的光辉。二是人类与万物合一，亦由土而化生。可见，美丽的神话故事背后，还闪现着深邃的文化与哲学内蕴。

女娲除了"抟黄土作人"的神话，还有"炼石补天"的神话。《淮南子·览冥训》云："往古之时，四极废，九州裂。天不兼覆，地不周载。火爁焱而不灭，水浩洋而不息。猛兽食颛民，鸷鸟攫老弱。于是女娲炼五色石，以补苍天；断鳌足以立四极；杀黑龙以济冀州；积芦灰以止淫水。"才使得"苍天补，四极正；淫水固，冀州平；狡虫死，颛民生"。女娲目睹了此大劫难，认为淫水不止，是苍天已破，于是命属下采五色石，燃芦草冶炼，石之灵气，芦草浓烟，滚滚升空补天，在久久燃炼中，淫雨渐停，云散日出。先民们欢呼雀跃，奔走相告，传颂着女娲补天的神功，这就是女娲"炼石补天"的原型。在面对"世界末日"一样的灾难时，人类的始祖女娲，没有恐惧绝望，而是以一种大无畏的神性精神、超凡智慧和母亲的担当，补天拯世，平灾救民，恢复太平世界。

神话是人类童年时期的产物，可以说又是试图用来解释自然现象的

第四章 八千年前的神话传说

一种虚幻的构想。在那鸿蒙未辟、人伦未开之时，先民们对自然界的认识很渺茫，于是，女娲"炼石补天"的神话在远古就一直被当作真实来传颂。在中国古代占星术中，女娲是月神，是主管水旱之神。

此外，伏羲除了有人类起源的神话之外，关于他始创人文的种种神绩还有：造书契、制嫁娶、教佃渔、养牺牲、作琴瑟等。这些无不体现出在我国的创世神话谱系中，不仅关心人类生命的诞生，而且会牵涉许多原始文明的创立。所谓"造书契"，是指契刻符号。《周易·系辞下》载："上古结绳而治，后世圣人易之以书契。"是说伏羲取法鸟兽足迹，发明一种用"符号"刻录重要事情以便记忆的方法。"制嫁娶"，是说伏羲革除原始群婚，倡导制定男娶女嫁的婚礼制度。三国谯周《古史考》云："伏羲制嫁娶，以俪皮为礼。"婚姻制度是有关人类健康繁衍、社会文明进步的重大制度。原始群婚现象的革除，男娶女嫁婚礼制度的建立，对于种族的健康繁衍与社会文明的进步，有着十分重大的意义。"教佃渔"，是说伏羲借鉴"蜘蛛造网捕食"，教族众用绳编织成网，网鱼捕兽。"养牺牲"，则是说伏羲将捕获的禽兽，驯养成家禽牲畜。伏羲"作琴瑟"则体现了远古祖先精神世界的丰富。虽然伏羲是神话传说中的人物，但他的创作发明却与历史相吻合。在漫长的历史演变过程中，早期的人类没有能力翔实的记录下自己的创造和功绩，因此，只能以口耳相传的方法，把发生过的历史大事件流传下去。久而久之，历史便成了口头流传下来的点滴史诗及掺和着虚构部分的混合体——神话传说。伏羲对人类所做出的伟大贡献，具有划时代的意义，因此人们不会忘记他，把他尊为神王，让他永世长存。

伏羲女娲神话与西方的亚当夏娃神话同样属于原始的文学样式，是想象和虚幻的产物，不过其基础却是东西方各自现实生活的反映，浸润着东西方各自的文化、民族精神及传统民族背景，体现出东西方不同民族、文化的人们，分别以怎样的文化手段和怎样的想象力去讲述并表达对世界从何而来、人类自身从何而来等问题的思考与回答，体现出了文化的差异性。基于不同文化土壤的各民族的人类起源神话包含了人们不同的价值取向、行为标准和道德风俗等民族意识内容，也必然对各自的后世文化心理、思维方式及行为习惯等产生巨大的影响。

女娲神话可以被看作中国原始农耕文化意识的遗存。中国先民较早地进入了农耕文明,因此,在和伏羲女娲神话同时代或更早的中国神话中,都体现出农业文明的时代特色。构建一个天下太平、守土为安的生存环境,竭力稳固以血缘为纽带的家族关系,这是农业文明时代神话的共同主题。

中国神话中所表现出的英雄人物,在自然灾害与凶恶势力面前,有一种大无畏的精神。表现出很豪迈的气魄,比如逐日的夸父、射日的后羿、抟土造人的女娲。

"夸父追日"的神话故事主要记载于《山海经·大荒北经》中。这则神话最具诗意的,一是"夸父不量力,欲追日景,逮之于禺谷";二是"夸父与日逐走,入日,渴,欲得饮,饮于河渭,河渭不足,北饮大泽";三是"未至,道渴而死。弃其杖,化为邓林"。为什么夸父要追日呢?是因为他决心要逮住那个毒辣的太阳,并把它囚禁在"禺谷"。有意思的是,夸父不是太阳的对手,但他"不量力"不畏惧,决心追上捉住它。夸父终于追上了太阳,可是太阳毒辣的火焰,使他干渴无比,黄河渭水都不能解他的渴,他想去北边的大泽饮水解渴,结果没有走到,在路上就干渴而死了。更富诗意的是,夸父死的时候,悲壮地甩弃手中的木杖,木杖化作了一片"邓林"即桃林。为什么化作的是一片桃林呢?因为在远古东方汉民族的神性观念中,桃木为"五木之精",是可以降魔制鬼的。例如古代春联:爆竹一声除旧,桃符万户更新。其中"桃符"就是桃木版画的神符,是用来降魔逐鬼的。可见,"化为邓林",实乃是夸父无畏精神的诗意展现:至死都要降伏"日魔"。

"后羿射日"的神话传说在《淮南子·本经训》中记载较详尽:逮至尧之时,十日并出,焦禾稼,杀草木,而民无所食。猰㺄、凿齿、九婴、大风、封豨、修蛇皆为民害。尧使羿诛凿齿于畴华之野,杀九婴于凶水之上,缴大风于青丘之泽,上射十日而下杀猰㺄,断修蛇于洞庭,擒封豨于桑林。万民皆喜,置尧以为天子。十日并出,怪兽横行,毒蛇出没,大风肆虐……这是一幅怎样的乱世凶恶图像!

第四章 八千年前的神话传说

虽然尚不可与"女娲补天"神话中的"世界末日"图景相提并论,但后羿射九日、平诸害,其神话英雄行为同样件件壮丽神奇,令人惊叹。在畴华的旷野射杀怪兽凿齿,在波涛汹涌的凶水杀死妖怪九婴,在青丘山下的大泽边制伏化身为怪兽的大风,在南方的洞庭湖斩杀巨大的妖蛇,特别是射落九日的壮举,简直就是一首神性辉煌的大无畏英雄主义壮丽诗篇。日,即太阳,给大地光和热,是万物生长的源泉,但是"十日并出",毒荼万物,我们的远古祖先,就毫不畏惧地勇敢制服它,就像斩杀黑龙、制伏魔兽一样。"射日"这种大无畏的英雄主义,实在是远古东方中华民族祖先最宝贵最重要的神性精神的体现。

第二节 神话传说与史前文化

神话是蒙昧之世的一种文化方式,它集中反映了先民们对大自然和人类自身象形化的思考和解释,是古代人精神活动的生动结晶。因此,神话的类型与演变对各民族文化观念的形成均有重要的影响。

中原地区的史前文化,时间久远、内容丰富、领域广泛。在河南新郑裴李岗遗址,出土了数百件磨制石器和陶器。在舞阳贾湖遗址,出土了新石器时代的房址 53 座,窑穴 370 座、陶窑 13 座,以及灰坑、墓葬、瓮棺葬等,出土文物近 5000 件,特别是出土的世界上年代最早、保存最完整的骨笛,改写了世界音乐史;出土的酿酒遗物,被美国人复制配方后,生产出来了 9000 年前的古酒,引起世界轰动。7000 年前的仰韶文化,出土了大量的彩陶和磨光石器,充分反映了新石器时代我们先民们的生产生活状况。6000 年前的湖熟文化,代表了长江中下游地区的灿烂文化。5000 年前的龙山文化时期,河南也发现了相当丰富的陶器动物浮雕及鼎、罐、壶等文化遗存。

譬如在开天辟地的神话中,白族有盘古和盘生,彝族有格滋,拉祜族有厄莎，阿昌族有身为神的遮帕麻和遮米麻，傣族有身为神的混散和拉果里。在洪水滔天的神话中，指示人类祖先到葫芦里避难的是神；在决定兄妹能否结婚时，使两个山头上滚下来的石磨刚好上下合拢的是神力，使站在山头上的哥哥的线能穿过站在另一个山头上的妹妹的针眼的也是神力，炼石补天、抟土造人的人身蛇尾的女娲是神，赐给人类种子和牲畜的也是神。在这类神话中，处于中心地位的是神，人只处于从属地位。

神话的产生有其特定的现实基础和思想基础。现实基础是生产力极端低下，思想基础是人类对自然缺乏科学认识，把自然力和自然物看成有自己意志的可以任意作为的实体，从而把它们人格化、神化。

位于黄河上游，地处中国古代内地与西北沟通的主要通道、丝绸之路起始段与西域段结合部的甘肃，是中华文明的发祥地和中华民族重要的文化资源宝库，是华夏文明发源地和历史文化高地。

在甘肃境内首次发现并以之命名的史前文化类型主要有马家窑文化、辛店文化、齐家文化、四坝文化等。这些史前文化类型集中揭示了中华民族多元一体形成发展与甘肃多民族格局的产生。

早在新石器时代，甘肃就已经成为人类活动的重要区域，有许多大规模的人类活动聚居地。悠悠历史长河中，甘肃先民们为人们留存了许多以大量人力营造且长期在其地从事各种活动的遗址，是深邃厚重史前文化的最佳见证。代表华夏文明曙光的大地湾遗址、陇东南秦文化遗址区，还有以长城、丝绸之路为突出代表的国家大遗址，是当之无愧的甘肃文明史迹的主干与文物精华，穷原竟委地集中展现了甘肃在中华文明起源、发展、对外交流、融合历程中的主体作用。

大地湾遗址是黄河流域一处重要的新石器时代大型聚落遗址，距今约8200—4800年，前后延续3000多年，大地湾遗址总面积约360万平方米，遗址文化类型分为5个文化期：第一期文化，即前仰韶文化，距今约7800—7300年。第二期文化，即仰韶文化早期，距今约6500—5900年。第三期文化，即仰韶文化中期，距今约5900—5500年。第四期文化，即仰韶文化晚期，距今约5500—4900年。第五期文化，即常山下层文化，距今约4900—4800年。

第四章　八千年前的神话传说

大地湾遗址首次发现于1958年，当时认定为古代文化遗址，1961年被公布为县级文物保护单位，因文物的连连出土，文化层的不断暴露，在1963年被甘肃省政府重视并公布定为省级文物保护单位。1978年8月，国家考古队组成大地湾发掘小组，对整个遗址分10个区域进行了长达7年的连续性考古发掘，共揭露面积达14 752平方米，出土陶、石、骨、角、玉器等各类文物8034件，清理出大地湾文化至仰韶文化晚期及常山下层文化种类房址238座、灶址106座、灰坑和窖穴357个、窑址38个、墓葬79座、地画1幅、防水壕沟8条。出土遗址中考定最早的距今8300年，最晚的距今4800年。大地湾遗址的重大收获，在我国新石器时代的考古中，其规模之宏大，遗存之丰富，文物之精美，研究之价值，均超过了半坡遗址。故震惊学坛，蜚声国内外。它的发现，改写了黄河流域文明发展史和中华文明史，足以进一步加深全世界对中国史前文明的认识。大地湾遗址出土了中国乃至世界上最早的彩陶、文字符号和雕塑、绘画艺术，甘肃作为华夏文明发源地的地位由大地湾遗址而确立。此外，大地湾遗址的发现还为我国黄河流域新石器时代文化的考古分期建立了坐标，是中国时间最早、内容最为丰富的史前聚落遗址。

大地湾遗址是黄河中上游史前考古的重大发现，是研究中国西部地区和甘肃东部地区新石器时代原始氏族社会的重要文化遗址，是我国考古工作的丰硕成果，故考古专家及其权威人士共称"大地湾遗址为华夏人文始祖的发源地"。

中国历代对先祖伏羲、女娲礼仪有加，陇、豫、鄂等地方都建有祠庙、陵地，以纪念两位圣者。今天，在两皇故里的天水秦安，女娲、伏羲更是受人顶礼膜拜的圣者。略阳川的民众为娲皇圣母建祠修庙数千载。明《秦安志》记载："其山当陇城之北，有女娲庙，庙建于汉以前。娲皇，成纪人也，故陇得而祀焉，今庙存而祠废矣。"《甘肃新通志》记载："女娲庙在州北40里秦安县，在县东北龙泉山，建于汉代以前。国朝乾隆初龙泉山崩，庙移陇城镇城东门内。水逼城庙又移东山坪。同治回乱庙毁，重建于镇城南门内。"以上记载说明，略阳川民众早在2000多年前就为女娲建祠立庙，建了又毁，毁了又建，历经岁月沧桑。中华人民共和国成立后，女娲祠在"文化大革命"中又毁。1988年，陇城民众自愿捐款7万余元，在原址又重新建起了一座雕梁画栋、气势雄伟的女娲大殿，名曰"娲皇宫"。2000年，民众又捐款8万余元，在"娲皇宫"大殿正前方建起了高峻巍峨的"女娲祠门牌"。著名雕塑家何鄂女士在娲皇宫精心塑起了女娲尊像。清道光《秦安县志》记载："巡检司在陇城城内建'娲皇故里'牌坊。"秦安县城南郭城门曾嵌有"羲皇故里"的石刻匾额。国际性的伏羲文化研究会就设在天水，1992、1995、2001年海内外专家学者在天水先后三次举行伏羲文化研讨会。2001年12月，经国务院备案，民政部批准的中华伏羲文化研究会在北京成立。2003年8月，首届中华伏羲研讨会在天水召开，一年一度的伏羲文化节在天水隆重举行。天水市委、市政府十分重视伏羲文化的研究、开发和传播，连年承办省级伏羲公祭，举办伏羲文化旅游节、研讨会，并创办了伏羲学院，出版了《中华伏羲文化研究论文集》。2006年以来，公祭女娲大典在秦安陇城镇举行，女娲文化论坛在县城举办。应该说，天水人与伏羲、女娲的血脉联系更为亲密，这里的山山水水无处不留着两皇时代先民的影迹。

　　今天人们仍然以传说为历史根据对伏羲文化进行传承和发展，难以找到真正的实据。而大地湾遗址的问世恰恰出现在冠名为"羲皇故里"的天水秦安县，大地湾考古时代可与伏羲时代画等号。观其彩陶、地画之艺术精美，足见大地湾先民之智慧超凡，与伏羲创太极、画八卦均衡，皆是前无古人、后无来者的绝作与绝学。大地湾人从穴居到半穴居，最后发展到F901宫殿式的建筑，可以想象到大地湾先民对居住环境的跨越式发展过程。正如《易经》所载："上古穴居而野处，后世圣人易之以宫室，上栋下宇，以待风雨。"大地湾F901宫殿主室前后各有八根对称的附墙柱，直径达22—32厘米，形成八柱九间式的建筑格局，与八卦洛书九之数相映对。主室地面有两个直径约80厘米的柱洞，此为顶梁栋柱遗迹。整座建筑周围共有142根木桩用以坚固墙体和支撑整座建筑，其中顶梁大柱直径在50厘米左右，真正体现的是上栋下宇式的宫室建筑规模。又从发掘的79处墓葬可以看到，大地湾先民对死者的安葬已从远古的厚衣之薪、葬之中野的古朴葬法前进到用棺椁入地

第四章 八千年前的神话传说

穴安葬的踪迹，大地湾还挖掘出好几处瓮棺安葬的墓葬。故《易经》曰："古之葬者，厚衣之以薪，葬之中野，不封不树，丧期无数，后世圣人易之以棺椁，盖取诸《大过》。"从 H398 房址（圆形灰坑）中发掘的一堆炭化粮食标本鉴定为黍，表明大地湾先民在 8000 年以前已开始种植粮食，又从出土的骨末磨石、磨盘、陶刀、石刀等农具，进一步证实大地湾先民开展农耕农作，超越了刀耕火种的初始阶段，由此可以见证大地湾先民开展农业生产的实物证据。再从彩陶的彩绘图案（如鱼纹、绳纹、网纹等图案），可以透视出大地湾先民开展网罟生产的痕迹，佐证了大地湾先民广泛开展网罟的渔业生产和生活。从雕塑艺术可以透视出大地湾先民用超凡的智慧创造绝妙的艺术品，展现给今人的那些彩陶、彩绘是超越历史时空的精品，那种创造思维令后人是一个永远解不开的谜。再从大地湾地画彩陶上的特殊记事符号等，证实大地湾先民已经结束结绳记事的阶段。大地湾对面的北山今人称它"八卦顶"。以上诸说，可以认定大地湾文化是伏羲文化的序幕和前奏。这样，大地湾文化使伏羲文化落地生根，由过去的传说变为今天的历史见证。

在大地湾遗址中编号为 F901 的宫殿式建筑是伏羲、女娲及其后代的集体活动场所；第一期文物中最常见最典型的葫芦形器物形状体现了这里原始住民对"葫芦"的崇拜；陶器上的许多彩绘图案与记事符号很可能是伏羲"始画八卦，造书契以代结绳之政"的一部分；而且大地湾出土的碳化农作物种子和猪、狗、羊、鹿等兽骨及蚌壳、蚌珠等装饰品，与传说中伏羲教化人们"结网罟以教佃渔，养牺牲以充庖厨"有密切的联系。这些大地湾出土的文物反映了史前时代的生活情形，同时也与伏羲、女娲的神话有一种相合，使得伏羲、女娲神话历久而弥新。

大地湾遗址出土了迄今为止全国最早的彩陶——人头形器口彩陶瓶，这是一件罕见的女性人头形状的雕塑，其形状象征一母腹，整件陶器融造型、雕塑、彩绘艺术于一体，这是人类高母"女娲之肠"的象征。在大地湾一期上层的仰韶文化早期墓葬中，发现有比较集中的男性葬区和女性葬区，而女性葬区面积较大，地势较高，说明女性有特殊的社会地位，属典型的母系氏族制。在原始社会，先民们对自然现象和对自身来源的认识尚停留在蒙昧神秘的阶段,即处在幻想和"知其母不知其父"的母系氏族社会,这时的女娲可以说是母系氏族社会的首领,是远古女娲。2006年,科考组对大地湾遗址进一步发掘,根据 AMS ^{14}C 和光释光测年,确定距今约 6 万年以来,在清水河流域就有人类活动,这与远古女娲的神话传说相吻合,是对抟土造人、炼石补天女娲的实证。

成纪因伏羲而生,伏羲因成纪而名。尽管华胥氏孕 12 年而生伏羲一事既遥远又蕴含着许多超现实的想象成分,但是民间还是给了它一个约定俗成的名分,让它名正言顺进入中国口传历史。《史记·文帝本纪》中载:"文帝十五年,黄龙见成纪"。汉代时,为了纪念伏羲氏对人类的伟大贡献,朝廷在其出生地设置成纪县,这是"成纪"地名的一个重大转折点,不仅标志着"成纪"由民间命名上升为官方命名,更为重要的是标志着成纪作为伏羲出生地这一缥缈的口传记忆被官方认可,正式载入历史史册。

在甘肃境内,新石器时代有大地湾文化、马家窑文化、齐家文化,青铜时代有辛店文化、寺洼文化、四坝文化、沙井文化等甘肃考古学文化命名地,这近 10 个在甘肃境内首次发现的典型遗址所在命名的古文化类型所构成的漫长发展序列,从距今 8200—3000 多年前,共同组成甘肃省 8000 年的神话传说与史前文化时期的重要文化内涵。

第三节　全球视野中的伏羲女娲传说

"东方有伏羲、女娲;西方有亚当、夏娃。"有关他们的故事,是人类"创世神话"中最为美丽动人的故事传说。在希伯来人的创世神话《创世纪》一书中,"亚当"是上帝用"红土"创造的第一位人类祖先,随后,上帝觉得"亚当"一个人过于孤独,又用"亚当"身上的一条肋骨造成了一个女人——"夏娃"。并让他们住在鲜花盛开、果实累累的"伊甸园"中过着无忧无虑的生活。后来,他们违背上帝的告诫,偷吃了"伊甸园"里的禁果,引发情欲,生育了人类子孙。从此,人类的生活充满了劳苦和忧伤,有了不幸和恐惧、痛苦和死亡。后来,随着人类的繁衍,人们的精神开始堕落,道德的败坏日益严重,上帝决定消灭人类的子孙。于是地球发生了一场巨大的洪水灾难,上帝只让"诺亚"和他的三个儿子:闪、含、亚弗存活下来,成为现代人类的祖先。

在古希腊,人类是这样起源的:天和地创造之后,大地上拥挤着飞禽走兽,但还没有人,众神之神宙斯放逐的神祇的后裔——先觉者普罗米修斯,把黄土捏成和自己一样的小生灵,爱神厄洛斯给它以精神,智慧女神雅典娜给它以灵魂,于是造人乃完成。北欧由于森林密布,大木材是生活的最好原料,所以那儿说是众神之父奥定和费利、凡二位尊神,用木材造成了人。奥定给新造的一男一女以灵魂,费利给了他们动作和感觉,凡则给了他们血液和好看的面孔,让他们拥有了较高的颜值。

在北美印第安人的神话中,大地的开创者用暗红色的泥土掺和了水,做成男女两个人像,再用脂木烧煅,使他们都活了起来,男子命名为古克苏,女子命名为晨星,以后世界便有了人。

而在中国,《说文解字》载:"女娲,古之神圣女,化万物者也。"《山海经·大荒西经》云:"女娲功烈,非仅造人,又兼补天。"考古学家陆思贤先生在他著的《神话考古》中提到:"在中国古史的传说中,女娲氏是创造人类的伟大母亲,与伏羲神话作比较,女娲神话似乎更古老一些。"傅小凡、杜明富两位先生合著的《神话溯源》更是确切地指出,"女娲伏羲的神话是我国最古老的神话,从其最早见于文字记载到今天,有超过 2000 年的历史。女娲比伏羲见于文献材料更早,这说明其渊源更久远。"中国文化传统的一个基本特征,就是处处弥漫着神话。神话是文学的源头,神话是文化的原型编码。女娲"抟黄土做人"是中国流传最广、影响最大的人类起源神话,这个神话的起源就在中国西北部。在天水秦安县东的略阳川有关女娲的神话传说显得更深、更浓、更具体。略阳川的陇城镇有一"龙泉",相传远古时女娲汲龙泉水抟黄土做人。《风俗通》云:"俗说天地开辟,未有人民,女娲抟黄土做人,剧务,力不暇供,乃引绳于泥中,举以为人。故富贵者,黄土人;贫贱凡庸者，絪人也。"

相传女娲历尽艰辛，在捏了许多各种各样的人的同时，又捏了一男一女，男的叫阿哥，女的叫鹦儿，女娲做媒，让他俩婚配，繁衍后代。恩爱夫妻刚要繁衍生息，突然"四极废，九州裂"，大难不止。阿哥和鹦儿在灾难中失散，在救难中身亡。从此，阿哥和鹦儿就转化成一对鹦鸽鸟，飞来飞去紧紧跟随着为女娲效劳。女娲殁，鹦鸽鸟为女娲哭葬。后来鹦鸽鸟孵了一窝花蛋，孵出来的却是一对雌雄鸳鸯。这一对鸳鸯长大后，就在略阳川飞来飞去，一代一代往下传，后来就飞到了陇城八卦城，在城南门筑巢而栖。在略阳川就一直流传着"你从陇城城里过，不知道一对鸳鸯哪里卧"的问语。为了保护和留恋这对吉祥的鸳鸯鸟，当地人就在城南门上"鸳鸯"二字，让女娲为媒的爱情故事世代相传。人是女娲用黄土捏造出来的，这是先民的本意，以示万物皆生于土，化万物者实为土。我们知道土是人类赖以生存的根基和前提条件，一切生灵都离不开土地。在世界人类起源的神话传说中都不约而同地认为人类的身体与生命皆为泥土制成，引发了土地的崇拜观念，人们常言"大地啊——母亲！"认为土地是生命之母。《说文解字》曰："土，地之吐生万物者也。凡土之属皆从土。地，元气初分，轻清阳为天，重浊阴为地。"《白虎通·五行》曰："土，吐含万物。"《后汉书·隗嚣传》直说"地为母"。可见在古人的观念中，土地包含着无穷的生命力，它可以直接同养育人类的母亲相比。今言乡土情，也正是女娲作为生育神又兼地母神的本意。

中西各民族神话都说人是神亲手创造，而且是"仿照神的形状做成"，事实恰恰相反，神是由人亲手创造，并仿照人的形状做成的。人为万物之灵的地位大概就是这样确定的，这就是中西有关人类起源神话的特殊意义。

中西其所以不约而同地出现用泥土造人（个别有用木材，如北欧）的神话，显而易见是因为原始人用到处都有的泥土，制作土"桌"、土"椅"和各种陶器最为方便，自然而然地联想到用泥土造出自己本身。

丝绸之路西经甘肃，第一个重镇就是中国历史文化名城——天水。进入天水地界，一路上，"弘扬伏羲文化，传承中华文明""凝聚全球

第四章 八千年前的神话传说

华人,打造祭祖圣地"的标志随处可见。我国神话传说时代的"三皇""五帝"中,伏羲、女娲的故乡就是天水。天水市位于甘肃省东南部,地处陕、甘、川三省交界,东接关中,南控巴蜀,西倚甘南,北扼陇坻,是甘肃省第二大城市,是陇东南政治、经济、文化中心。天水堪称"塞外江南",得名于"天河注水"的传说。天水是中国古代文化发祥地之一,新石器时代的大地湾先民在此创造了中国最古老的新石器彩陶文明;秦人先祖非子因在此为周孝王牧马有功,封地为秦,成为秦国的开业基地,故又有"秦州"之称。8000余年的悠久历史,创造了光辉灿烂的古代文化,天水也因此成为华夏文明的摇篮和海内外"龙的传人"寻根祭祖的圣地。

在老百姓眼中,伏羲画八卦、结网罟、取火种、兴嫁娶、制历法、创乐器、造书契……总而言之,他就像指路明灯一样,在原始社会演进中放出普照人世的圣光。伏羲公祭大典,从1988年开始,至2013年已成功举办22届,2005年起升格为由省政府主办,天水市承办。从2013年开始,逐步扩大影响,提高知名度。

在第一批国家级非物质文化遗产名录中,第十大类"民俗"类,序号485(编号X-37)的"太昊伏羲祭典",申报地区有两个:甘肃省天水市和河南省淮阳县。序号486(编号X-38)的"女娲祭典",申报地区为河北省涉县。在天水的民间传说中,伏羲与女娲的成婚地点位于今天水市麦积区中滩乡西20里处的玉钟峡内。另一种说法是,玉钟峡在今天水市秦安县城北7里处,由于伏羲女娲结亲而彰显于世,所以又称为显亲峡。从东汉至南北朝时期的500多年时间里,秦安县都以显亲作为地名。秦安县陇城镇有女娲庙,附近还有个女娲村,天水市秦城区的凤凰山麓也有元代建的女娲庙。

在日本神话中,伊耶那岐、伊耶那美创造了第一座岛淤能碁吕岛之后,来到这座岛上,立天之御柱,并以男神自左,女神自右的方式绕柱旋转,由此产生了日本国土。我国著名学者严绍璗认为:"构成日本二神合婚神话表现形态的基本因子是三个。一是天之御柱——实行合婚的道具。二是分巡环绕——合婚的形式。三是男左女右——实行合婚的方向。……这三个基本因子,几乎都来自中国多民族关于伏羲和女娲组成的'偶生神神话'形态之中。"①松前健也在《日本神话与古代生活》中指出日本神话与中国南方的苗、瑶族神话有类似之处。"特别是广西融县罗城瑶民的伏羲传说,在兄妹二人绕一课大树合婚这一点上,与二尊(伊邪纳岐、伊耶那美)的环绕天之御柱类似。"②

广西融县罗城的瑶族传说、云南彝族传说等我国西南少数民族有不少伏羲女娲传说,正如闻一多《伏羲考》中关于中国西南少数民族的伏羲女娲兄妹婚生肉球传说的实例一样,河北涉县、湖北江陵县也有相关传说。杨利慧则提出,"女娲信仰可能发生于今天我们西北地区的渭河流域一带。"③

传说中的"三皇"包括伏羲、女娲,并视其为中华民族的始祖。许多文献记载了不同的伏羲、女娲传说。如《太平御览》引《诗含神雾》云:"大迹出雷泽,华胥履之,生疱牺。"《左传》载:"太昊氏以龙纪,故为龙师而龙名。"《说文解字》曰:"娲,古之神圣女,化万物者也。"有传说他们为龙身,也有说他们为蛇躯。汉代文物中发现的伏羲、女娲图像,也存在这两种形体,为探究他们的身体特征及其内涵提供了珍贵资料。而其中有的伏羲、女娲长两足,说明不是蛇躯。因为蛇无足,只有龙才生足。如安徽宿州褚兰镇夏疃村墓山孜北坡汉墓墓顶刻画了生两足的伏羲、女娲,证明他们原本为龙躯。至于女娲补天、伏羲女娲繁衍人类等传说,主旨是为他们歌功颂德。

被神化的躯体、功绩与其身份有着至关重要的联系。古人鼓吹、信奉天命。从远古到先秦,几乎所有开国帝王的出生或自身都发生过"奇象"。如史载"黄帝生而能言,龙颜有圣德""天命玄鸟,降而生商",周、秦之始祖乃至刘邦的出生,都有神奇现象发生,其目的是宣扬他们受命于天。由此可知,伏羲、女娲所生的龙体亦旨在证明他们得天命和拥有"龙德"。国外史前同样出现过类似情形,如埃及的狮身人面像,即是天命论的表现。伏羲、女娲的种种传说传递了两个有关身份

---

① 严绍璗:《中日古代文学关系史稿》,长沙:湖南文艺出版社,1987年,第25—26页。
② (日)松前健:《日本神话と古代生活》,东京:有精堂,1965年,第143页。
③ 杨利慧:《伏羲女娲号兄妹婚神话的粘连与复合》,《北京师范大学学报》(社会科学版)1997年第6期。

第四章 八千年前的神话传说

的信息——最高统治者和始祖,且他们的创世神话又具有原始性,解释了人类的起源与繁衍,起到了巩固权力和内部团结的作用。因此,合理的推测是二者的神话产生于原始社会,他们应是不同氏族的统治者。

引人关注的是,不仅苗族、仡佬族流传始祖伏羲、女娲的神话,新疆也出土有大量伏羲、女娲的图像,且阿斯塔那唐墓伏羲的帽子、胡子都是维吾尔族的特征,说明苗族、维吾尔族等民族也认同他们是自己的祖先。历史传说和出土文物中的伏羲、女娲,印证了中华民族同源共祖,成为连接不同民族情感的纽带,维系中华民族团结与和谐的见证。

陕西省蓝田县有华胥陵(即羲母陵)、华胥沟和古华胥国的遗址,蓝田县档案局的曾宏根指出,蓝田是伏羲、女娲的生母,是创立了母系氏族社会华胥国的华胥氏及其儿女伏羲、女娲活动最多、文化积淀最为丰富的地区之一。她怀孕之后,面对食物匮乏的困境,华胥氏率领自己的家庭部落走出蓝田,来到渭河流域,然后又继续向西迁徙,最后到达甘肃成纪(今天水市秦安县),生下了伏羲、女娲一双儿女①。

陕西历史博物馆的杨东晨研究员提出,由于人口的增长和寻找新的食物来源地的需要,约生于8050年前的华胥氏带领部落之民,离开华胥之渚(今陕西蓝田)向西迁徙。华胥氏的部落之民一支迁到了华亭(今甘肃省庆阳市华池县),华胥氏自己带领一支部众迁居到成纪(今甘肃省天水市秦安县),逐渐形成新的聚落。迁来的华胥部族与天水当地的土著氏族和睦相处,土著氏族最终加入华胥部落,共同尊奉华胥氏为首领②。怀孕已有几个月的华胥氏,由于旅途的劳累奔波于临近产期,在成纪(秦安)生下了儿子伏羲。《通志》卷一《三皇纪》引《春秋世谱》云:"华胥生男子为伏羲,女子为女娲。"《帝王世纪》云:"庖牺氏风姓也……女娲氏亦风姓也。"《风俗通义》云:"女娲,伏羲之妹。"居于天水的华胥部落逐步摸索发明了制陶技术,生产彩陶

---

① 曾宏根:《抱愧华胥陵——从地质与考古学角度揭秘人类始祖华胥氏女娲、伏羲在蓝田的活动》,《西安档案》2006年第6期,第37—39页。
② 杨东晨:《中华始祖母华胥考——太昊伏羲氏和女娲氏生母的主要史迹探寻》,《西安文理学院学报》(社会科学报)2008年第1期,第1—6页。

器。华胥氏派人去周围的氏族先民中传授制陶技术，秦安大地湾、天水师赵、西山坪新石器时代早期遗址的发现、发掘，证明在距今 8000 年前，天水已有较为先进的氏族部落。半地穴式的方形、椭圆形简陋住房，红褐色与灰褐色两种颜色的陶器，足以见证大地湾遗址是大体与华胥部落相比附的遗址与文化。"大地湾类型文化遗址在西汉水和嘉陵江上游的西和、礼县、徽县等地区均有发现，说明华胥族人已迁入该地区，或是其文化已影响到今甘肃东南部地区。当时天水地区还迁入了燧人氏族之民。他们和土著逐渐融合，向西（今甘肃中部、西部及青海等地）、向南（今甘肃陇南、陕西汉中及四川等地）迁徙和发展。华胥氏在成纪居住一段时间后，留氏族于此，便带领一些氏族先民沿渭水东返。"①

河南省新密市来集乡南三里的浮山岭上有"伏羲女娲祠"，张振犁指出，当地老人为他讲述的伏羲、女娲兄妹故事其实为一篇原始型神话遗存珍品，具有以下特点："（1）此神话在相传为伏羲、女娲主要活动地带的新密产生、流传，带有原始型。（2）故事指出二人滚磨成亲就在浮戏山一带，为伏羲山的确认提供了内在的联系。（3）灾难是普遍流传的'天塌地陷'，具有故事类型特点。（4）保护伏羲、女娲兄妹的动物是一只老虎，与古书上伏羲族虎图腾崇拜记载相吻合。（5）老虎变成白胡子老人指点二人避灾、结婚、造人，情节比较特殊，其中带有龙虎文化源起的信息，十分古远。"②

现今我们已知的记载伏羲、女娲兄妹巡绕合婚神话的最早文献是敦煌写本中的《天地开辟以来帝王纪》，包括 S.5505、S.5785、P.2652、P.4016 等四个写本，其中以 P.4016 最为完整，其中记载伏羲、女娲巡绕合婚神话如下：

问曰：三皇五帝夏殷周秦汉晋，治政所成，□月多少祚蒙开误

---

① 杨东晨：《中华始祖母华胥考——太昊伏羲氏和女娲氏生母的主要史迹探寻》，《西安文理学院学报》（社会科学报）2008 年第 1 期，第 1—6 页。
② 张振犁：《"浮戏"本是"伏羲山"华夏文明此有源——新密市浮戏山考察记》，《南阳师范学院学报》（社会科学版）2003 年第 5 期。

第四章　八千年前的神话传说

未审伏羲因何续人位？答曰：伏羲、女娲因为父母而生，为遭水灾，人民尽死，兄妹二人，依龙上天，得存其命。见天下荒乱，惟金岗（刚）天神教言可行阴阳，遂相羞耻，即入昆仑山藏身，伏羲在左巡行，女娲在右巡行，契许相逢则为夫妇，天遣和合，亦尔相知。伏羲用树叶覆面，女娲用芦花遮面，共为夫妻①。

《天地开辟以来帝王纪》中的记载与《独异志》及我国少数民族神话有许多契合之处，可以看出现在我国少数民族流传的神话应是自古传承而来的。敦煌写本中伏羲、女娲环绕合婚的神话也与日本伊耶那岐、伊耶那美神话在情节、结构上非常相似。在"天道左旋，地道右周""雄左行，雌右行"的阴阳左右思想，所巡绕的昆仑山与天之御柱的共同点，二神相互约定、"契许"情节，二神的"天遣和合"及天神为二神指点方面都有许多共同点。

伏羲、女娲是真实的人，是有诞生时间和故乡的人，是人类从原始状态步入文明时代的探路人，是中华各民族共同的人文始祖，绝不是虚拟中的人。中国著名历史学家何光岳研究员说："迄今仍有不少人把中华民族的人文始祖炎帝、黄帝均当作神话传说中虚拟人物来看待，这是不对的。炎帝、黄帝均为太昊伏羲氏的后代。太昊伏羲氏在距今约6000年前生于渭水中游的天水（今甘肃东部）境内，其部落后东徙并建立政权于古陈仓（今陕西省宝鸡市）。"中国是世界四大文明古国和人类文化的发祥地之一。一些西方史学家主观认定中国文化起源于西亚，说什么古文化是由西向东传入中国的，把伏羲氏说成是古巴比伦人。千百年来，也还有许多人在书斋中考古，在故纸堆里寻祖，直至今日，有关伏羲女娲文化、古老文明起源的文字浩如烟海，众说纷纭。争辩的结果、存疑越来越多。甚至有人仅仅凭借古典中只言片语和自己的主观臆测，便将伏羲、女娲及其文化归之于神话传说予以否定。大地湾遗址的发掘，进一步证实了伏羲、女娲乃是龙图腾部族的创始人和华夏人的祖先，这些都在《山海经》《水经注》《易

---

① 郭峰：《敦煌写本〈天地开辟以来帝王纪〉成书年代诸问题》，《敦煌学辑刊》1988年第1、2期。

经》《尚书》《淮南子》《史记》《纲鉴易知录》等诸多经典中有明文记载。更有今日天水的山川河流、伏羲庙、女娲祠、卦台山、古风台，特别是对大地湾遗址的进一步发掘证明，早在距今约 6 万年，我们的先祖就在这片土地上生息、繁衍、创造。

第五章　八千年前的大地湾文化

在全新世早期（距今 12 000—8000 年左右），全球气候开始变暖，雨量充沛，植物茂盛，动物繁衍。人类在此气候适宜、实物丰盈的环境下，迎来了新一轮发展的机遇。于是，在今天中国 960 万平方千米的版图上，我们的华夏先民星罗棋布地分散在东西南北各地，开始了辉煌的文化创造：从北方今内蒙古、辽宁地区距今 8000 年左右的兴隆洼文化，到东方今山东地区距今 8000 年左右的后李文化，再到东南今江浙地区距今 8000 年左右的河姆渡文化，然后到南方今两湖地区距今 8000 年左右的大溪文化，特别是在今甘青地区，有距今 8000 年左右的大地湾文化。

大地湾文化前后，分布在我国大地上的 8000 年左右的史前文化遗迹有：彭头山文化（前 7500—前 6100 年）、狮顶山文化（前 7000—前 6000 年）、裴李岗文化（前 7000—前 5000 年）、后李文化（前 6500—前 5500 年）、兴隆洼文化（前 6200—前 5400 年）、磁山文化（前 6000—前 5500 年）、老官台和大地湾文化（前 5800—前 5400 年）、跨湖桥文化（前 6000—前 5000 年）、北辛文化（前 5300—前 4100 年）、左家山下层文化（前 6000—前 5000 年）、新乐文化（前 5500—前 4800 年）、赵宝沟文化（前 5400—前 4500 年）、河姆渡文化（前 5000—前

3300年)、仰韶文化(前5000—前3000年)、咸头岭文化(前5000—前3500年)。

大地湾文化是黄河中游地区早期的新石器时代文化,重要遗址包括:甘肃秦安大地湾遗址、陕西宝鸡北首岭遗址、陕西华县老官台遗址、陕西渭南北刘遗址、陕西临潼白家村遗址。

其年代距今8000—7000年,主要分布在陕西、甘肃省境内的渭河流域。居民的经济生活以原始农业为主,种植黍等农作物。饲养猪、狗等家畜,过着定居的聚落生活。生产工具有石刀、石铲和石斧等。以磨制石器为主,但仍然有不少打制石器和细石器。制陶业很原始,采用泥片敷贴法。陶器以圈足碗、彩陶钵与筒腹三足罐最具特点。以夹细砂红陶和褐陶为主,火候低、器类少,彩陶尚处于萌芽阶段。住房是圆形的,为半地穴式建筑。储藏东西的窖穴亦是圆形。居民死后埋入长方形土坑墓,随葬陶器等物品。

第一节　考古发掘:辉煌的新石器时代文化

中国新石器时代(前6000年—前2000年)遗址迄今已发现1000多处,分布几乎遍于全国。由于起讫年代、文化内涵、生产水平和自然条件的不尽相同,使得它们的发展产生若干区别。当时社会生产的主流,已由原始的渔猎和采集,逐渐转变为较固定的农业耕作,并出现了纺织、制陶等手工业和一定的社会劳动分工。社会结构也由单纯血缘组合与人数较少的原始人群,进化到关系复杂与人口较多的氏族部落。在建筑方面,已知有群居的聚落,供生产与生活用的窑址、公共房屋、住所、窖穴和畜圈,供防御的垣墙、壕沟,原始崇拜所需的祭坛、神庙和神像及公共墓地等。

属于新石器时代文化早期遗址的,有河南新郑的裴李岗遗址(前5550—前4900年)、河北武安的磁山遗址(前5400—前5100年)、甘

第五章　八千年前的大地湾文化

肃秦安的大地湾遗址（前 5200—前 4800 年）等。它们共同的特点是，聚落面积不太大，一般为 1 万—2 万平方米，已经使用半地穴房屋，墓葬集中置于聚落近旁。这些文化大体散布在今日的甘肃东部、陕西西部、河南中部及河北南部一带。

新石器时代中期以仰韶文化（前 5000—前 3000 年）为代表，它首先发现于河南省渑池县仰韶村。该文化分布范围很广，西至青海、甘肃交界处，北抵长城沿线及黄河河套地区，东及河南东部，南达湖北西北部。遗址已超过 1000 处，有代表性的除仰韶村外，还有陕西西安的半坡、临潼的姜寨，河南郑州的大河村、陕县的庙底沟，山西石楼的岔沟等。所发现聚落遗址均有一定的规模、布局、多种建筑类型。

一、黄河流域新石器时代文化遗址

黄河流域新石器时代文化遗址包括：老官台和大地湾文化、裴李岗文化、磁山文化、仰韶文化、龙山文化、北辛文化、大汶口文化、马家窑文化等。

老官台文化遗址 1956 年发现于陕西华县，1959 年进行发掘。后来在甘肃秦安大地湾也发现同类型文化，所以老官台文化也称大地湾文化。老官台文化主要分布于黄河的支流渭河流域。

裴李岗文化遗址于 1977 年在河南新郑被发现，该遗址中的建筑、墓地和陶器都与老官台文化十分相似，距今也有 8000 多年。

磁山文化于 1972 年在河北武安被发现，它稍晚于裴李岗文化，距今 7000 多年，其建筑、石器和陶器等均与裴李岗文化相似。其陶器开始向彩陶过渡，遗址中还发现有农作物粟、胡桃和家禽鸡等。

仰韶文化，因最早发掘的河南省渑池县仰韶村遗址而得名。其分布以渭、汾、洛诸黄河支流汇集的中原地区为中心，北到长城沿线及河套地区，南达鄂西北，东至豫东一带，西到甘、青接壤地带。共发现遗址约 1000 多处，经较大规模发掘的典型遗址有 10 余处。据放射性碳素断代并经校正，年代约为前 5000—前 3000 年。仰韶文化的前身是老官台、李家村、磁山、裴李岗诸文化（有人统称为"前仰韶"时期新石器时代文化），在中原地区发展为庙底沟二期文化。仰韶文化以其分布之广泛，延续之久长，内涵之丰富，影响之深远，而成为中国诸新石器时代文化中的一支主干，它展现了中国母系氏族制繁荣至衰落时期的社会结构和文化成就。

龙山文化的遗址位于山东省章丘市龙山镇，1928年被发现。龙山文化也称黑陶文化，黑陶制品质地精细，造型优美，用陶轮加工并在窑中高温（1000℃）烧造。这种高温技术的掌握，为青铜时代的到来做好了准备。龙山文化主要分为陕西、河南和山东三大类型。

北辛文化遗址位于山东滕州境内，与龙山文化隔河相望。它属于新石器时代中期，是大汶口文化的源头，在时间上稍晚于裴李岗文化，其石器、陶器等与裴李岗发现的类似。

大汶口文化处于新石器时代的中晚期，它早期的陶器、石器和建筑与裴李岗文化类似。它晚期陶器上的图像刻画符号不同于仰韶文化中的几何刻画符号，它们很有可能就是甲骨文的鼻祖。

马家窑文化是仰韶文化向西发展的继续，1923年在甘肃临洮被发现。它的彩陶很发达，继承了仰韶文化中庙底沟类型的风格。它早期的彩陶以黑彩为主，中期出现有黑、红相间的花纹，晚期多是黑、红二彩并用。在遗址之中还发现一把青铜刀，它标志着石器文化向青铜文化的过渡，属于金石并用的时代。

就黄河地区而言，仰韶文化中期和龙山文化中晚期，是文化辉煌发展的最高阶段。

二、长江中下游新石器时代文化遗址

长江中游的新石器时代文化有首见于湖北京山县的屈家岭文化、湖北天门县的石家河文化。其时代约处于仰韶文化与龙山文化之间，分布范围大抵在湖北中部、湖南北部及河南西南部。建筑大多为平面方形或长方之地面房屋，并有套间及长达30间的连屋，结构用草泥垛墙及木柱梁。值得注意的是，上述文化还发现大规模的聚落与密集聚落群，以及最大占地面积达1平方千米的古城多座，这些古城大多已有夯土城墙、护城河及水门。

长江下游则以浙江余姚河姆渡文化（前5000年—前4000年）和嘉兴马家浜文化、余杭良渚文化（前3300年—前2200年）为代表。它们分布在杭州湾、舟山群岛及太湖沿岸一带，其特点是使用了有异于中原的干栏式建筑。这种下部架空的结构，适合于炎热潮湿和多虫蛇蚊的江南水乡，其渊源可能来自远古时期"构木为巢"的巢居形式。此外，余杭瑶山遗址的夯土祭坛，也是十分重要的发现。

塔山遗址位于浙江象山县，属于河姆渡文化。早在6000年前，象山先民已在塔山繁衍生息，留下辉煌的新石器时代的文化遗迹。该遗址在1988年1月被发现，1989年着手试探发掘，1990年开始由浙江省考古研究所主持发掘，至今已发掘三期，发掘出土了大量新石器时代至青铜器时代的生产、生活器具和墓葬。这些文化遗存和墓葬中发现的几具完整人体骨架极具研究价值。发掘研究表明，塔山遗址属于河姆渡文化范畴（图5-1）。

图 5-1　塔山遗址发掘现场

三、内蒙古大青山及辽西地区新石器时代文化遗址

分布在今内蒙古东南、辽宁西部、河北北部及吉林西北一带的红山

文化（前 3500 年前后），首先发现于内蒙古赤峰市红山后遗址，具有与前述诸新石器时代文化的不同特点。以包头市东部的阿善遗址为例，其居住房屋的外墙及聚落围垣均用石砌，其西侧台地上另有由块石堆砌之祭坛，而辽宁牛河梁遗址更发现了"女神庙"及泥塑神像残迹。

四、广西百色地区的新石器时代文化遗址

百色地处广西西南部，古人类从旧石器时代开始创造了辉煌文化。进入新石器时代，经历早、中、晚三个发展阶段，出现多种文化类型，规模较前有了较大发展，文化呈现多样性，既继承有本地旧石器时代文化因素，还受周边地区原始文化影响，并渐渐融合。

在百色的那坡县感驮岩遗址出土了丰富精美的陶器、石器、骨器等，另外，在百色革新桥发现了大型石器加工场遗址，它们都可以看作是该地区新石器时代原始文化的典型代表，揭示了百色新石器时代原始文化的发展过程。

百色的新石器时代文化遗存共发现有 40 余处，按其堆积情况，可以分为洞穴、阶地（台地）、贝丘三种堆积类型，基本涵盖了新石器时代早、中、晚三个发展阶段。

第二节　大地湾：史前文明的见证

一、大地湾遗址的闪亮登场

大地湾是我国西北地区最重要的新石器时代遗址之一，遗址位于甘肃省秦安县东北 45 千米处的五营乡邵店村东南及冯家湾村西部，东距陇城乡 7 千米，西距莲花乡 11 千米。遗存主要分布在葫芦河支流清水河南岸的Ⅱ、Ⅲ级阶地和其相连的缓坡山地。范围北起河边阶地，南至山顶

堡子，东侧以冯家湾沟为界，西侧为绵延数千米的阎家沟溪流，海拔1458—1673米。

大地湾遗址因其文化类型多、延续时间长、历史渊源早、技艺水平高、分布面积广、面貌保存好而享誉考古界（图5-2、图5-3）。经 ^{14}C 年代测定，遗存距今约8000—4800年，上下跨越3000多年，最早的遗存比著名的西安半坡遗址还要早1000多年，被我国考古界泰斗苏秉琦先生誉为"中国原始社会的小太阳"。

图5-2　大地湾遗址文物保护单位标志

图5-3　大地湾遗址发掘现场

1958年甘肃省文物管理委员会文物普查时发现该遗址。1978—1984年，甘肃省文物工作队对遗址进行了历时7年的连续性考古发掘，1995年又进行了补充发掘，揭露面积达14 000平方米。大地湾遗址考古出土陶、石、玉、骨、角、蚌器等文物近1万件，发掘房址241座、灶址104个、灰坑和窖穴321个、窑址35个、墓葬70座、壕沟9条。这不仅是甘肃考古中规模最大、收获最丰富的田野工作，而且在我国新石器考古中无论规模、遗迹遗物丰富程度，还是研究价值均超过西安半坡遗址，因此，它被称为中华人民共和国重大考古发现之一。1988年1月被国务院公布为全国重点文物保护单位，1994年12月被甘肃省委确定为"甘肃省爱国主义教育基地"。

大地湾遗址在考古学上共有五期文化，其中第一期文化是该遗址中年代最早的，它比西安半坡遗址和浙江余姚河姆渡文化还要早1000年，因此这一发现被视为考古学研究的重大突破。同类遗存在甘肃东部、东南部已发现多处，因大地湾最早发现、出土遗物最为丰富且具有代表性，学术界将这类遗存命名为大地湾文化。考古学意义上的大地湾文化并不包括大地湾遗址的全部遗存，仅特指处于遗址最下层的第一期文化及其他遗址的同类遗存，对此五期文化，程晓钟做了精彩的论述。

大地湾一期文化即前仰韶文化或大地湾文化，距今8000—7300年，它是迄今为止渭河流域最早的新石器时代文化，是我国新石器考古的重大发现。它的发现不仅改写了甘肃史前史，确立了渭河流域的前仰韶文化，为新石器时代文化的产生、发展提供了一批弥足珍贵的科学资料，而且为西北地区考古研究取得了突破性进展，同河北磁山、河南裴李岗、山东北辛等发现一直被学术界公认为黄河流域考古研究的重大突破。这批最早开发陇原的先民发明了我国最早的彩陶，其10余种彩绘符号比西安半坡陶器上的刻画符号早1000多年，且有些符号基本一致，虽然这些神秘符号的意义至今未能破解，但专家们认为，它们可能是中国文字最早的雏形。

大地湾一期的彩陶，是我国迄今所知最早的彩陶文化，它将中国彩陶文化产生的时间上溯至距今8000年，这充分说明我国黄河流域的秦州大地是世界上最早出现彩陶的区域之一。由于定居生活需要大量的日常生活用品，为满足基本的盛储炊事需求，大地湾先民利用取之不尽的黄土神奇地将泥坯烧制成各类坚固的陶器（图5-4、图5-5）。陶器以三足、圜底、圈足器为主，与其他文化相比，显示出独特的风格和一定的原始性。他们使用小口壶储存饮水，以三足罐作炊器，钵形器、圈足碗盛装食物。有趣的是圈足碗的形制大小与今天我们常用的瓷碗几近相同。他们独具慧眼,创造性地将天然矿物研成粉末涂在陶器的口沿上,然后再进行烧制,出窑后形成不易脱落的紫红色带状花纹。这就是我国最早的彩陶,它不仅比其他地区的彩陶早了1000多年,而且也是世界上最早出现彩陶的古文化之一。大地湾不愧为彩陶的故乡,享誉世界的甘肃彩陶自此久盛不衰,成为世界艺术史上一支绽开怒放的奇葩。

图 5-4　大地湾遗址发现的彩陶(1)

图 5-5　大地湾遗址发现的彩陶(2)

同时,在大地湾遗址一期文化彩陶钵口沿内和部分彩陶片的内壁发现有10余种不同纹样的红彩符号,在大地湾遗址二期文化彩陶钵口沿外宽带纹上也发现有10余种刻画符号,而二期文化刻画符号与西安半坡仰韶早期刻画符号又相似。大地湾二期文化刻画符号与西安半坡仰韶早期刻画符号都是大地湾一期文化彩绘符号的延续和发展，为研究古代文字的形成和发展提供了新资料。在大地湾一处房址中部偏后，发现了古朴稚气的地画，画中两位人物，均扬臂屈腿，下方有一方框，内绘有动物形象，这件作品的出现表明绘画艺术已脱离了装饰的范畴，独立地表现画师的追求和意境。

在同一时期编号为H398的近圆形灰坑中，发现一批碳化植物种子，经鉴定，属禾本科的黍（图5-6）。这是一项惊人的重要发现，它不仅在我国出土的同类标本中时代最早，并且与国际上时代最早的希腊出土标本年代相当。国际农史界通常认为中国黍源于外国，大地湾的发现纠正了这种谬误，确认了我国西北是黍的原产地之一，这是中国先民对人类的一大贡献。黍俗称糜谷，是西北地区至今仍然广泛种植的一种常见作物。原始先民经过多少代人的观察和实验，最先将陇西黄土高原上生长的野生黍培育成第一个农作物品种，从而奠定了大地湾是我国原始农业发源地的重要地位。

图5-6 大地湾遗址出土的中国最早的旱作农作物标本——黍

农业产生的另一佐证是农业生产工具及加工工具的出现。在大地湾文化已发掘的遗址中，出土了可翻地的石铲、收割作物的石刀、碾磨粮食的磨石和磨盘等，这些工具形式较为固定且有一定数量，说明一整套的生产及加工技术已经形成。在大地湾墓葬中，成人男性墓随

第五章 八千年前的大地湾文化

葬石刀、石铲等农业生产工具，从而表明男性是农业生产的主力军。当然，应该指出当时的农业发展水平已脱离了最初的原始阶段，换句话说，还有更早的农业及其开拓者，尚需考古工作者的探索。家畜饲养此时也已产生，农业提供了部分饲料，定居创造了必要的环境条件。大地湾出土的猪下颚骨中，经鉴定，1—2 龄的幼猪比例高达 78.9%，这与我们现代人宰杀猪的年龄相当，从猪群体死亡年龄判断这些猪应为畜养的家猪。部分墓葬中随葬猪下颚骨的现象，表明人类和家畜的密切关系，也从另一侧面证实了家畜的存在。在二期文化中出土了做工精美的骨鱼鳔和带有倒刺的骨鱼钩；在晚期遗址墓葬和地层中出土许多猪骨，有的灰坑中出土的猪的个体达几十头之多，证明当时的饲养已成规模。

大地湾二期文化即仰韶文化早期，距今 6500—5900 年。甘肃对仰韶文化的发掘始于大地湾，自此甘肃是否存在仰韶文化已不再成为疑问。这里揭露出可称为"陇原第一村"的较完整的原始氏族村落，以广场为中心，房址呈扇形分布，周围以壕沟环绕，平面为向心式封闭格局，展现了神奇的原始生活画卷。这一期出土了一批绚丽夺目的彩陶，其中不乏艺术珍品，如成系列的情趣盎然的鱼纹盆，将造型、雕塑、彩绘艺术和谐的糅合在一起的人头瓶。这一期就其发掘面积、遗存涵盖内容、学术研究价值，均可与著名的西安半坡、临潼姜寨遗址相提并论。

这一期出土的人头形器口彩陶瓶，弥足珍贵，堪称国宝，是一件中国最早的雕塑作品（图 5-7）。它雕塑了一位雍容典雅、稳重端庄的女性形象。距今 6000 年前的艺术家将人物五官、发式纹理，巧置器口部位，着力雕塑刻画，耳鼻高耸如生，眼口镂刻传神，呈现出生动和自然，身段部位形体饱满而具张力。仔细观察，头的左右和后部披发，前额垂一排整齐的短发，眼和鼻都雕成洞穴，两耳各穿一孔，腹部以上施浅红色陶衣，仿佛裹着的霓裳羽衣，美感和神秘感紧紧地咬合，交织出节奏和韵律。她应是母系氏族社会部落首领的象征，是母权制的产物。

图 5-7 大地湾遗址出土的人头形器口彩陶瓶

大地湾三期文化即仰韶文化中期，距今 5900—5600 年，彩陶艺术达到鼎盛阶段，生动活泼的线条、变化无穷的图案、造型与彩绘的完美结合，无不体现原始艺术大师们的精湛技艺及对生活的热爱。这一期发现的考古资料虽不如二期、四期丰富，但与泾渭流域同期考古发现相比则最为全面和系统。它的发现初步确立了甘肃仰韶文化中期的界定标准，拓展了仰韶文化中期的研究空间，对于解决仰韶文化早中晚期的演变过程及西北地区各史前文化的关系等重大问题提供了准确可靠的依据。

大地湾四期文化即仰韶文化晚期，距今 5500—4900 年。此时的聚落由于农业的发展、人口的剧增迅速扩大到整个遗址，山坡中轴线分布着数座大型会堂式建筑，周围为密集的部落或氏族。其中以 F901 为代表的大型建筑占地 420 平方米，居住面为料疆石和沙石混凝而成的类似现代水泥的地面，既有主室和侧室，又有后室和门前附属建筑，其规模之大、保存之好、结构之复杂、工艺之精湛均为中国史前建筑所罕见。开创了中国后世宫殿建筑的先河，其类似现代的水泥地面与古罗马人用火山灰制成的水泥同属世界上最古老的混凝土。

这一期还发现白灰面上绘制的神秘古朴的地画，是我国目前发现的时代最早的独立存在的绘画，这幅长约 1.2 米、宽约 1.1 米、保存基本好的地画比此前最早单独作为绘画保存至今的长沙马王堆楚国帛画早 2000 多年，从而改写了中国美术史。甘肃史前文化在 5000 年前后进入多元发展的阶段。

大地湾仰韶文化晚期聚落已成为当时清水河沿岸各部落的中心。这是我国目前考古发现中绝无仅有的聚落，面积大，范围广，可见当时聚居的人口众多，初步显示出了城镇化的迹象。大地湾四期遗存的发现为理解甘肃史前文化发展序列奠定了基础，同时使我们认识到重新审视甘肃境内仰韶文化与马家窑文化关系的必要性。

大地湾五期文化即常山下层文化，距今4900—4800年，这是仰韶文化向齐家文化过渡性质的遗存。这类遗存在渭河流域是首次发现，在清水河沿岸和秦安县陆续发现一批同类遗址，它的发现对探讨该地区仰韶文化的发展方向及齐家文化的渊源提供了重要的启示和资料。此时大地湾的聚落面积更为扩大，此前的环壕已被突破，居住和活动的地域发展到今麻沟村西侧一带，面积在280万平方米左右。

二、原始"人民大会堂"震惊世界

最值得注意的是，雄踞于大地湾遗址——长虫梁半山腰的原始宫殿F901遗址的发现（图5-8），举世震惊。它不仅是我国最早的宫殿建筑——原始宫殿，还开创了我国后世土木结构建筑的先河，引起国内外学术界的极大关注。

图5-8　长虫梁半山腰的原始宫殿遗址

尤其值得一提的是在正殿内壁粉饰了一层混合石灰面装饰墙体，在居住面又粉饰一层类似现代水泥的地面，呈深灰色，做工很考究，工艺很精湛，经考证、打压测试，每平方厘米抗压 120 多千克。经化验分析，其化学成分、物理性能及其抗压强度均相当于今之 100 号水泥砂浆地面的强度，被称为世界上最早、最原始、最古老的混凝土，也被称为 5000 年前的人造水泥[①]。

在正殿内发现了中国最原始的消防实例，即在殿内所有木柱子周围采用了用草拌泥裹柱子的防火措施，把我国的消防历史推前到 5000 年前。同时，在水泥地面下铺设了 15—20 厘米厚的人造轻骨料防潮层建筑材料，这是古代建筑史上的奇迹。

在殿内还出土了我国最早的陶量具，有条形盘、簸箕形器、四扳带盖罐等一组 4 件，把我国度量衡实物史提前了 3000 多年。这一切都是史无前例、很了不起的发现。而这时，正是我国母系氏族社会崩溃、父系氏族社会鼎盛的时期。

同时，艺术渗透到建筑中，才造就了中轴对称、错落有致的 F901 大型建筑，标志着建筑艺术的萌发。

在 F901 宫殿遗址的周围经过详细调查又发现数座大型宫殿遗址显露于崖面上，在仰韶晚期的大地湾四期文化时，长虫梁半山腰可谓宫殿林立。从已发掘的 F400、F405、F901 这三座宫殿遗址来看，F400、F405 远不及 F901 的级别，尽管他们都有高达数百平方米的建筑面积，柱子大且粗，全部采用防火措施处理，居住面下方有铺垫的人造轻骨料防潮层建筑材料，而 F400、F405 地面则是料礓石白灰面，F901 是世界上最早的水泥地面，况且 F901 还出土了我国最早的陶量具，这是其他宫殿遗址无法比拟的。

聚落巧妙地利用了自然地貌，主体坐落在背山面河的山坡上，两侧以天然冲沟和溪流为屏障，中心部位矗立着 F901 等大型公共建筑，周围分布着若干居住区，形成众星捧月式的格局。整个聚落气势恢宏，宛如一座占尽天时地利的城堡。这里极有可能是清水河沿岸史前先民部落联盟的所在地，不仅执掌着本部落的社会运行，同时还管理着沿河两岸的其他部落，大地湾应为当地的中心遗址。这类中心遗址逐渐超出一般

---

① 甘肃文物工作队：《甘肃秦安大地湾 901 号房址发掘简报》，《文物》1986 年第 2 期。

的史前聚落，表明社会孕育着更高一级的文明因素，或许将之称为城址的前身更为妥当。它的出现标志着原始社会正在叩开文明之门，为文明时代的到来奏响了序曲。

所以说，F901在其他宫殿中起到了统帅所有宫殿的作用。正如发掘报告中所提及的：它以宏伟的规模、复杂的结构、严谨的设计、精湛的技艺向我们展示了5000年前的先民们，在主要以石器作为工具的条件下所取得的令人惊叹的成就。这些成就不言而喻地表明仰韶文化晚期的生产力已达到相当水平。

F901这座宫殿就是原始社会的"人民大会堂"，它是清水河沿岸仰韶文化晚期先民们的公共活动中心，也是大地湾四期文化的政治中心、经济中心、宗教中心、文化中心……而这座宫殿的主人公也许就是父系氏族社会的某位开创式领袖人物。他在此召集各个部落首领或部落联盟酋长商讨耕作、渔猎、制陶、氏族发展之大计。在大会堂门外达千余平方米的原始社会的广场上，各部落的居民代表都聚集于此，等待即将举行的某种祭祀活动、祈祷仪式或欢庆丰收、安排计划的动员大会。

大地湾遗址的发掘，犹如打开了一扇现代人透视远古时代的窗户，让我们看到了勤劳智慧的华夏先民创造出辉煌灿烂的史前文明；大地湾遗址就像一部封尘千年的历史文献，记载着华夏人文始祖伏羲、女娲征服自然的光辉篇章。

第三节　甘肃：华夏文明的重要发祥地

甘肃地区是中华民族的重要发祥地之一，其复杂的地理形势和多样化的自然条件，为早期人类的生存发展提供了适宜的环境。甘肃先民在这里度过了以石器为主要生产工具的漫长的童年期，大量考古发现已经证明，他们不论在人种体质上还是在生存方式上，都同我国北方的石器时代文化脉络相通。甘肃地区孕育的强势史前文化，参与了我国原始社会后期各大文化区系的互动和融会，为华夏文明的酝酿形成做出了卓越的贡献；而活跃在陇原大地上那些许多源系纷繁的牧猎部族，则构建了后世兄弟民族并处共荣格局的雏形。

一、旧石器时代

旧石器时代是人类历史的开始阶段，大致时段为距今 300 万—1 万年，约占迄今人类全部历史的 99%。在这一阶段，人类以打击方式制造石器工具，过着以采集和狩猎为谋生手段的原始生活，并学会了用火。血缘家族公社是这一时期的社会组织形式，在此基础上，氏族制度渐趋确立。

旧石器时代早期，也即直立人阶段，距今约 300 万—20 万年；中期，也即早期智人或称古人阶段，距今约 20 万—5 万年；晚期，也即晚期智人或称新人阶段，距今约 5 万—1 万年。

甘肃和我国许多地区一样，在远古时期即有人类生存，并经历过旧石器时代。

祝中熹在《甘肃通史·先秦卷》中认为，甘肃陇东地区首次发现的几件旧石器，在时代上属于旧石器时代中期。中华人民共和国成立之后，考古事业出现蓬勃发展的新局面，甘肃境内不断有旧石器时代文化遗存被揭示，其中泾川县大岭上遗址属于旧石器时代早期遗址；而旧石器时代晚期的文化遗存发现更多，最具代表性的是环县刘家岔遗址，涉地面积之大，出土石器之多，在全国同类遗址中都属少见。

新的发现并不限于陇东地区，甘肃中部如庄浪县的双堡子和长尾沟、东乡族自治县的王家、兰州市的榆中等地，均有旧石器时代晚期遗存发现。尤其值得提及的是，1989年在肃北明水乡的霍勒扎德盖，也发现了一批打制石器，把甘肃旧石器文化遗存的分布范围，扩大到了省境西北部，填补了河西走廊旧石器时代文化的空白。

据不很完全的统计，20 世纪 50—90 年代，甘肃境内发现的旧石器时代遗址和文化遗存点，仅正式发表的就在 20 处以上，包括了早、中、晚三期，分布地域遍及省境的东部、中部和西部。比较重要的有泾川县大岭上、南峪沟和桃山嘴,环县刘家岔、楼房子,庆阳市巨家塬,东乡县王家等遗址,以及镇原县姜家湾、寺沟口、黑土梁,泾川县牛角沟、合志沟,武山县鸳鸯镇,庄浪县双堡子、长尾沟,榆中县徒安村,肃北县霍勒扎德盖等文化遗存点。还须指出,1949 年以后甘肃的旧石器时代考古不仅发现了大量遗址和石器,而且发现了人类化石。如 1976 年在泾川县的牛角沟,出土了一件完整的人类头盖骨,属于地质时代的晚更新世,被命名为"平凉人";1984 年在武山县鸳鸯镇西南的骨头沟中,发现一件较为完整的人类头盖骨,地质时代属晚更新世,21 世纪初又在同一地点再度发现人类头骨及肋骨化石;1988 年在庄浪县南朱店镇庄浪河西岸的长尾沟,发现一件人类头骨化石。这些发现,改变了以往甘肃旧石器时代考古"只见器物不见人"的缺憾局面,把甘肃省的史前文化研究推向了新的高度。

2006 年 5 月—2008 年 10 月,甘肃省文物考古研究所、兰州大学资源与环境学院和甘肃大地湾文物保护研究所联合对大地湾遗址多次发掘,发现了距今 6 万—8000 年前的人类活动遗迹,考古资料分析显示,对大地湾遗址的发掘,完整记录了石英打制技术制品、细石器技术制品、大地湾一期文化陶器制品、仰韶文化陶器制品等分别代表中国北方原始采集狩猎经济、先进采集狩猎经济、早期栽培经济与成熟农业经济的 4 个不同发展阶段,反映了大地湾遗址距今 6 万年以来由采集狩猎经济逐步向农业经济过渡的持续人类活动历史,对研究旧石器时代的狩猎采集文化及农业的起源提供了重要资料。

二、新石器时代

经历了漫长的旧石器时代,人类无论在体质上还是在生产技能上,都有巨大的进步。工具制造越来越精巧,磨制石器广泛使用,生产水平显著提高。人们把距今 10 000—4000 年这段使用磨制石器时期,名之为新石器时代。在此期间,人类发明了农业和畜牧业,学会了烧制陶器,开始过筑房定居的生活,并形成了一定规模的群体聚落,社会组织也由母系氏族社会逐步演进为父系氏族社会。

新石器时代通常也被划分为早、中、晚三期，但因地区不同而在年代上各有先后差别。就甘肃古文化发展状况而言，距今 10 000—7000 年为早期，距今 7000—5000 年为中期，距今 5000—4000 年为晚期。

甘肃的新石器文化，同我国北方新石器文化的发展，是大致同步的。境内黄河流域和长江流域一些比较开阔的河谷川原及山坡台地上，几乎都能找到新石器时代的文化遗存。时代延续新石器时代文化的早、中、晚期，分布区涵盖了省境东部、东南部和中部的绝大部分地域。在 3000 多年的发展历程中，甘肃史前居民社会生活获得了长足进步。

从生产工具方面看，石器由以打制为主略加磨制，演进到会使用切锯技术并精工磨制；由刀、斧、铲等几种简单器型，演进到可以制作许多大型、薄体、宽弧刃的工具，如梯形斧、宽刃镰、长方形穿孔刀、凹背刀、齿边刀等，以及锛、凿、磨盘、磨棒、臼、镞、纺轮、弹丸等多种器类，甚至还发明了石刃骨柄刀等复合器具；由不知金属为何物，演进到掌握冶铜技术，用红铜乃至青铜铸制工具和武器。

从制陶业方面看，由内模敷泥法为主的手制方式，演进到泥条盘筑法为主的慢轮修整工艺；由陶质粗疏、火候较低，演进到陶质坚腻、火候适度；由钵、碗、罐、壶等基本器种，演进到盆、钵、瓶、尖底瓶、壶、甑、单耳罐、双耳罐、缸、瓮、鬲、鼎、釜、盘、杯、豆、碗等庞杂的器类系列，还能烧出鼓、铃、埙等各种形制的乐器；由器口沿上一道简单的暗红色条带，演进到缤纷绚丽、变化无穷，已知纹样多达数百种的彩陶世界。

从聚落居住方面看，由结构简单、修筑粗陋、面积狭小的深半地穴房屋，演进到圆形、椭圆形、方形、长方形、吕字形等多种形制的浅半地穴居室，直至平地起建；有单间、双间、多间套合等结构形式，出现了窑洞式建筑和四面坡式地面建筑，并已能修造氏族公共集会使用的大型厅堂。

从农业生产方面看，由刀耕火种的原始粗放农业，演进到农业生产已成为经济主体，已有广泛种植的作物品种，且已出现居处普遍有储粮窖穴，有的储量估算可达 2 立方米。

值得特别提及的是，如最早的彩陶，黍、油菜、小麦和大麻等农作

第五章 八千年前的大地湾文化

物最早的标本，最早的房屋建筑，同汉字起源关系密切的最早的陶器符号，最早的青铜制品，最早的陶瓦，最早的室内绘画作品，最早的权杖头，最早的有灼痕及刻符的卜骨，最早的度量器具都首先出现在甘肃境内……这些史前文化光彩夺目的亮点，在陇原大地上竞相闪现，诉说着甘肃新石器时代所经历的辉煌。

甘肃新石器时代的发展序列比较完整，现在已知的有1000多处，分布范围十分广阔，基本上遍布甘肃全境。各个时期的出土文物与考古发掘虽不平衡，但基本形成了一条完整的文物链。

闫晨曦认为，农业、畜牧业的产生和磨制石器、陶器、纺织的出现是新石器时代的基本特征。甘肃省新石器时代文化特征明显，反映了各个文化时期的文化特点。新石器时代早期文化以甘肃渭河流域的大地湾文化为代表，叠压在仰韶文化层的下面，文化性质上保持一定的连续性，如聚落分布、建筑遗址、墓葬习俗、农业生产、石器的形制和制陶工艺为仰韶文化所继承，其后马家窑文化是在仰韶文化基础上发展起来的，以彩陶为突出特征，然后兴起的是齐家文化，四坝文化属于新石器时代晚期，基本进入青铜时期。这样形成一个完整的文化序列：以秦安大地湾遗址为典型代表，大地湾一期文化—大地湾仰韶文化早中晚三期—河湟地区的马家窑文化—齐家文化—四坝文化。

（一）大地湾一期文化（老官台文化）

新石器时代早期文化在甘肃省境内发现并发掘的有大地湾一期、天水师赵村和西山坪。大地湾新石器时期文化遗址位于渭河上游的秦安县五营乡邵店村东侧，面积约110万平方米，保存了极为丰富的新石器时代早期文化。发现的陶器均为红陶，陶质以夹细砂者为主，少量泥质陶，不见细砂陶，是敷贴模制。器种主要有圈底钵、圈足碗、深腹罐、球腹壶等。纹饰最常见者为交叉绳纹，发现十多种彩绘符号，生产工具以打制石器为主，磨制石器较少。

大地湾一期文化被发现的重大历史意义之一，就是解决了我国彩陶的起源问题。最早研究中国彩陶的安特生认为中国的彩陶是从近东地区传进来的，并由此引出"中国文化西来说"。中华人民共和国成立后，随着以丰富的彩陶为特征的仰韶文化遗存在黄河中游地区大量发现，许多中国学者提出了彩陶兴起于中原而向西传播至甘肃、青海的观点，这种认识曾长时期被学术界所接受。大地湾一期文化的揭示，使中国彩陶起源问题的研究彻底改观。

师赵村地属天水市秦州区太京乡，位于市区以西约7千米处。这一带河流纵横、川原开阔、土壤肥沃，又处于东亚季风区内，气候温润，雨量充沛。1956年，甘肃省文物管理委员会在渭河上游作考古调查时发现这一遗址，1981—1989年，由中国社会科学院考古研究所进行了发掘。遗址总面积约20万平方米，包括一期至七期的文化堆积层，以及齐家文化的地层叠压关系，为渭河上游及邻近地区史前考古文化年代与谱系研究提供了明确的标尺。遗址内发现不同时期的房址36座、窖穴50个、窑址6座、墓葬19座、石圆圈遗址1处，出土各类遗物1000余件。

西山坪遗址，位于天水市区以西约15千米处的太京乡甸子村葛家新庄庄北的平台上。所出石器几乎全由河川砾石打制而成，但骨器制作较为精细。陶器均为夹砂陶，分红褐色和灰褐色两个陶系，火候低，器色不纯，内壁多呈灰黑色。皆手制，胎壁较厚，除少量素陶外均饰交错绳纹，拍印整齐。一部分在圜底钵口沿处刮光一周，绘紫红彩宽带，并由外沿延及内沿。少数陶器器表有简单的刻画符号。器形主要有圜底钵、圈足碗、三足钵、平底筒形罐、三足罐、小口鼓腹罐等。其文化内涵的性质、特征，和大地湾一期文化完全相同。该遗址的上层为师赵村一期文化，下层为大地湾一期文化，这种极其明确的文化层叠压关系，明确了它们的早晚时序，加深了我们对大地湾文化的整体性认识，意义不容低估。

大地湾遗址的发现不仅为建立史前文化的时空框架提供了可靠的保证，而且为甘肃史前考古确立了断代标尺，建立了较为完整的发展序列，亦使西北地区新石器考古研究取得了突破性进展，为重建中国史前史增添了宝贵的资料，对研究黄河流域新石器时代文化的产生、发展和探索中华文明起源的历史进程具有十分重要的意义。大地湾遗址是一本尚未完全打开的历史教科书和地下博物馆，它以不容置疑的事实说明了甘肃是中华远古文化的发祥地之一，在中华文明形成过程中曾做出不朽的贡献。

（二）仰韶文化遗存

甘肃东部地区的泾河、渭河流域和西汉水流域，分布着一定量的仰韶文化遗存。甘肃东部地区的仰韶文化同西部洮河流域及黄河附近的临夏、东乡、永靖、兰州等地出土的仰韶文化遗存具有明显的差异。通过对遗物进行分析后发现，大地湾仰韶晚期遗存广泛分布于甘肃东部，也扩及中部一带，大地湾仰韶晚期遗存早于马家窑类型。

（三）马家窑文化

马家窑文化主要分布在甘肃，以陇西平原为中心，东起陇东山地，西到河西走廊和青海东部。马家窑类型的经济以农业为主，同时还发现狩猎工具和野生动物骨骼，说明当时的人们在经营农业的同时还兼营狩猎。马家窑遗址位于甘肃省临洮县城西南10千米洮河西岸马家窑村南面的麻峪沟口，是黄河上游新石器时代到青铜时代的遗址（图5-9）。

图 5-9　马家窑文化遗址

1924年，瑞典学者安特生首次发现并进行考古挖掘，遗址南北宽280米、东西长350米，约9.8万平方米。1957年起甘肃省博物馆曾多次对遗址进行调查，1964年试验发掘，遗址断崖暴露的文化层厚约3.5米，房址有方形、圆形，多为半地穴式。

1957年起经甘肃省博物馆等机构多次调查，发现了马家窑文化的马家窑类型叠压在仰韶文化庙底沟类型之上的地层关系，从而确定了两者的时代早晚关系。此外还发现了马家窑文化的半山类型和马厂类型、齐家文化、辛店文化、寺洼文化等遗存，其中以马家窑类型的文化遗存最为丰富，马家窑文化及马家窑类型也均以该遗址命名。1988年，马家窑遗址被中华人民共和国国务院公布为全国重点文物保护单位。

马家窑类型时期，制陶业已经非常发达，陶器以细泥红陶为主，有少量的泥质灰陶，也有少数夹砂陶，主要采用泥条盘筑和捏塑法制作。马家窑类型彩陶的器表打磨光滑，制作精细，表面有浓黑如漆的单黑彩画花纹，十分爽亮动人，吸引人的视线。到马家窑类型晚期也有花纹兼用黑、白两彩绘成，十分优美地画在挺拔的彩陶器上，显得更加典雅清新，几千年之后色彩仍然绚丽夺目（图5-10、图5-11、图5-12、图5-13、兔-14、图5-15、图5-16、图5-17）。

图5-10 马家窑文化遗址出土的彩陶（1）

第五章　八千年前的大地湾文化

图 5-11 马家窑文化遗址出土的彩陶（2）

图 5-12 马家窑文化遗址出土的彩陶（3）

图 5-13 马家窑文化遗址出土的彩陶（4）

图 5-14 马家窑文化遗址出土的彩陶（5）

图 5-15 马家窑文化遗址出土的彩陶（6）

图 5-16 马家窑文化遗址出土的彩陶（7）

第五章 八千年前的大地湾文化

图 5-17　马家窑文化遗址出土的彩陶（8）

马家窑类型的陶器，多为橙黄色，彩陶非常发达。施彩的部位极为广泛，多施于口沿和外壁，有的施于盆、钵类的内壁。纹饰以几何形花纹为主，常以弧边三角、直线、圆点等花纹相互组合，构成动感较强、极具韵律的旋涡纹、同心圆纹、果实叶茎纹、蛙纹、变体鸟纹等。图案布局因器物造型、功用不同而异，构图富丽明快，线条流畅多变。夹砂粗陶多饰绳纹和各类堆纹，个别器物上部施彩，下部饰绳纹。器形主要有瓮、罐、壶、瓶、盆、钵、碗及带流锅等。

马家窑文化彩陶的绘制中以毛笔作为绘画工具、以线条作为造型手段、以黑色（同于墨）作为主要基调，奠定了中国画发展的历史基础与以线描为特征的基本形式。彩陶是中国文化的根、绘画的源，马家窑文化将史前文化的发展推向了登峰造极的高度，创造了绘画表现的许多新的形式，马家窑文化的彩陶图画，就是神奇丰富的史前"中国画"。

它的图案之多样，题材之丰富，花纹之精美，构思之灵妙，是史前任何一种远古文化所不可比拟的，它丰富多彩的图案构成了典丽、古朴、大器、浑厚的艺术风格。它神奇的动物图纹，恢宏的歌舞，图案的几何形状，强烈的动感姿态，像黄河奔流的千姿百态，生生不息，永世旋动。它像黄河浪尖上的水珠，引领着浪涛的起伏，臻成彩陶艺术的高峰。它留下的极其丰富的图案世界，永远是人类取之不尽的艺术宝库。它所给予我们的欣赏价值是任何现代艺术都不能代替的。

马家窑文化是仰韶文化向西发展的一种地方文化类型，出现于距今5700多年的新石器时代晚期，历经了3000多年的发展。中原地区仰韶文化的彩陶衰落以后，马家窑文化的彩陶又延续发展数百年，将彩陶文化推向前所未有的高度。马家窑文化以彩陶器为代表，它的器型丰富多彩，图案极富于变化和绚丽多彩，是世界彩陶发展史上无与伦比的奇观，是人类远古先民创造的最灿烂的文化，是彩陶艺术发展的顶峰。它不仅是工业文明、农业文明的源头，同时它源远流长地孕育了中国文化艺术的起源与发展，它神奇辉煌的艺术魅力至今还在震撼着我们的心灵。

（四）齐家文化

齐家文化发展到晚期已进入青铜时代，白灰面房屋是齐家文化在建筑上的一个重要成就。齐家文化主要分布在甘、青境内的黄河沿岸及其支流渭河、洮河、大夏河、湟水流域。齐家文化上承马家窑文化，早期的年代为公元前 2000 年左右，或者更晚。齐家文化遗址主要有永靖大何庄、永靖秦魏家遗址、永靖张家嘴遗址、武威皇娘娘台遗址、天水师赵村遗址。居民的埋葬方式多种多样，从埋葬的类别上，可分为单人葬和合葬；从丧葬仪式上，可分为仰身直肢葬、屈肢葬、侧身葬、二次葬、俯身葬等。其中仰身直肢葬是齐家文化的主要丧葬仪式，在墓葬中已出现人殉的现象，一个重要的例证就是象征社会地位的石（玉）璧礼器随葬增多，已经接近了文明。

（五）四坝文化

四坝文化多分布在甘肃省河西走廊中西部地区，东起山丹，西至安西及新疆东部哈密盆地一带。目前，火烧沟遗址有 4 个碳测数据，东灰山遗址有 1 个数据，分别相当于夏代晚期和商代早期。安志敏先生认为甘肃山丹四坝滩遗址发现的两批陶器独具特色，以夹砂粗红陶为主，多饰浓重的彩绘且凸起于器表，既不同于马厂类型，也有别于沙井文化，应单独命名为四坝文化。未发现共存的铜器，所以推测该文化属新石器时代。四坝文化内涵丰富，独具特色，是河西走廊最重要的一支含有大量彩陶的青铜文化。

甘肃地区新石器时代考古对整个中国考古影响深远，大地湾遗址的

第五章 八千年前的大地湾文化

存在和发掘,为考古学研究提供了大量的实物资料,为其他学科的发展研究也创造了有利条件。这些已经发掘的文物基本上印证了甘肃陇西地区是人类最早活动的地区之一,这条完整的考古系列也为中国的新石器时代考古和文化的界定提供了翔实而准确的资料,是中国新石器时代考古不可或缺的一个重要组成部分。

甘肃是中华文化和文明的重要发祥地,是古文化遗存相当丰富的地区,也是历年来考古工作者开展较多、有重大发现的地区。近代考古传入中国仅两三年,甘肃的马家窑就被安特生誉为"精美绝伦,可为欧亚新石器时代末叶陶器之冠"的彩陶,便被纳入研究者的视野。甘肃地处黄土高原、内蒙古高原、青藏高原的交汇处,狭长广阔的地域、复杂多样的地形和自然环境,造成甘肃史前文化面貌错综复杂,文化的交融和变迁频繁发生。因此,考古学界始终关注着这一地区的每一项考古发现,并且多年来投入较多的研究力量,发掘了数十个新石器时代遗址,取得了一系列的研究成果,尤其在马家窑、齐家等文化研究上成果显著。但是,甘肃东部地区的考古工作相对薄弱,仰韶文化仅有零星的发现,距今5000年前的历史基本上属于空白。大地湾的发现和研究彻底改变了甘肃新石器时代的研究局面,不仅在仰韶文化的研究上取得了颇为显赫的成果,而且将甘肃的历史文化向前扩展到距今8000年前,同时为西北地区考古学区系类型的研究、中华文明的起源研究等重大课题提供了广阔的视域和弥足珍贵的资料。以大地湾考古为标志,甘肃新石器时代研究从此跨入一个崭新的阶段。

第六章　八千年前的甘肃伏羲文化

在目前的文化研究中，有所谓的"根文化"概念。所谓根文化，主要指文化的源头。文化的源头并不是如大河源头一般仅仅是大河的一个组成部分，而是一个具体而微的完整实体，这一实体圆满地包含有整个文化体系最基本的组成要素。中华民族向有"三皇""五帝"之说，这不只是对上古神话传说的记录，更是对根文化的研究与确认。"三皇"所指，其说不一，《辞源》关于"三皇"的来源搜集了六种说法：（1）伏羲、神农、黄帝（《世本》《尚书·序》《帝王世纪》）。（2）天皇、地皇、泰皇（《史记·秦始皇本纪》）。（3）伏羲、神农、祝融（《白虎通·号篇》）。（4）伏羲、女娲、神农（《风俗通·皇霸篇》《史记·三皇本纪》）。（5）天皇、地皇、人皇（《艺文类聚》）。（6）伏羲、神农、燧人（《白虎通·号篇》）。在这六种说法中，"三皇"所指具有不确定性，但太昊伏羲氏作为三皇之首是无可非议的，这是对根文化的理性探讨取得了根本性的突破：虽然盘古氏开天辟地、女娲氏炼石补天等神话传说表明了华夏先祖开天辟地的创世事功，但只能说明人类生存环境的营建，而伏羲氏"一画开天"则准确地揭开了人类文明的第一页。"三皇"以伏羲氏为开端，正是人类对"人"的文化本质的认可。

第六章 八千年前的甘肃伏羲文化

第一节 伏羲存在时代及出生地的考察

一、伏羲名号在上古帝王谱系中的位置

伏羲的名号，古籍中有许多写法，除"伏羲"（《庄子·人间世》）之外，还有"伏戏"（《庄子·大宗师》）、"伏牺"（《法言·问题》）、"包牺"（《易·系辞下》）、"宓犠"（《汉书·古今人表》）、"炮牺"（《汉书·律历志下》）"庖牺"（《水经注·渭水》）、"虙羲"（《管子·封禅》）等。《史记》中写作伏牺，为华胥氏之子，少典之父，炎黄之祖。

最早记载伏羲的是出自战国中晚期的著作《庄子》。《庄子》中关于伏羲的记载有5处，2处出于《内篇》，3处出于《外篇》。在《内篇》与《外篇》中，属于《内篇》的《庄子·人间世》载："是万物所化也，禹、舜应物之所纽也，伏羲、几蘧之所行终，而况散焉者乎！"庄子在这里将伏羲与禹、舜并列。《庄子·大宗师》载："夫道，有情有信，无为无形……狶韦氏得之，以挈天地；伏戏氏得之，以袭地母……"这里是说"道"体无形、功用无限，狶韦氏运用"道"来整顿天地，伏羲氏运用"道"来调和元气。此处人神并杂，恍惚迷离。《庄子·胠箧》载："子独不知至德之世乎？昔者容成氏、大庭氏、伯皇氏、中央氏、栗陆氏、骊畜氏、轩辕氏、赫胥氏、尊卢氏、祝融氏、伏犠氏、神农氏，当是时也，民结绳而用之，甘其食，美其服，乐其俗，安其居，邻国相望，鸡狗之音相闻，民至老死而不相往来。"伏羲位列轩辕黄帝之后，神农之前。《庄子·缮性》曰："逮德下衰，及燧人、伏羲始为天下，是故顺而不一；德又下衰，及神农、黄帝始为天下，是故安而不顺。"《庄子·田子方》曰："古之真人，知者不得说，美人不得滥，盗人不得窃，伏戏、黄帝不得友。"在这两段中，伏羲在古帝中的排位，颇近于后世所列。

先秦典籍，《管子》《荀子》《商君书》皆对伏羲有所记述，《周易·系辞下》记载伏羲最为详细，言："古者包牺氏之王天下也，仰则观象于天，俯则观法于地。观鸟兽之文与地之宜，近取诸身，远取诸物，于是始作八卦，以通神明之德，以类万物之情。作结绳而为网罟，以佃以渔，盖取诸离。"《史记》从黄帝记起，不为伏羲作传，所记伏羲有两处，均系引用前人所言。《史记·太史公自序》："余闻之先人曰：'伏羲至纯厚，作《易》八卦'。"《史记·封禅书》中借管仲言："昔无怀氏封泰山，禅云云；虑羲封泰山，禅云云；神农封泰山，禅云云；黄帝封泰山，禅云云。"司马迁治史严谨，由于当时对伏羲传说语多谶误，难以辨识，虽不否认，但记之存疑。

东汉班固《汉书》突破《史记》的界限，将上古帝王从黄帝推至伏羲，至此，伏羲开始登上官定正史。《汉书·律历志》引刘歆《世经》言："庖牺继天而王，为百王先。首德始于木，故帝为太昊。"《汉书·古今人表》中首叙伏羲，次列炎、黄，以伏羲为历史源头，认为伏羲氏"继天而王"，因而他是百王之先，而炎、黄诸帝继伏羲而王。《白虎通义》言："三皇者何谓也，伏羲、女娲、神农是也。"把伏羲推到三皇之首、百王之先的地位。这一位置，大致反映了伏羲的生存年代。

晋代皇甫谧所著《帝王世纪》是一部专述帝王世系、年代及事迹的史书，所叙上起三皇，下迄汉魏。三皇首列伏羲，言伏羲功业："继天而王""作八卦""造书契""作瑟三十六弦""制嫁娶之礼""取牺牲以供庖厨"等。我们注意到，皇甫谧说："女娲氏……承庖牺制度。……及女娲氏没，次有大庭氏、柏皇氏、中央氏、栗陆氏、骊连氏、赫胥氏、尊卢氏、浑混氏、昊英氏、有巢氏、朱襄氏、葛天氏、阴康氏、无怀氏，凡十五世，皆袭庖牺之号。"他一方面把伏羲当作一个古帝；另一方面将《庄子》中提到的一些名称统统纳入伏羲名下，"皆袭庖牺之号"，这样看来，伏羲不是特定人的名号，甚至也不是某个氏族的名号，而是许多氏族共同世袭的一种名号。[①]因此，对伏羲生存时代的考察，必须跳出个人生存时代这一概念的限定，而将其认定在三皇

---

① 刘文英：《伏羲传说的原始背景和文化内涵》，《甘肃社会科学》1993 年第 1 期。

五帝传说的大致时间范围内。

二、关于伏羲出生地在甘肃的考察

关于伏羲的出生地,自古迄今最具代表性的说法有以下几种:第一,东汉王符《潜夫论·五德志》曰:"大人迹出雷泽,华胥履之生伏羲。"认为伏羲生于雷泽。《山海经·海内东经》郭璞注引《河图》及《初学记》《诗含神雾》皆从之。第二,晋皇甫谧《帝王世纪》以为生于成纪,后人多承此说。皇甫谧云:"有巨人迹出于雷泽,华胥以足履之,有娠,生伏羲于成纪。"第三,唐孔颖达融合前人所言,疏《尚书·禹贡》与《周易》,曰:"伏羲生于雷泽,长于成纪"。第四,北宋《太平御览》引《遁甲开山图》云:"仇夷山,四绝孤立,太昊之治,伏羲生处。"认为伏羲生于今甘肃西和县仇池山。

综合以上观点,伏羲出生地与成纪和雷泽关系非常密切。按成纪在战国时便设县,秦朝统一时属于陇西郡,县址大约在今天秦安县东南。汉武帝析陇西郡而置天水郡(东汉短暂改名汉阳),成纪属之。北魏时,成纪县被废置,但是到北周又被恢复。唐朝时,县址被迁移到今天水市秦安县西北叶堡乡,为汉代显亲城故址,并成为秦州(天水郡)的州治。北宋时州治迁到上邽县(今天水市市区),成纪的县名随之移动,但逐渐被秦州和天水之名所掩盖。故知,成纪核心地域为甘肃省天水市秦安县。雷泽,最初人们以为就是《尚书·禹贡》中的雷夏泽,即今山东省菏泽市东北。但是后来众多学者不认同这种说法,于是又有多种解释:雷泽即震泽,就是今天的太湖;雷泽即蒲泽,在今山西永济市一带;雷泽不是一个专有名词,而是"雷神所居的水泽"一语的简化,是一个不确定之地①;雷泽就是今日尚存的甘肃省庄浪县的朝那湫。②庄浪县即在古成纪的大致范围内,雷泽位于庄浪说恰好可以满足成纪与雷泽同出的条件,天水一带的传说及秦安大

---

① 柯杨:《论伏羲神话传说的文化史意义》,杜松奇:《伏羲文化研究》,北京:中国社会科学出版社,1994年。
② 范三畏:《旷古逸史——陇右神话与古史传说》,兰州:甘肃教育出版社,1999年,第15页。

地湾遗址的发现更佐证了这一说法的正确性。

　　位于天水市麦积区的三阳川谷地相传是上古时代伏羲画八卦、祭祀伏羲祖庙的地方，渭河与其支流葫芦河交汇于此地。沿河台地上散布着众多的古遗址，其中著名的有樊家城遗址、卦台山遗址。从事史前人类文化研究的刘军先生，通过长期的人类学、考古学、民俗学等不同角度的调查，对伏羲族的起源，伏羲族的形成，历史的沿袭及现存遗迹与历史传说记载进行对照考证，得出三阳川地区的樊家城遗址是新石器时代一支伏羲族聚落（古城）遗址，距今约 6000—5500 年。三阳川南北山脉绵延不断，相揖遥对，若抱若合。渭河东西横流，支流葫芦河从北来汇，二水相互萦绕、冲积，神奇的形成一个巨大的"S"形，三阳川之地理风水和太极八卦暗合。整个三阳川犹如一幅巨型太极原图，阴阳分界即渭河，南北两山是太极图的边缘。伏羲族聚落（古城）樊家城遗址又名番家城，位于麦积区中滩镇雷王集、背湾两村第二台地上，1963 年被甘肃省政府列为省级文物保护单位。遗址高出现河床 40 余米，东临断崖（崖下为雷王村），西至山脚下 650 米，南至张沟村，北到背湾村旁断崖 250 米；北望葫芦河，南邻渭河川，与渭河南岸卦台山遗址相对。台地平坦开阔，总面积 16 万平方米。古文化堆积厚 0.5—2 米。遗址上的断崖、地表、沟渠露出许多文化遗存，有石斧、石刀、骨锥、红陶片、彩陶片、夹沙陶片，且断崖处露有灰层、灰坑、红烧土、屋址等。民间传说中与伏羲有关的遗迹有画卦台、龙马洞、分心石、演易亭等。这些足以证明该地区与伏羲有着千丝万缕的联系。

第二节　伏羲画八卦与数和字的起源

一、伏羲画八卦

　　在战国之前的儒家早期经典和史书中，已经记述了伏羲画八卦、结网罟以佃以渔，创文字以代结绳之政和以龙纪官等重要内容。《周易·系辞下》载："古者包牺氏之王天下也，仰则观象于天，俯则观法于地，观鸟兽之文与地之宜，近取诸身，远取诸物，于是始作八卦，以通神明之德，以类万物之情。"传统认为《系辞传》是孔子所作，"五四运动"以来，疑古之说盛行，顾颉刚认定该篇为战国末期或其后的著作[①]，但没有值得称道的证据，其后异说杂出，几成戏论。个人还是认为《系辞传》为孔子所作，由弟子补充完成。该传所言的包牺，就是伏羲；伏羲象天法地，观鸟兽之文，近取身，远取物，通过对宇宙人生的深思，画出了八卦。

画八卦的目的是"通神明之德，类万物之情"。因为八卦是一个完整的系统，这是全方位思考问题所必备的；而算卦则可不必有一个完整的系统，如后世的神谶一样。为什么"五四运动"以后才会否定呢？因为受西学的影响，西方学问几千年中以"个别"为研究主体，直到20世纪后期才有系统论的出现，学了一些西学的人，宁可把八卦中的每一卦、每一爻、每一卦辞、爻辞，更有甚者，一个词、一个字，看成个体去研究，也不肯作为一个整体去研究，这种状况在近代学者的著作中，俯拾即是，如顾颉刚、钱钟书、郭沫若、胡适、高亨、李镜池等。只见树木，不见森林，虽然别有所得，但毕竟不是研究《周易》的正道。

这里需要澄清的一个问题是，《周易》是不是"卜筮之书"。中华人民共和国成立之后，许多学者既不想皓首穷经，又要获博通之名，对《周易》只拿朱熹的《周易本义》翻一翻，就坚持朱熹的观点，《周易》是"卜筮之书"。在他们看来，朱熹的权威足以涵盖2000多年的易学研究历程，因此在各类教科书上，都异口同声地宣布这一观点。朱熹讲："据某看得来，圣人作《易》，专为卜筮。"（《朱子语类·卷六十七》）是这样吗？《周礼·太卜》贾公彦疏云："《连山》、《归藏》皆不言地号，以义名易，则'周'非地号"。《连山》据传是夏代易学书，《归藏》据传是商代易学书，既说"以义名易"，可知"易"

---

① 顾颉刚：《论易系辞传中观象制器的故事》，《燕大月刊》1933年第3期。

（包括富有哲理的六十四卦）是"三易"的共性，而"连山"、"归藏"及"周"，则是他们各书的个性，即各"易"书的不同性质。《连山》以艮为首，下艮上艮，故曰"连山"；《归藏》以坤为首，万物皆归藏于地，故曰"归藏"；《周易》以乾为首，"乾，元亨利贞"，即春夏秋冬交替而有序不乱，诚然无妄而有信，犹如"周"（诚信）。"周"释为"诚信"，如《尚书·太甲》："自周有终"，孔《传》谓："周，忠信也"；《诗·小雅·都人士》："行归于周"，郑玄《笺》："周，忠信也"；至《论语·为政》："君子周而不比"，《孟子》所说："是故诚者，天之道也；思诚者，人之道也"，一脉相承。《周易》主张人们效仿天的诚信之道做人行事，故以忠诚信实之"周"字定书之名而显其性。连卜筮之祖类的著作《易纬·是类谋》也说："故《易》者，所以经天地，理人伦，而明王道"。另外，文王、周公两代人完成的《周易》，如果是"卜筮之书"，周公自己有疑问，为什么不用《周易》去卜筮，而用龟卜筮？据《尚书·金縢》记载：周克商二年，武王患病，周公祝告于大王、王季、文王，"乃卜三龟"。又《国语·周语上》说："故天子听政，使公卿至于列士献诗，瞽献曲，史献书，师箴，瞍赋，矇诵，百工谏，庶人传语，近臣尽规，亲戚补察，瞽史教诲，耆艾修之，而后王斟酌焉，是以事行而不悖。"若说文王、周公所写之《周易》是作卜筮之用，那么，周天子对待国家大政，为何要听遍上下各方之意，而不用《周易》来卜筮。况且，《周易》每卦都成文章，都有主题，有"一以贯之"的思想体系。放在当时的历史环境中，它是一部伟大的百科全书式的总纲书。就拿朱熹本人来说，既信《周易》为"卜筮之书"，又深入研究《周易》，在韩侂胄贬斥他的理学为伪学时，他用《周易》占卜，得"遁尾之厉，不往何灾"，竟然不敢为其理学辩护，见义不为，令他到死也不醒悟！由此可知，《周易》为"卜筮之书"，仅是一家之言。

二、伏羲画八卦的数字和文字意义

关于画卦的用途，明大道是学者们都认可的，除此之外还有两种传统说法：第一，《汉书·律历志》说："自伏羲画八卦，由数起，至黄帝、尧、舜而大备"。则八卦是华夏文明"数"的起源。第二，汉代许慎在《说文解字》中认为，伏羲氏八卦、神农结绳记事、黄帝时仓颉造书契，为中国文字原创到定型的三个阶段，则画八卦是中国最早的文字创造活动。细细研究这两种说法，与明大道一点也不违背：画八卦，由数起，是对"数"的探索；把画八卦作为中国最早的文字创造活动，是对语言进行记录的探索。"数"和"字"合在一起，就是数字；而八卦本身又是"图"，数字与图才能够尽可能地记录人类的语言与活动，是载道的工具。

战国早期桓公问于管子曰："轻重安施？"管子对曰："自理国虙戏以来，未有不以轻重而能成其王者也。"公曰："何谓？"管子对曰："虙戏作造六峜以迎阴阳，作九九之数以合天道，而天下化之。……"（《管子·轻重戊》）虙戏，就是伏羲；管仲也认为，伏羲"作造六峜"是"迎阴阳"，作"九九之数"是"合天道"，即是以数化"天下"。伏羲所画的八卦，表现为八个符号，而这八个符号又是由阴阳两爻组合而成，阴阳爻则是起源于"一"。从这个意义上看，八卦图形的生成过程，实际上便是数的生成与演化过程。

中国文字原创的三个阶段即伏羲氏八卦、神农结绳记事、黄帝时仓颉造书契，当时的文字形态是什么样式，现在无法见到，但汉字的传承和发展直至今天依然在继续。《易纬·乾坤凿度》中有八卦为古文字之说："☰（乾）古天字，☷（坤）古地字，☴（巽）古巽字，☶（艮）古山字，☵（坎）古坎字；☲（离）古火字，☳（震）古雷字，☱（兑）古泽字（唯☵不为水字而为坎字，是正是误，不得而知）。"由是可知，八卦符号也许是文字的前身，具有象形、会意、转注、假借、谐声、指事六法的基本原理。可以肯定的是，在舞阳贾湖裴李岗文化晚期出土的龟甲、骨器上，发现了数十个具有原始文字性质的契刻符号，其中个别符号与后世的殷商甲骨文有相似之处，自然就与今天的汉字一脉相承，说明中国在距今 8000 多年前已产生了原始文字。一些西方中心论的学者认为的汉字源于埃及的谬论不攻自破，汉字比苏美尔、古埃及的文字还要早 3000 多年。

大地湾遗址中，编号为 F901 的房址，是我国目前为止年代最早、规模最大最具中国建筑风格的"宫殿式建筑"，距今 5000 多年，代表了仰韶文化建筑的最高成就。房址的突出特征有三，其一是建筑规模巨大。其二是工艺精良，方法进步。其三是布局规整，平衡对称。它由主室、东西两侧室和后室、门前附属物构成，总面积 420 平方米，是中国木结构建筑的典型代表。并在墙壁、门、灶台的设计布局上还增加了防火保护层。很难想象，这样一座建筑物，在没有数字和文字的知识背景下，怎么能够建造出来？因此，我个人的推测是，如果伏羲氏确实是八卦的发明者，那么大地湾文明在这一点上恰恰能够给予证明。

与此有关的另一推测是，如果甘、陕部落向中原地区的迁移确实存在，那么"画八卦"的伏羲生活的地区不应该是中原地区。因为画八卦毕竟是人类文明的开端，而从甘、陕到中原地区的大迁徙是几百年甚至上千年完成的，F901"宫殿式建筑"依然在"成纪"，也就是说，伏羲氏始画八卦在甘、陕生活时期完成，而不是在中原地区的豫、鲁等地完成，豫、鲁等地的八卦台、伏羲庙等也许都是伏羲氏族向中原的逐步迁徙过程中为纪念祖先而不断建立的。

第三节　伏羲"画八卦"的哲学含义

汉武帝时经学博士孔安国在《尚书·序》持与《周易·系辞》同样的观点："古者伏羲氏王天下也，始画八卦，造书契，以代结绳之政，由是文籍生焉。伏牺、神家、黄帝之书，谓之'三坟'，言大道也。"这里明确了两点：第一，伏羲氏开始画八卦。第二，伏羲画八卦是讲治世的大道理。这与《白虎通·三皇》所说完全一致："伏羲氏画八卦惟治天下"。至于八卦是什么样式，现在所见最早的是大地湾遗址出土的一些陶符和商代出土的甲骨文中的卦符和一些数字卦；

第六章 八千年前的甘肃伏羲文化

之前《连山》《归藏》的八卦是什么样式,无法见到可靠的资料,只是据《周礼·春官·太卜》记载,古有三易:"掌三易之法:一曰《连山》,二曰《归藏》,三曰《周易》。其经皆八,其别皆六十有四。"而《周易》中八卦的形态则基本定型,至今天依然如旧,并传遍了全世界,为大家所熟知。☰、☱、☲、☳、☴、☵、☶、☷八种符号,依次命名为乾、兑、离、震、巽、坎、艮、坤。八卦最基本的取象是八种自然物:乾为天、坤为地、震为雷、巽为风、艮为山、兑为泽、坎为水、离为火。

我们认为,伏羲对华夏文明的突出贡献,代表了华夏文明开启的一个时代,这种开启以"画八卦""一画开天"的形态,在上古文献乃至其后的文献和传说中广为流传。"一画开天"是华夏文明的根;"八卦"则是华夏文明根的形态。

一、一阴一阳之谓道

据现有资料看,伏羲"画八卦"的核心元素是"阴阳"。也许伏羲通过对天地、日分昼夜,月有朔望,斗转星移,寒暑变化、男女等现象的不断观察,概括出了"阴阳",并用"--""—"两个符号表示,而不是用"阴阳"这种文字形态的哲学概念,"阴阳"是后人对"--""—"的文字描述,当然其后也就提升为哲学范畴。因此,在中国,符号是第一位的,范畴是第二位的。符号具有无穷的包容性和延展性,永远是"实际物象和事件"的"象",是鲜活的;范畴则具有相对的固定性,其后的发展只是让范畴更加精确和完整,因此范畴的发展必然离实际物象和事件越来越遥远;符号是实际物象和事件与范畴的桥梁,这是中国文化形态不同于世界其他文化形态的一个根本差别。

"--""—"在一个系统中,这个系统的现实物象是"混沌",而哲学范畴是"太极",又称为"道"。《周易·系辞》中说:"一阴一阳之谓道。"正是对三者关系的描述。伏羲时代,没有文字,只能创造出"--""—"两个符号表示宇宙及其实际物象和事件的根本,通过对八卦整体性的深入观察，则"道""太极"的范畴将会活灵活现地呈现出来。

乾为纯阳之卦，坤为纯阴之卦，乾坤是阴阳的总代表，也是阴阳的根本，孔子在《系辞》中说："乾坤其易之门邪""乾坤其易之蕴邪"。《易纬·乾凿度》中说："乾坤者，阴阳之根本，万物之祖宗也。"通行本《周易》本经排序以《序卦》的次序为基础，而以乾、坤两卦为首。《系辞》开篇即云："天尊地卑，乾坤定矣。卑高以陈，贵贱位矣。动静有常，刚柔断矣。"《文言》则是专门论述乾坤之卦德的传文，并将乾坤之德性引申发挥至人文道德范畴，说明乾、坤是《周易》中最重要的两卦，也是《周易》阴阳哲学的基础。

（一）一元心物，人心合于天心

阴阳符号可以容纳和涵盖自然、社会及人类的一切对立和统一的规律。从"能认识"的角度讲，北宋邵雍《心学》提出"心为太极"；从"所认识"的角度讲，朱熹《朱子语类》提出"总天地万物之理，便是太极。"统一能所，则是王阳明《传习录》中所提及的"心即理"。古人将心分为天（本）心和人心，天心就是客观事物变化的本然规律，也就是"道"（"所认识"，认识对象），而人心是指人对客观事物的主观认识（也就是"能认识"，意识）。人类文明的目的就是不断地揭示和认证事物变化规律的过程，以人心回归天心，《周易》的哲学具有完备的认识事物并揭示其本然（质）规律的思想方法，在这种认识论体系中，揭示和认证事物的变化规律，不能只依靠工具的进步，同时必须加强对人心的挖掘和提升，这样道德修养不是外在的而是内生的，中国文化在几千年的发展中强调"修道""立德"的真正含义即在此。

与西方唯心宗教哲学相比，《周易》哲学思想的基础是理性的、客观的，从而消除了人与客观世界的"隔阂"；与绝对化的唯物哲学相比，它更注重人性的道德修养与生命的终极关怀，从而消除了人的"物化"和对社会道德的流放和抛弃。伴随中国文化的复兴，《周易》的哲学思想还将发挥更加重要的作用。

（二）阴阳相对，互存互化

阴阳符号揭示了世界万物的正反两面的对待与对立，即矛盾性，同时揭示了事物矛盾双方的和合统一性，现代哲学称之为辩证法。八卦的辩证法思想是与生俱来的，是伏羲的根本世界观：将一个系统一分为二，即阴阳观，又是二合一法，即阴阳是统一的。如一天可分为昼夜两份，一年有寒暑之别。阴阳既是对一个周期的一分为二，又是相对属性的理性思考。周期的如一日分为昼和夜，连续的一个白昼加一个黑夜成为一天。相对的如男女，男女的结合又实现人类的繁衍生息；又如人的烦恼和快乐、人生有生有死等，概括来讲，世界是一个相对的世界。阴阳是统一的，乾坤是一体的，八卦都是一体的，都只是太极的不同化象。

（三）阴阳互动，中和为用

阴阳互动，阴阳又在同一个卦中，即处于同一系统之内，因此必然要视阴阳相互和合，故中和之道是《易》的重要思想特征。反映在八卦中，是二爻是中位，初爻不及，三爻太过，如"☳"，初（最下一爻）为"--"，为不及，二爻为"—"居中位，三爻（最上一爻）为"--"是太过；反映在六十四卦中，每一个六爻卦由内外两个三爻卦组成，则二、五爻为中位（即内卦之中位和外卦之中位）。一、四爻为不及，三、六爻为太过。又有内外卦之间的相应和不相应的关系，在卦爻辞中，大凡二、五之爻位，卦辞通常呈吉象，而少见为凶。如果爻位相应，卦辞则更为吉象。如《乾》九五二爻辞："见龙在田，利见大人。"《乾》九五爻辞："飞龙在天，利见大人。"另外一个值得关注的问题是，咸恒二卦处于《周易》整个卦序的中位。咸是和合感应，是《周易》中最能体现和合思想的一卦。咸卦内为艮（少男），外为兑（少女）。《咸·彖》曰："天地感而万物化生，圣人感人心而天下和平。"少男少女相感相和，而能繁衍生息，咸卦之后为恒卦，意谓相感相和才能恒久。

八卦的和合、和谐思想对中华民族的文化影响至为深远，"和为贵"

"家和万事兴""和气生财"等是最深入中国人心理的文化理念。

(四)生生不已,大化流行

不论是八卦还是六十四卦,都是一个周期性的完整系统,没有开始,没有结束,既生生不已,又灭灭无尽,大化流行,周流不息。《周易》六十四卦的卦序是:"乾坤屯蒙需讼师,比小畜兮履泰否,同人大有谦豫随,蛊临观兮噬嗑贲,剥复无妄大畜颐,大过坎离三十备。咸恒遁兮及大壮,晋与明夷家人睽,蹇解损益夬姤萃,升困井革鼎震继,艮渐归妹丰旅巽,兑涣节兮中孚至,小过既济兼未济,是为下经三十四。"既济卦是事物的最佳状态,是最为和谐的表现态势,每一爻都处在自己的正位。但是,变化是宇宙万物永恒的主题,"变动不居,周游六虚",达到既济而后,必然要发生变化,没有恒常的"既济",所以之后则为"未济"。一个事物的结束意味着新事物的开始,世界没有终点,人类历史没有终点,人生也是周而复始、生生而不息的。

二、八卦定吉凶,吉凶成大业

先民仰天俯地观察万物,发现了宇宙间两大能量是阳能和阴能,这两种能量互变互化,互渗互透,互推互移,互生互克,互增互减,形成了阴能与阳能平衡、均衡的错综复杂而又循规蹈矩的整体,这个整体称之为太极,"易有太极,是生两仪,两仪生四象,四象生八卦,八卦定吉凶,吉凶成大业"。也就是说变化的这个整体有阴阳两种能量,生成四种不等能量状态又生成八种不等能量状态,八种不等能量排列组合成六十四种能量状态。

两种、四种能量形态只能给人一种定性的认识,而不能有象形、变化的认识,八种、六十四种能量状态则让人能够从定性、定量、变化、联系多维的角度去把握、认识宇宙万物,通过优胜劣汰的发展途径择优,帮助人们成就事功,推进社会的文明与进步。

另外一个及其重要的命题是:太极、两仪、四象、八卦、六十四卦都是一个闭环系统,也就是说是一个完整的系统,这是华夏文明最大的特征,即华夏文明从诞生之日起,就具备了整体的思维模式和形态。不会从一个角度、一个方面片面地认识任何一个事物。这一宇宙时空寰演开新的存在模式可分为五个层级:第一层级是太极,第二层级是两仪,第三层级是四象,第四层级是八卦,第五层级是吉凶大业(即盛衰兴亡的物类事象)。

太极到八卦的生成模式称为"小成",这一模式,是华夏文明的基本模式,如曾侯乙编钟的生律方法:一钟双音,一阴一阳,对应两仪;宫、商、羽、徵四基对应四象,四曾和四辅,对应八卦。

关于"八卦定吉凶"的基本特征,现代易学家霍斐然的研究成果极具代表性:"乾坎艮震为阳,主升,独坎主降。巽离坤兑为阴,主降,独离主升。两卦相重,而有阖辟往来四象。吉凶悔吝四大概况其也。"今用乾坤二卦试例如下:

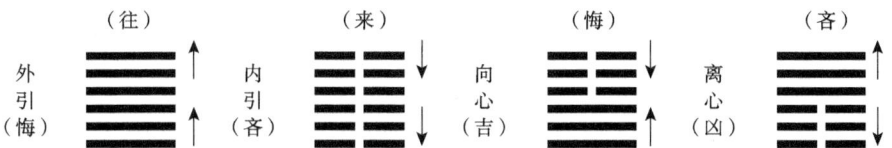

"辟为离心之式,阴阳得配为害,失配为利。'情伪相感而利害生'也。阴阳得配为情,失配为伪。往者上下卦皆升为外引之式。阴阳得配为亨,失配为悔。来者上下卦皆降,为内引之式,阴阳得配为贞,失配为吝。悔者吉之渐,吝者凶之渐。吉凶处于两极而易知,悔吝在于中间转化之际,由凶转吉为悔,故曰悔者吉之渐;由吉转凶为吝,故曰吝者凶之渐。学易之要在于寡过,故曰'其要无咎',咎者过恶也。"

《系辞》曰:"'八卦以象告,爻彖以情言,刚柔杂居而吉凶可见矣。变动以利言,吉凶以情迁,是故爱恶相攻而吉凶生,远近相取而悔吝生,情伪相感而利害生,凡易之情,近而不相得则凶,或害之,悔且吝'。此乃《系辞》'八卦定吉凶'之原理最后揭示如此。"

值得一提的是,《系辞传》中的这个小成模式,在《帛书·系辞传》中这段话却为:"《易》有大恒,是生两仪,两仪生四马,四马生八卦,八卦生吉凶,吉凶生六业"。两者的遣词用句存在着明显的不同，学者们做了各种各样的探讨，但模式是一致的。

第四节　伏羲"画八卦"对中国文化的影响

八卦的核心是阴阳。以"—"阳、"--"阴为开端，形成八卦，是中国文化的基本形态；八卦的两种排列方式，被伏羲选中，一阴一阳之谓道，开创了华夏民族的基本文明道路。《老子》第四十二章说："道生一，一生二，二生三，三生万物。万物负阴而抱阳，冲气以为和。"这是道家宇宙生成观。《易传·系辞上》第十一章说："是故易有太极，是生两仪，两仪生四象，四象生八卦，八卦定吉凶，吉凶成大业。"这是儒家的宇宙生成观或谓《周易》宇宙生成观。这两种宇宙生成观实际上是有相同相通之处及内在联系的。"一"相当于"太极"。"一生二"相当于"太极生两仪"。"二生三"的"三"指阴气、阳气、和气（阴、阳、中和三性）或地、天、人三才。在八卦符号中，初爻（重卦则为初、二两爻）为下、为地，二爻（重卦则为三、四两爻）为中、为人，上爻（重卦则为五、上两爻）为上、为天，可见"三"是与八卦相关的，"二生三"略当于"两仪生四象，四象生八卦"这个阶段，"三生万物"略当于"八卦生万物"。道、儒两家正如太极的一阴一阳，道家守阴、守静、守雌，是阴，其核心是"厚德载物"；儒家"苟日新、日日新、又日新""在止于至善"，是阳，其核心是"自强不息"。由八卦思想基础派生出来的儒学、道学思想，一阴一阳相互作用，长期影响着华夏民族。在几千年的中国历史长河中，两者合则国家走向强盛，两者分则国家走向衰落，值得引起我们后代的深思。除此之外，尚有术数家易，乃是易学之支流。

一、道家易

老子继承了从广成子、黄帝以来的道家思想解释上古《易》的内容，使《易》成为"道"说的基础，后世以阴阳转化哲理为基础，而绘制的阴阳鱼图成为道的标志。道家易这一文化传承在其后的流传过程中，形成神仙家与道家两大传统，道教形成后又汇合在道教中延续：道家易的完整形态以宋代邵雍的"先天六十四卦方圆图"为代表，神仙家易则以"十二消息卦时序图""阳火阴符六阴六阳全图"为代表。

（一）先天六十四卦方圆图

伏羲先天八卦次序图（图 6-1）是自然生成序列，其生成次序来源于《系辞》："易有太极，是生两仪，两仪生四象，四象生八卦，八卦定吉凶，吉凶成大业。"

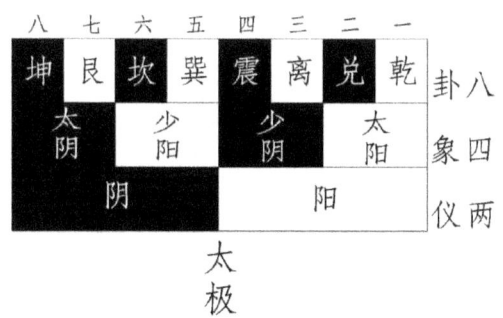

图 6-1 伏羲先天八卦次序图

伏羲先天八卦方位图（图 6-2），来源于《说卦》："天地定位，山泽通气，雷风相薄，水火不相射，八卦相错。"

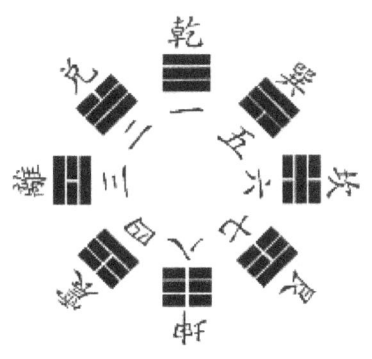

图 6-2 伏羲先天八卦方位图

伏羲先天六十四卦卦序有着严格的象数规律。伏羲六十四卦圆图是次序图的 S 型排列，其两侧也呈二进制数理变化（图 6-3）。图 6-3 中直接相对着的两卦都是相错之卦，如乾对坤，夬对剥，大有对比，大壮对观，坎对离，泰对否等共有 32 对。伏羲六十四卦揭示了事物矛盾的渐变过程和对立统一关系，在圆图中最重要的一对卦就是乾坤，位于圆图的上下之位。古人以伏羲六十四卦序反映阴阳二气的周期变化，从而制定了卦气图。由一年卦气来看，冬至一阳复来，夏至一阴姤至，反映一年阴阳二气的消长情况。

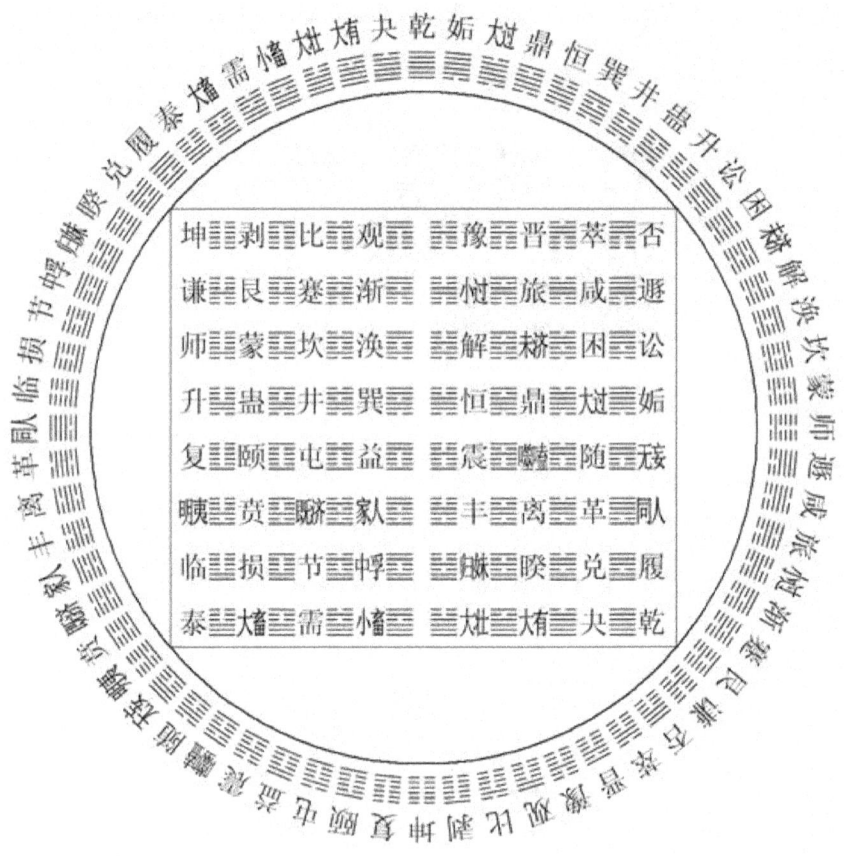

图 6-3　伏羲六十四卦方圆图

宋代邵雍将其应用于经世理论，用经世理论推出的历史年表非常准确；不只如此，邵雍用伏羲六十四卦圆图妙观万物，皆能知其生旺相休

第六章 八千年前的甘肃伏羲文化

囚灭的变易轨迹。

（二）十二消息卦时序图

"十二消息卦"，亦称"十二辟卦""十二君卦""十二月卦""十二主卦"，其组成是由乾坤二卦相互推移而形成的十二卦，为众卦之基础，依阴阳消息的次序排列卦（图6-4）。

复卦初六　冬至　　姤卦初九　夏至
临卦六三　大寒　　遁卦九三　大暑
泰卦九五　雨水　　否卦六五　处暑
大壮初九　春分　　观卦初九　秋分
夬卦六三　谷雨　　剥卦六三　霜降
乾卦六五　小满　　坤卦六五　小雪

图6-4　十二消息卦时序图

消息以"乾"卦含子、丑、寅、卯、辰、巳,"坤"卦含午、未、申、酉、戌、亥,以两卦十二爻表示一年的十二个月(或称为一年循环周期)。从复至乾,阳爻逐渐增加,从下往上增长,阴爻逐渐减少,表示阳气逐渐增强,阴气逐渐减弱,为阳息阴消过程;从姤至坤,阴爻逐渐增加,从下往上增长,阳爻逐渐减少,表示阴气逐渐增强,阳气逐渐减弱,为阴息阳消过程。

古代中医学家根据《易经》提取十二消息卦象参合中医理论推演出十二时平脉(表6-1),为医病与养生提供了生理基础。

表6-1 十二平时脉

年、月、日、时	卦象	阴阳消长	五行	脉象	病重	病欲轻欲解之时
子	坤	阴气盛极	水旺	沉而和缓为平	心病甚	伤寒太阴病欲解之初
丑	复	一阳初生	金墓	沉而有力为平	肺病甚	少阴病欲解之初,太阴病欲解之时
寅	临	阳气渐长	火生	沉而兼弦为平	肺病甚	少阴病欲解之时,厥阴病解之初,太阴病欲解之末
卯	泰	阴阳交泰	木旺	弦长和缓为平	脾病甚,肝胆病甚	少阴病欲解之末,厥阴病解之时,少阳病欲解之初
辰	大壮	阳气大壮	水墓	脉象轻灵	阴虚	厥阴病解之末,少阳病欲解之时
巳	夬	阳盛阴消	金生	脉当略洪为平	病属胃火上炎者	少阳病欲解之末
午	乾	阳气盛极	火旺	洪大冲和为平	内火上炎,内热者,以及消渴病	太阳病欲解之初
未	姤	阳气始消,阴始长	木墓	洪兼兼滑为平	湿热甚。未解之少阳病将渐甚	太阳病欲解之时
申	遁	阴气渐长	水生	滑而兼沉为平	湿热甚	太阳病欲解之末
酉	否	阴阳交替,健顺如一	金旺	缓滑柔和为平	肝胆病,脾胃病。腹水	阳明病欲解之初
戌	观	继阴阳交替后,阴气大盛	火墓	男沉而有力为平,女沉而兼弦为平	肝胆病,脾胃病,腹水	阳明病欲解之时
亥	剥	阴盛阳消	木生	沉而略弦为平	心病甚	阳明病欲解之末

古代道教养生家以中医理论为基础,探索发现了十二时周天法——通任督的周天功法。东汉魏伯阳《周易参同契》有丹道鼻祖的美誉,是现有文献中神仙学的奠基之作。《周易参同契》虽然没有明言"十二消息

第六章 八千年前的甘肃伏羲文化

卦"一词,但却有十二消息卦的详尽论述:

> 朔旦为复,阳气始通。出入无疾,立表微刚。黄钟建子,兆乃滋彰。播施柔暖,黎蒸得常。临炉施条,开路正光。光耀渐进,日以益长。丑之大吕,结正低昂。仰以成泰,刚柔并隆。远游交接,小往大来。辐辏于寅,运而趋时。渐历大壮,侠列卯门。榆荚堕落,还归本根。刑德相负,昼夜始分。夬阴以退,阳升而前。洗濯羽翮,振索宿尘。乾健盛明,广被四邻,阳终于巳,中而相干。姤始纪序,履霜最先。井底寒泉,午为蕤宾。宾伏于阴,阴为主人。遁世去位,收敛其精。怀德俟时,栖迟昧冥。否塞不通,萌芽不生。阴伸阳屈,没阳姓名。观其权量,察仲秋情。任畜微稚,老枯复荣。荠麦芽蘖,因冒以生。剥烂肢体,消减其形。化气既竭,亡失至神。道穷则反,归乎坤元。恒顺地理,承天布宣。

十二消息卦或用来说明一年的火候,或用来说明一天的火候。内丹所谓"火候"是指元神与精气相合于任督两脉运转烹炼的过程。"火"比喻元神,是修持之功力;"候"指炼内丹的阶段,是修持之次序。内丹修炼小周天时元气上升叫作"进阳火";到泥丸后,元气下降叫作"退阴符"。

从复至乾的六卦,为阳长阴消的六个阶段。一阳复生之时,乃还丹之初基,其气尚微,当常温养,不可遽然进火。继之为临卦二阳四阴,渐渐起,直至乾卦六阳,此时阳气盛极,喻身中阳光圆满,而丹光发现,无不周遍,如一轮红日,照于天中,万般阴邪,尽皆消灭,此进阳火之事。此后则阴符随之用事,从姤到坤的六卦,为阴长阳消的六个阶段。姤一阴五阳,喻身中阴符起始之地,灵丹既入口中,回来送归丹田。继之为遁卦,要收敛真精以待将来,韬明养晦,直至坤卦六阴,此时纯阴用事,万物至此皆归根而复命,性既归命,元神潜归气中,寂然不动,如时至寒冬,万物无不蛰藏。

这种修法在古代仙学中代代相承。明代尹真人《性命圭旨·普照图》明确指出,"子时复气到尾闾,丑时临气到肾堂,寅时泰气到玄枢,卯时壮气到夹脊,辰时夬气到陶道,巳时乾气到玉枕,午时姤气到泥丸，末时遁气到明堂，申时否气到膻中，酉时观气到中脘，戌时剥气到神厥，亥时坤气到气海。"清代伍冲虚《天仙正理直论》云："小周天云者，言取象于子、丑、寅、卯、辰、巳、午、未、申、酉、戌、亥十二时辰如周一日之天地也。"至此，这一奥秘全部公之于世。

另外，仙学中虽然也有用《周易》卦序表示火候的方式，同样以《周易参同契》最早、最权威，以清代全真派祖师刘一明《周易阐真》最详尽，但最普遍的还是用"十二消息卦"表火候。

（三）道家易的基本特征

第一，法自然、贵柔守雌。道家面对复杂多样的社会现实，深入研究宇宙（天地）的规律，取法自然，调整心灵，从中找出一条拯救人类、提升人格的人生道路。在探讨宇宙本源的前提下，探究生命的奥秘、人生的真谛。

第二，贵生、养生、长生。道家哲学的核心是倡导生命本位，强调自然关怀。前者表现在重生、贵生、尊生、养生乃至长生等主张和实践中，后者则自始至终将生命置于自然，作为宇宙的一个缩影、小模型的宇宙大生命观。道家深具生命关怀和自然关怀的宇宙大生命观，在生态环境日益恶化的今天具有重要的生态学意义。

第三，以阴阳、太极、八卦之理探索宇宙、人生的奥秘。几千年来，中医名家、养生家、书画家、武术家、政治家、道家学派，凡深通阴阳、太极、八卦精蕴者，皆能成其正果，为华夏民族的繁荣、人类的进步做出了贡献。

二、儒家易

古易发展到周文王、周公时期，他们将六十四卦做了根本性的整理，重新排列了卦序，详细地给每个卦作了卦辞、每个爻作了爻辞，命名为《周易》。其后，孔子及其弟子继续研究《周易》，成书《十翼》，开创了儒学的文化形态。

儒家易的文化形态，核心是"后天八卦图"（图 6-5），大用是"文王卦序"。《周易·说卦》："帝出乎震，齐于巽，相见乎离，致役乎坤，说言乎兑，战乎乾，劳乎坎，成言乎艮。"

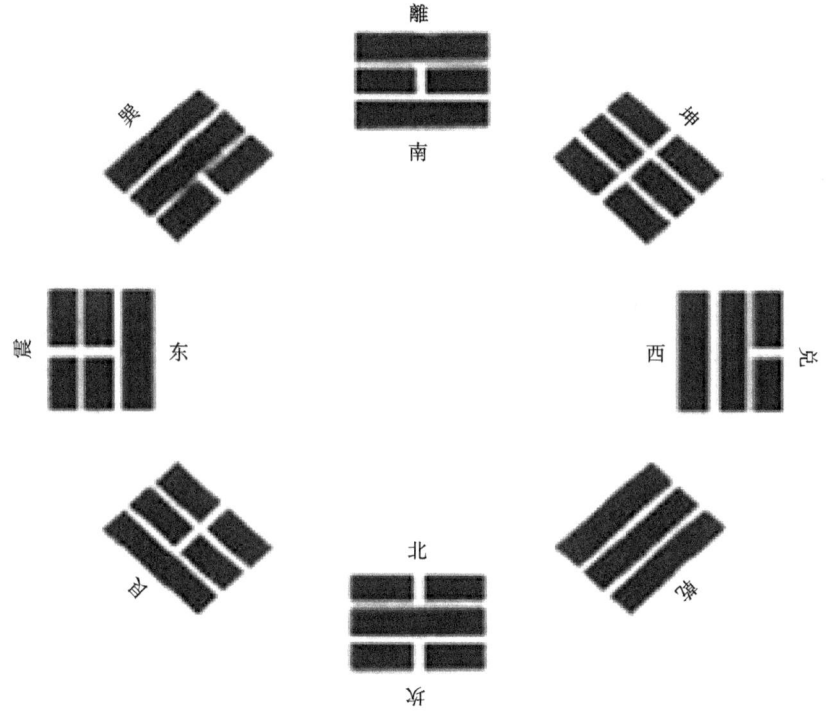

图 6-5　后天八卦图

　　文王卦序在《周易》文本中固定下来，极大地影响了中国几千年《周易》研究的走向，也影响了中国文化几千年的走向。后天六十四卦序主要揭示了事物后天变化的具体规律，卦序的反复和卦爻的交叉平衡排列，揭示了事物阴阳相生、物极必反、和谐取中等规律。后天六十四卦塔排图包罗万象，涵盖万有，通过参研能够揭示更多的奥秘和易理，并指导我们对待和处理实际事务，在社会实践中使我们有法可依，有理可循。大可用于治国，小可用于齐家、处世、修身。

　　《周易·序卦》表面上揭示了诸卦前后相承的关系，而内在则蕴含了《周易》哲学思想的精髓。卦序是《周易》的整体骨架，而其每一卦及各爻则是其局部组织。孔颖达《周易正义》认为文王卦序符合"二二相偶，非反即覆"，卦序共三十二对，相反者八（乾、坤、颐、大过；

坎、离、中孚、小过）；相覆者五十六。"易与天地准，故能弥纶天地之道"，尽管上经主要论述天道，下经主要论述人道，而天道、人道无非阴阳之道，天人万物是相通的。儒家的基本特征是刚健进取、积极入世。儒家直面现实社会，力求探索一条改造客观世界，促进人类社会和谐发展的道路。

（一）生生之谓易

首先，《周易》认为，事物在不断的变化中，时时有新的东西产生，这就叫作"日新之谓盛德，生生之谓易。"所谓"日新""生生"，就是不断地变化、更新。这种"变易""变革"的思想，是中国哲学中一个带根本性的、积极的、主流的思想倾向。正因为如此，中华文明才具有自我更新的能力，在数千年的发展中生生不息、历久弥坚，保持着自己顽强的生命力。

其次，在《周易》看来，天地的最根本性质就是生成和养育万物，是《系辞下》中所谓"天地之大德曰生"，人的职责是补助天地生成和养育万物。因此，易学的基本宗旨就是告诉人们如何去热爱生命、尊重生命和善待生命。相应地，习《易》之人亦可以通过对《易》学的认识和体察，学会并达到对生命整体的领悟和把握。几千年中，古圣先贤对易道的思考和探索，可以大致分为两大维度：第一，优化人与自然的关系。女娲补天、大禹治水开创的中国文化，充分发挥了人类的智慧，补天地之不足，进而促进人与环境的高层次和谐。第二，提高人的善生修养。通过对自身之精神力量的认识和把握，从而促使个体之人格的完善，促进人与人关系的和谐，实现共生、共荣。

天地既赋予自然万物以生命，又养育万物，天地产物的人类又充分发挥人的主观能动性，助成天地的缺陷，而且使万物各得其性，各尽其生，得"性命"之正。正是在这个基础上，自然万物"保合大和"，构成一个整体和谐的世界。

（二）立人之道，曰仁与义

《乾·文言》称："君子体仁，足以长人……利物，足以合义。"

"仁"是儒家道德规范的最高原则,孔子思想体系的理论核心。孔子把"仁"定义为"爱人",包括"恭、宽、信、敏、惠"五个方面,并解释说:"夫仁者,己欲立而立人,己欲达而达人""己所不欲,勿施于人。""利物"是《泰·象》所称的"裁成天地之道,辅相天地之宜"。人的价值在于他能够积极地赞"天地之化育",使自然万物各得其宜。

(三)中庸之道

中,是公正、公平、合理;庸,以中为用。只有中,才能"和"。《说文解字》曰:"中,和也。"六十四卦中,每一卦的二爻、五爻分别处与下、上卦的中位,多吉;一爻、四爻不及,三爻、六爻太过,多不吉之辞。中庸之道,是中华文化的精髓,那就是不断提高自身的素质和修养,待人待物至诚至善,处事公正、公平,善于把握絜矩之道,避免"过"和"不及"的两个片面,达到人与人、人与环境、人与自然和谐相处。

中庸之道完全不是有些人一知半解或故意曲解以为的那种不讲是非的"中间路线"、不容标新立异的保守思想、甘居中游的消极处世态度、苟且节制的犬儒主义;更不是以模棱两可、调和折中、和稀泥为能事,似德非德之道。"五四运动"以来,谈论中庸之道的文章不计其数,关键在于罕有探本溯源,科学地、全面地、逻辑地、系统地整理归纳,运用通俗信达的语言说个明白的,以至相距岂止十万八千里,风马牛不相及也。

《中庸》一文中明确指出,中庸之道的具体内容主要包括五达道、三达德、九经等。

第一,五达道。五达道主要是运用中庸之道调节五种人际关系:君臣、父子、夫妻、兄弟、朋友的交往。如果将君臣关系视为上下关系,这五种人际关系就是天下通行的人际关系。通过正确处理这五种人际关系,达到太平和合的理想境界。诚如《礼记·礼运》所言:"故圣人耐以天下为一家,以中国为一人者,非意之也,必知其情,辟于其义,明于其利,达于其患,然后能为之。何谓人情?喜、怒、哀、惧、爱、欲,七者弗学而能。何谓人义?父慈、子孝、兄良、弟弟、夫义、妇听、长惠、幼顺、君仁、臣忠,十者谓之人义。讲信修睦,谓之人利;争夺相杀,谓之人患。故圣人之所以治人七情,修十义,讲信修睦,尚辞让,去争夺,舍礼何以治之?"

第二,三达德。调节这些人际关系靠什么?靠人们内心的品德和智慧,即三达德:智、仁、勇。《中庸》第二十章阐明道:"子曰:'好学近乎知,力行近乎仁,知耻近乎勇。知斯三者,则知所以修身;知所以修身,则知所以治人;知所以治人,则知所以治天下国家矣。'"

第三,九经。九经就是中庸之道用来治理天下国家,以达到协和万邦的九项具体工作:修养自身,尊重贤人,爱护亲族,敬重大臣,体恤众臣,爱护百姓,劝勉各种工匠,优待远方来的客人,安抚诸侯。调节这九种人际关系是使天下国家达到太平和理想的重要保证。"九经"的提出,是对《尚书·尧典》的"克明俊德,以亲九族,九族既睦,平章百姓,百姓昭明,协和万邦"的施政理念与"大学之道,在明明德、在亲民、在止于至善"的为学理念的继承和发展。

(四)和为贵

汉字中的"和",渊源有自,在甲骨文和金文中均有所见。《说文解字》口部作"咊",解为"相应也",系与入口之饮食有关;龠部有"龢"字,解为"调也",本是乐器的象征;皿部有"盉"字,解为"调味也",原指调味器。"和",逐渐从形而下的具体器物与感官经验抽象而为形而上的价值理念和精神诉求,用来表达协调、调和、协和、和谐、和睦、和平、平和等思想观念。中华先民精神的自觉,使"和"成为涵盖自然(天地人)、社会(群家己)、内心(情欲意)等层面与音乐、绘画、饮食和养生等领域的基本原则,以及修身、齐家、治国、平天下的本质规定。

"和"的精神是以承认事物的差异性、多样性为前提的;"和"是对多样性的坚守,不同事物或对立因素之间的并存与交融,相成相济,互动互补,是万物生生不已的不二法门。

在精神层面,"和而不同"的理念,从被动的方面看,意含反抗政治强权或文化霸权的压迫与同化;从积极意义看,则昭示了兼容并蓄、海纳百川的包容精神与博大胸怀。在儒家看来，如果人人能够"文质彬彬""泰而不骄，威而不猛""威而不猛，恭而安""乐而不淫，哀而不伤"，做到情欲有节，行为有度，进退有矩，那么，整个社会进入和谐状态，才能实现万物生生不已，"和为贵"，成为必然的诉求。

人人都能把本分事情做好，社会才能和谐，社会才能进步。不能只为自己打算，要为社会想，过分强调自己，就会伤害社会，会破坏和谐，整体的利益消退了，自己也要遭受苦难。从《周易》中衍生出的这种儒家精神是中国传统文化的重要组成部分，这种精神对中国、东亚乃至全世界都产生过深远的影响。

三、术数家易

诸子百家（除上述的道、儒之外）皆源于"上古易——周易"这一个根与主干，在汉代以后政治大一统的背景之下，围绕和依附儒学、道学思想，两本万枝，形成华夏民族开放的文化形态，为吸收其他文化类型奠定了基本模式。

术数家易典型的模式有两种：京房卦序和梅花易的随机卦。京房卦序是由汉代京房继承上古易学所创立，为八宫重卦序列。他以卦气学说为基础，以消息卦为基础对八卦进行重组，形成了京房八宫卦序（图6-6），其卦序与纳甲组合主要用之于吉凶灾异的推算。

京房八卦纳甲的顺序源于月体运行的八卦之象。月体悬天运行，一月之中，晦朔弦望，可成八卦之象。一月三十日分六节，与东西南北中五方相连，阳息阴退，乾象出甲，坤象灭乙，震象出庚，巽象退辛，坎象流戊，离象就己，艮象消丙，兑象见丁。京氏八宫分组所遵循的是月体盈虚的自然规律。

京房用八宫排序，其理论基础是五行。也就是说，凡是被列入一宫之内的八重，都具有相同的阴阳五行属性。分宫不同，其重卦的阴阳五行属性就不一样。由此可见，八宫卦序的关键在于每宫首纯的阴阳五行定性和宫内八重按照阴阳五行爻变原则所进行的卦变。

八纯上世	乾	震	坎	艮	坤	巽	离	兑
一世	姤	豫	节	贲	复	小畜	旅	困
二世	遯	解	屯	大畜	临	家人	鼎	萃
三世	否	恒	既济	损	泰	益	未济	咸
四世	观	升	革	睽	大壮	无妄	蒙	蹇
五世	剥	井	丰	履	夬	噬嗑	涣	谦
游魂	晋	大过	明夷	中孚	需	颐	讼	小过
归魂	大有	随	师	渐	比	蛊	同人	归妹

图 6-6 京房八宫卦卦序图

八宫列五行，也分阴阳。阳卦纳阳干，阴卦纳阴干。阳卦六爻纳阳支，顺行；阴卦六爻纳阴支，逆行。卦爻的五行是结合在阴阳之中的五行。阴阳五行相合才能定六神六亲、明吉凶悔吝。也就是说，要用五行解卦，其前提必须是阴阳与五行两者的结合。

五行观念产生的确切年代已无从稽考，不过至迟到西周时期，五行作为一种认识论的概念开始被运用了。《洪范》论五行曰："一曰水，二曰火，三曰木，四曰金，五曰土。水曰润下，火曰炎上、木曰曲直、金曰从革,土爱稼穑。润下作咸,炎上作苦,曲直作酸,从革作辛,稼穑作甘。"到《吕氏春秋》,阴阳五行已经成为完整的思想体系。作为该书主体结构的十二月令则完全以阴阳五行为骨架,这与《礼记·月令》十二月令相先后,阴阳五行思想在秦汉之际的文化领域,几乎占主导地位。至《淮南子》,已经形成一套与之相应的宇宙万物、四时人事的现象和制度,描绘出一幅天人感应的世界起始和变化图式,完整的阴阳五行理论体系结构已经基本形成。

以八卦阴阳五行理论为核心,逐渐形成各种术数类文化体系,如相人术、推运术、测命术、万灵术、堪舆术、阴阳术、卜卦术、望气术、星相术、择吉术等,影响到中国社会的各个方面,如今漂流过海,影响到世界的各个角落。

第七章　八千年前的彩陶文化

第一节　人类文明的里程碑

　　陶器是人类利用自然物为原料，通过高温化学反应而制造出来的一种最有用的器皿。在此以前，人类制造石器、针器、木器等，都只是改变了自然物的形态，而没有改变它们的本质。然而，用黏土烧制陶器，不但改变了自然物的形态，而且也改变了它们的本质。陶器的出现，是古代人类由采集和渔猎为主的游牧生活方式，发展到以农耕生产为主的定居生活方式的产物。它标志着人类告别了茹毛饮血的蒙昧时代，不仅大大改善了古代先民的原始生活状况，促进了原始农业生产的发展，而且也推动了原始社会组织形式与结构的变革。制陶技术的出现，是古代设计史上一个重要的、变革性的突破。陶器在人类生活中具有十分重要的意义，不仅丰富了生活用具，也加强了定居的稳定性。是人类利用火的威力改变事物化学性质的第一次创举，它加速了生产的发展，从而使人类的定居生活更加稳固。所以，陶器的发明是人类文明史上一个重要的里程碑。

一、陶器的发现

对于陶器的起源,世界各地的考古学家争议颇多。起初,在日本的爱媛县上黑岩阴遗址出土了距今约 1.2 万年前的陶器,人们不相信陶器的年代竟然会如此久远。近年来,在日本除北海道和冲绳以外的其他地区,相继发现了早期陶器,于是,在日本考古学分期上单独划分出了一个绳纹草创期。最近在长野县下茂内和鹿儿岛县简仙山,都出土了经测定约为距今 1.5 万年前的陶片,其中鹿儿岛的陶片烧成温度只有 400—500℃,质地疏松,还没有完全陶化,可谓名副其实的土器。1999 年,日本青森县大平山元一号遗址出土了无纹饰陶器,其陶片附着碳化物的碳测校正年代为 16 520—14 920 年,在国际考古界引起了很大的轰动。这些处于绳纹草创期的陶器,大多为圜底和近圜底的小平底,最初阶段皆为素面无纹饰,后来有的陶器加饰隆起的线纹、豆粒纹或爪形纹。在俄罗斯远东至西伯利亚地区的一些重要遗址中,同样发现了早期陶器,如乌斯奇诺夫卡、格罗马图哈、嘎夏、富米等地,它们的年代大体在距今 13 000—10 000 年,比日本列岛的发现年代略迟。远东地区的陶器多平底,素面或饰刮条纹,西伯利亚南部的早期陶器则多为圜底。因此,这一考古发现,学术界一直认为,最早的陶器产生于日本。

自 20 世纪 60 年代初期考古学家在江西省万年县仙人洞遗址发现了陶器以来,又先后在广西桂林甑皮岩、南宁豹子头、柳州大龙潭鲤鱼嘴、桂林庙岩、江西万年仙人洞与吊桶环、江苏溧水神仙洞,河北徐水南庄头、阳原于家沟等多处遗址中发现了早期陶器,经过 ^{14}C 测年法测定,其年代均在距今 1 万年前。南庄头、于家沟遗址的早期陶器在华北地区应有代表性。考古学家在 1993、1995 年先后对玉蟾岩进行过两次发掘,玉蟾岩洞穴遗址位于湖南省西南部南岭山地北侧的道县寿雁镇白石寨村,亦名蛤蟆洞。玉蟾岩最重大的发现是早期陶片和水稻谷壳的出土。陶器呈黑褐色,制作粗糙,夹砂,砂粒最大直径达 2 厘米,质地疏松,内外装饰绳纹。1995 年出土的陶片复原为敞口尖圆底的斧形器。考古学家借助 ^{14}C 测年法,最终测出玉蟾岩遗址出土的陶片距今大约有 2.1

万年的历史。玉蟾岩遗址发现的陶器是迄今为止发现的年代最早的陶器,这一考古成果公布于 2009 年,这一重大发现证实了中国是世界上陶器出现最早的国家。

二、陶器的发明

关于陶器的起源有诸多的神话传说,当时的人们或许是由于年代的久远淡忘了制陶的始祖,也或许是想把敬仰和感激之情依附于神灵身上,便产生了"神农耕而作陶""舜陶于河滨""宁封子为黄帝陶正""女娲抟土造人"等故事,表达了其对远古历史的追忆与附会。

当然,陶器不可能是神对人类的恩赐,它必定是远古先民们在与自然作生存搏斗中的经验、劳动与智慧凝合而产生的结晶。究其起源,与多方面因素是离不开的:对黏土的认识,火的利用,贮存的需要,农业生产和定居生活的发展,这些都极大地促进了陶器的产生。

早在 19 世纪,西方就有人类学家开始研究陶器的起源和发明的问题,陶器是将具有可塑性的黏土,经水湿润后,成型,干燥,在 700—1000℃的低温中烧造而成的坚固的制品,是人类最早通过物理变化和化学反应使物体的本身发生质变的一种创造性活动,在陶器的制作过程中离不开三个关键元素:水、火、土。远古的人类对自然界的认识是非常有限的,他们在什么时候、什么情况下、什么地方,发现了水、火、土这三种元素之间的对立统一关系,是如何发明了制陶技术,通过什么样的方式制造出了人类生活中不可缺少的器物——陶器?

带着这些问题,西方人类学家开始大胆的推测,远古时代的人为了烹制食物,把食物放在篮子里或者兽皮、木料等易燃材料做成的容器里,为了不让这种易燃容器被火烧毁,他们在这种容器外面涂了一层厚厚的黏土,久而久之,人们发现,就算高温使得易燃的容器烧毁了,但是外面的那层厚厚的黏土,不但没有被毁坏,而且还会形成一个新的容器,这种被火烧过的黏土形成的新容器,不怕火烧,还可以用来烹制食物,如此一来,人类便发明了生活必需品——陶器。后来恩格斯肯定了这一推测,他在《家庭,私有制和国家的起源》中指出,"陶器的制造

第七章 八千年前的彩陶文化

都是由于在编制的或木制的容器上涂上一层黏土使之能够耐火而产生的。在这样做时，人们不久便发现，成型的黏土不要内部的容器也可以用于这个目的。"邓福星在《艺术前的艺术》中说："一些考古学和民俗学的材料直接或间接地说明，人类在陶器出现以前，曾以人或兽的脑壳、竹筒或编织物等作为盛水的器皿。这些球形或半球形的感受，奠定了他们制作陶器的心理基础……"

西方人类学家的推测和恩格斯的结论，影响世界考古学界近一百多年，但是，这一结论最终被新的考古发现给否定了。新的考古发现，最早期的陶器大多为圜形和近似于圜形的小平底，经考究，这种形状的陶器一般都是由手工捏制和泥片拼接黏合而成，如果按照之前的推测是涂在篮子、兽皮等材料外面烧制而成，那在陶器、陶片上必然会留下编织纹或兽皮的痕迹，但是在早期的陶器中，至今还没有发现编织物或兽皮的痕迹。陶器出现数千年以后，陶器上才有编织纹路和图案，那是对陶器的装饰和美化。

中国古代曾有"神农耕而作陶"的传说。陶器伴随着农业和定居生活而出现，但它的出现并不是偶然的。在大地湾遗址的发掘过程中，房址和灶坑周围往往会出土较多的陶器和彩陶，它们多为盆、钵等饮食器具，说明最初的陶器是人类生活中最常用、最重要的用品。陶器是适应以农业生产为主的远古先民定居生活的需要而产生的，因为定居生活需要有各种器物储藏食物和水，需要烹制食物，而自然界提供给人类的果壳等天然物品是有限的，已经不能满足人类的需求，因此人类不得不寻找新的容器。

随着人类长期用火经验的积累，对于火的使用有了进一步的认识，人们最早会使用火来取暖、烹制食物，后来在劳动实践中逐渐发现了黏土和水混合后就有了可塑性，可以随意地捏制成各种形状，又通过偶然的机会发现捏制成的泥坯经过火烧后会变的坚硬，并且还保持火烧前的形状。于是，人类开始用火烧制泥坯。就这样，人类有了最初的陶器。

湖南道县玉蟾岩出土的陶片是历史最早的陶器，经考古工作者研究，把陶片拼接黏合，发现复原的陶器形状是陶釜，这说明最早的陶器是陶釜，陶釜为侈口、圆唇，斜腹壁，尖圜底。远古时代的人把陶釜放在炉灶上用来煮食物,相当于我们现在用的锅。从出土的远古时期的陶器来看,人类发明各种陶器是有先后顺序的,各种陶器的发明顺序,是由人类需求急切程度来决定的。最早的陶釜大多为圜底和近似于圜底的小平底,形状接近于球形,远古时期的人类之所以要制造这种形状的陶釜,一是因为当时可用来装食物的器物大多数是椰子壳或葫芦等果壳,因此他们模仿这种形状来制造陶釜。二是因为球形的陶器容积相对来说比较大,可以一次装更多的东西。当人们解决了烹制食物的工具后,又发明了盛饭用的陶碗。人们逐渐的掌握了制作陶器的技术后,更加熟练的制作出适应各种用途的各种形状的陶器。在日常生活中有用作饮食、汲水、盛水、贮藏、烹饪的器皿,在生产活动中有用作捻线的纺轮、揉皮的锉、狩猎的弹丸、捕鱼的网坠、收割的刀、制陶的拍等工具,并且还用作装饰品中的环、簪等。陶器是人类文明开始的标志,是人类历史上第一次改变物质材料的性质,是实现了"火"与"土"的神奇碰撞,它显现出古代文明的第一缕曙光,并伴随着人类的进步从远古走来。陶器的出现,使人类开始走向定居生活,人类可以自由的支配水和食物,翻开了人类历史文明辉煌的一页。

三、早期陶器的制作工艺

原始人类最初制作陶器的基本步骤基本分为选土、成形、烧制三个过程。人类最初制陶,对陶土的选择和加工的经验还不足,一般为就近取材,采用田泥、地表等表面易熔黏土做原料来制作陶器,这种制陶原料没有经过充分滤净,几乎全部为夹砂陶,常杂有粗细不匀的砂粒或植物的根、茎、叶等。夹砂陶陶胎中以夹石英砂粒为主,石英颗粒的大小不等,大者直径超过 2 厘米。另外,在陶壁上也会出现一些微孔,这些微孔具有吸水性,轻叩陶器会发出浑浊不清的声音。到了龙山文化时期,我国古代劳动人民在就地取材的基础上,选用黏性适度、泥质比较细腻的红土、黑土和河谷中的沉积土等黏土为制作原料,然后反复淘洗,把采集到的泥土中的沙砾、树叶、草根等杂质过滤掉,最后直到沉淀出细腻黏稠的泥团,以增加制品的热稳定性,提高陶器的耐火性。经

第七章 八千年前的彩陶文化

考古专家的不断发现,出土的陶器胎质细腻,质地坚实,向我们展示了原始先民进一步熟练掌握了处理黏土制作陶器的技术。

制陶的第二个步骤就是成形。原始人类最初制造陶器还没有使用制陶工具,只有凭借自己灵巧的双手来完成,有以下三种方法:第一种是捏制法。捏制法是最简单的方法,一般制造比较小的器物,比如吃饭的碗、盘等;从出土的陶器来看,用手捏制的方法做出的陶器造型往往不太规整,并且胎壁普遍较厚,最厚者达2厘米以上,如甑皮岩出土的夹砂陶片最厚者达2.6厘米;胎壁厚薄不匀,内壁凹凸不平。第二种方法是贴筑法,即将黏湿的泥团捏制成片,在一个物体外部用泥片敷贴而成,一般用两层或数层泥片。这种方法制作的陶器厚重粗糙,器形不规则。第三种是盘筑法,即将泥土搓成条状,从下往上一圈圈盘筑,形成一种器形后再用陶拍和陶抹拍打压抹,直到将陶器里外抹平整完成。这种制作方法有较好的成形效果,多用于大型的陶器制作,如大罐、大瓮、大壶等盛储食物比较多的器物。仰韶文化中的小口尖底瓶和以裴李岗为代表的黄河流域新石器时代的陶器就是用这种方法制作而成的。这种方法是新石器时代制作陶器工艺中使用最普遍、延续时间最长的方法。

随着制陶工艺的发展,人类慢慢学会了更多的制作方法,会采用轮制(慢轮和快轮)来制作陶器。轮制法是一种比较进步的制陶工艺,主要流行于新石器时代中晚期的黄河流域和长江中下游流域。这种工艺是将泥料放在陶轮上,然后借助轮盘转动的力量,两手随着轮盘的转动向上提拉使陶坯成形。这种新的陶器加工方法的出现,大大地提高了制陶的生产力,制成的陶器,器形规整,陶壁薄厚均匀,并且在陶壁表里留有平行密集的轮纹,陶器底部也留有线割的偏心纹,轮制法至今仍是制陶工艺的基本方式。并且开始有意识地加入羼合料制作夹砂陶,有的也采用在陶器成型后从胎表拍入砂粒的做法,如甑皮岩遗址就曾发现采用这种做法制造的夹砂陶器。

陶坯制作出来之后就开始烧制陶器,早期烧制陶器的方法为"堆烧法",就是在一块空地上堆放柴火,把制作好的陶坯直接放在火上烧,由于在空地上火力控制不佳,烧制过程中温度也很低,大致在600—

800℃，烧制成的陶器质地松软，陶器颜色深浅不均匀，有褐色或黑色斑块。

经过长年累月制陶经验的积累，原始先民不仅在制作材料上有了改进，并且改造了烧陶方式和技术，发明了陶窑。陶窑是衡量陶器烧造好坏的重要标志，陶窑结构的好坏也直接影响着陶器的烧成温度。根据考古发掘资料，新石器时代的陶窑主要有横穴式和竖穴式，我国最早的陶窑是裴李岗遗址发现的横穴式陶窑。横穴式窑比较典型，它是由火口、火膛、火道、窑室和窑箅组成，窑室呈圆形，底上有窑箅，箅上有许多火孔，由火膛进入的火焰，经过火道和火孔到达窑室。竖穴窑的窑室在火膛之上，火膛是口小底大的袋状坑，有多股垂直的火道通向窑室。横穴式窑和竖穴式窑在西安半坡、河南陕县庙底沟、安阳范家庄、河北邯郸涧沟等仰韶文化和龙山文化遗址中都有发现。直到新石器时代晚期，人类将陶窑、陶轮和封窑的技术进一步提高，使得陶器的设计也达到了很高的水平，这时已经可以制作出造型各异的器皿。

四、原始陶器的造型

原始陶器的造型都很简单，其造型都来源于生活。考察我国较早的陶器器形，发现其造型多为圆球形及其变体。一方面，这种造型是人类对自然物质的模拟，比如鸟卵、家猪、龟等动物形体，瓜形、果实等植物形状；所以造型一般都呈圆形。具有代表性的是仰韶文化的圜底盆和钵。另一方面，圆形在原始先民心目中占有很重要的地位，人们眼中的天是圆的，太阳是圆的，植物的果实也是圆的，圆形在原始人类心目是美好、神圣的象征。新石器时代中期的彩陶诞生前，人类已有相当长时期的原始艺术的实践和审美意识的萌发。例如，在狩猎活动中，人类认识到磨光加工后圆圆的石球不仅准确性高而且美观，诸如此类的感性认识的积累，为陶器造型做了必要的准备。古希腊哲学家毕达哥拉斯曾指出，圆和球形是人类最早发现的美的形体。此外，从审美角度讲，制作圆形器皿在造型结构的形式美中，比其他形体容易取得形体权衡比例和曲直对比的艺术效果。

原始陶器的造型除了圆形外，其次就是葫芦形。新石器时代出土的陶器主要有钵、碗、盆、壶、瓶、罐等十多种，这种陶器的造型主要是为了实用。伴随着生成力的发展，原始人类在陶器的制作上越来越明显地流露出设计感，原始人类为什么会选择模仿葫芦？这究竟反映出原始先民怎样的用意和目的？

1973、1977 年，考古学家先后在浙江余姚河姆渡遗址出土了被认为是我国最早的葫芦种子，考古发现远在六七千年前，人类已经开始人工种植葫芦。葫芦与人类有着密切的联系，在陶器没有发明之前，人类用果壳、树皮、葫芦等盛放食物，是一种天然的容器，也是人类最早的容器。刘尧汉先生提出，我们根据民族志资料可以推断：世界上凡是远古曾生长葫芦的地方，那里的原始先民，在使用陶容器之前，曾先使用天然容器——葫芦，基于它的实用性，葫芦成为新石器时代陶器造型的原型之一。西安半坡遗址出土有长颈葡芦形陶瓶、细颈陶壶，临潼姜寨遗址出土的葫芦形彩陶瓶数量极为丰富。此外，甘肃甘谷和秦安大地湾出土的庙底沟类型的彩陶瓶，也都属于葫芦型陶器。

从陶器产生以后，造型就在不断的演进，从这个过程中可以看到原始先民对事物认识的过程，对科学技术研究的过程，同时也反映出原始先民对于艺术的追求和理解，对美的向往和艺术创造的过程，充分向我们展示出了中国先民的艺术创造力。

第二节　彩陶——中国远古文化的辉煌代表

陶器是人类漫长的石器时代中最重要的发明之一，是人类改变天然物的开端，而彩陶的出现，标志着人类文化史上一个全新的审美时代到来。探索中国文明的起源、文字的创始、艺术的发端、原始巫术的产生和远古神话与图腾的出现，都离不开彩陶。"因为，在中国传统艺术最初观念的建构中，彩陶艺术所提供的发生学上意义和它的审美特征都起到了导向性的作用。"我国考古类型学奠基人苏秉琦先生在《中国文明起源新探》一书中的第一句话就是："我从考古学上探索中国文化和文明起源，是从彩陶和瓦鬲开始的"。

一、彩陶的出现

中国彩陶艺术是中国传统艺术的光辉起点，在中国现存的原始艺术中，彩陶艺术是最具有代表性的文化遗存之一。它是以彩绘的图案与造型相结合最早的工艺美术。它反映了中国远古时期各部族在历史的进程中，相互影响和多层次融合的过程，展示了中国远古时期各部族丰富多彩的文化面貌。在世界各地绝大多数新石器时代的遗址中，陶器自身的发展都或前或后不约而同地经历了素陶、彩陶、釉陶的发展阶段。彩陶的出现改变了石器时代原始先民单一的审美要求，表达了原始先民审美的感受。我们所谓的彩陶，一般区别于素色的灰陶、黑陶、白陶等，是指那些在红色（或橙黄色）的陶坯上加以彩绘而烧制的陶器。彩陶集实用、雕塑、绘画、烧制的各种艺术和工艺为一体，使人类第一次将自己的审美观念完整而系统地表达出来，反映了人类高度综合的知觉能力和创造力。彩陶是陶器发展到一定阶段的产物，也是原始人类为了进一步满足自身生存和发展的需要而创造出的器物，它综合体现了先民们的物质生活状况和精神世界，以及人类对于美的追求。

从目前发现的遗址来看，黄河流域是彩陶文化遗址最多、分布最密集的地区，其中以仰韶文化和马家窑文化的彩陶最为丰富。马家窑文化是新石器时代黄河上游最具特征的文化，马家窑文化出土的彩陶，无论是数量上，还是形制上，在整个新石器时代都是绝无仅有的。在马家窑文化之后，彩陶逐渐走向衰落。从目前现有的考古资料来看，至少在7000年前，中国就出现了彩陶。陕西老官台出土的彩陶在圜底钵口沿上绘有一圈红色宽带纹，是我国已知年代比较准确、时间最早的彩陶。

但最早的彩陶是怎样起源的？是什么原因或什么情况下促使人类发明了彩陶，对于这个问题至今仍是众说纷纭没有定论。目前有很多种关于我国彩陶纹饰的起源，主要有以下几种观点。

第七章 八千年前的彩陶文化

第一种观点,彩陶纹饰起源于模仿原始人类文身的习俗。何周德先生在《史前研究:西安半博物馆成立四十周年纪念文集》一书中提到:

> 彩陶图案是由绘身图案直接过渡或演变而来。史前人类的绘身图案,毫无疑问都是人们日常生产生活中频繁接触的飞禽走兽、植物、日月山水及人本身等。有些绘身图案本身就是自己部族崇拜的图腾,因而非常熟悉,画起来也得心应手。彩陶的图案内容,虽因地域、文化类型的差异而有所区别,但其所有图案内容都与人们的生活环境密切相关,主要内容也与绘身图案相同。另外,彩陶一开始出现就有较高的起点,所绘图案仔细规整且较复杂,出土的大量彩陶标本中,也看不出有习作或败笔现象,这绝非短时期所达到的一种绘画水平。说明在彩陶还未出现以前,史前人类就具有较高的绘画能力,那自然就是人类日常绘身时所练就的一种绘画本能。人类既然具有这种本领,彩陶的出现也就显得较为容易。根据不同地域、不同时期的文化类型,彩陶图案也各有差异。由此也可看出彩陶起源的原始动机是受绘身启发而产生装饰。

第二种观点,是说陶工在制作陶器时,模仿笊筐的编织来制作陶器口。在陶器出现之前,原始人类已经学会了编织。人类通常是用树皮制作筐,而为了防止树皮断裂,人类用藤条编织成穗状箍在筐口,这样筐身和筐口边缘的纹饰就有所不同,于是人类就模仿编织筐子的方式在陶器口的边缘上加以装饰。通过对许多陶器的观察研究,发现圆形陶器的腹部大多都是光滑的,但陶器口的边沿通常留着有规律的指痕,除了指痕,有些陶器口的边缘上还发现了排列成行的小圈、纹饰或刻痕等。经考古发现,这种现象是世界各地普遍存在的现象,而产生这种现象的原因,是人类对形状的需要。

第三种观点,认为彩陶纹饰起源于"陶工在制作夹砂的粗陶器时,由于手指不断地转圈修抹口沿,经常将手指磨得出血,以至血染红了陶器口"。据此可以分析出原始人类制陶的心理,在他们看来,只有在制陶过程中加工到手指出血的程度,才能使陶口坚实耐用,在烧制时不易炸裂,因此在陶器口沿画上红色宽带纹。

不管是因为什么原因产生了彩陶，它出现的本质都是一种必然的结果。一方面，产生彩陶的现实基础是人类农业生产的发展和定居生活方式；另一方面，人类生产技术水平的提高也促使彩陶的产生。陶器从制坯到烧制成形，需要一定的制陶技术及火候的掌握，人类在制陶过程中一次次的积累了经验，成熟的掌握了制陶工艺和烧陶技术，这是彩陶得以产生的必要条件。在陶器刚刚出现的时候，人类还没有意识去装饰陶器，但在加工陶器的过程中，用手捏、工具的刮削和拍打，往往会在陶器上留下一些不规则的痕迹，当人类发现这种无意识的痕迹留在陶器上的时候，启发了先民对陶器的装饰。从此，人类逐渐将这种无意识的装饰和不规则的痕迹转变成为有意识、有规则的装饰。因此，人类对彩陶的需求和对美的追求，引起了人类原始的创作意识，这便成了彩陶产生的内在因素。彩陶的纹饰不管是出于人类对美的追求，还是出于拙稚的模仿，或者只是简单随意的涂抹，当原始人类开始有意识地用各种纹饰装饰陶器的时候，就体现出人类开始把精神因素体现到物质载体上，这是人类生产、生活实践积累的结果，都反映出人类精神方面的追求。

二、彩陶的工艺和纹饰

彩陶代表着中国古代艺术创作的高峰，始于新石器时代早期，而盛行于新石器时代中期。纹饰和色彩是彩陶不同于一般陶器的重要区别。制作彩陶有三个重要的条件：（1）要用到各种色彩的颜料。之所以称之为彩陶，是因为在陶器的制作过程中，要用到颜料，其中一种是利用铁矿粉和氧化锰作为颜料。原始人类将各种颜色的天然矿物颜料绘制到陶器上，形成五彩缤纷的各种图案。或是在陶坯表面涂上一层细泥陶衣，再以如赭石和氧化锰等几种天然的矿物质颜料描绘出各种图案纹饰，然后入窑烧制，结果会在橙红色坯胎上呈现出赭红、黑、白诸种颜色的美丽纹饰，成为彩绘纹饰不容易脱落的彩陶。因此陶器不再仅仅是单纯的实用品，而且还是具备了艺术性的工艺品。（2）要有较高的烧制技术。即要求必须具备密封程度强，而且要有较高的窑温条件，一般要达到 900—1050℃，因为如果烧制陶器的温度不够高，绘制在陶坯上的矿物颜料就会脱落。（3）需要质地细腻光滑的陶土。因为只有在质地光滑的细泥陶上，制陶工用颜料描绘彩陶才会用笔更加流畅无阻，颜料的色彩感才能更好地体现出来，色泽更匀称鲜艳。

纹饰和色彩是彩陶不同于一般陶器的重要之处。彩陶纹饰，又称纹样，即在陶器表面的装饰花纹，这种花纹是按照一定图案结构经过变化、抽象化等手法，进而形成规则化、定型化的图形。写实和几何图案是彩陶纹饰的主要类型。

按照现代艺术手法来分类，彩陶纹样一般分为单独纹样、适合纹样、隅式纹样、边饰纹样、散点纹样、连续纹样（包括二方连续、四方连续）等。

这些图案所用的绘制方法有对比法、分割法、开先法、双关法、多效装饰法等。新石器时代陶器的纹样，常见的施纹方法主要有：镂刻、附加堆贴、捏塑、旋、刻画、彩绘等。这些方法，有的可以形成各式图案或复杂的组合，有的可以产生独特的纹饰，如早期施纹方法以拍印、压印、戳印、锥刺、横印、刻、划等为主，产生的多是绳绞、旋纹、蓖纹、暗纹、划纹、刻纹、雷纹、印纹等，其风格古朴、浑厚、爽朗。

纹样以表现手法和内容可以分为两大类，包括几何纹样和自然纹样。几何纹饰源自于对自然和社会的抽象概括，有长短宽窄之分，也有曲直之别。有方形、圆形、菱形、三角形、多边形等。单从数量来看，彩陶中几何纹饰要多于自然纹。

三、彩陶的分布

就目前发掘研究的状况来看，中国原始彩陶是在新石器时代产生的，在中国发现的新石器时代遗址，东至台湾及沿海各省，西迄青海、甘肃，北起辽宁、内蒙古，南至两广，每处或多或少都有古代陶器出土。按时间分，中国新石器时代可分为早、中、晚三个时期。彩陶文化的发端期则是在新石器时代的早期，也可称为"前仰韶"时期，新石器时代中期则是以仰韶文化为代表，龙山文化则是新石器时代晚期代表。

彩陶的生产和传播呈现出从中心地带向周边辐射的态势，具体分布则与原始农业有密切的关系，而农业又与河流的关系甚大，因此彩陶的分布主要以中国黄河、长江作为划分根据。从目前已经发现的新石器时代彩陶文化遗址的分布来看，彩陶文化遗址最多、分布最为密集的地区是黄河中上游，其中最为丰富的是仰韶文化和马家窑文化。

（一）黄河中游的彩陶

彩陶的发源地在黄河中游。渭河流域，豫西、晋南地区，豫中及周围地区，冀中、冀南、豫北地区是属于黄河中游的区域。老官台文化，包括甘肃省秦安县大地湾、陕西省华县北首岭、老官台和元君庙等遗址，主要分布在渭水流域及丹江上游地区，其中老官台和大地湾出土的彩陶因其年代的久远而最有重要意义。老官台文化中的彩陶"是中国新石器时代彩陶的萌芽"。仰韶文化大约存在于公元前 5000—3000 年左右，分布在渭河流域、豫西和晋南地区。半坡类型和庙底沟类型是仰韶文化的主要彩陶类型。

（二）黄河上游地区的彩陶

青海省东部、甘肃省洮河流域、渭河上游和河西走廊的东部、宁夏回族自治区的南部等，都属于黄河上游地区。马家窑文化和齐家文化是这一地区的主要文化系统。马家窑类型分布于陕甘的泾河、渭河上游，西至黄河上游的青海同德县。马家窑文化因甘肃临洮县的马家窑遗址发现而得名，石岭下类型、马家窑类型、半山类型、马厂类型均属于马家窑文化。齐家文化分布比马家窑类型更广，是以甘肃省广河县齐家坪遗址发现而得名。东起泾河、渭河流域，西至湟水流域，南到白龙江，北至内蒙古阿拉善左旗。经考古发现，齐家文化彩陶是延续时间最晚的彩陶之一，考古学家指出，"在中原彩陶完全消失之后很长时期，甘肃地区仍然存在着彩陶文化，直到春秋战国方才结束。"

（三）黄河下游地区的彩陶

今山东省一带地区属于黄河下游地区，大汶口文化、北辛文化、龙山文化是这一地区的主要文化。龙山文化虽然有彩陶出现，但所占数量并不多。北辛文化的陶器数量多，但是彩陶数量较少且纹饰简单，主要分布在泰沂山区的南侧和西侧。大汶口文化中的彩陶是黄河下游地区出土彩陶类型的主要代表，大汶口文化以山东泰安大汶口遗址的发现而命名的，主要分布在鲁中、鲁南、苏北、淮北地区。

（四）长江流域的彩陶

四川东部地区、湖北和湖南的北部地区属于长江中游，这一地区主要有大溪文化、青龙泉三期文化、屈家岭文化和桂花树三期文化等。而其中大溪文化和屈家岭文化对彩陶研究的意义较为重大。江苏和安徽的长江以北地区、淮河以南的江汉地区、宁绍平原等地是属于长江下游地区。薛家岗文化、北阴阳营文化、马家浜文化、良渚文化、河姆渡文化、崧泽文化是这一区域的主要文化。其中，河姆渡文化遗址的两次发掘，仅仅发现五片彩陶，但对于研究中国新石器时代的历史有重要价值。马家浜文化只出土了个别陶器、轮制，但没有彩陶。南京北阴阳营遗址出土了较多的彩陶，占陶器的 20%以上，但是纹饰简单。由此得出，中国彩陶艺术发展的中心地带，不是长江下游地区，而是黄河流域和长江中游，尤以北方为鼎盛。

四、甘肃的彩陶文化

中国彩陶是世界文化遗产宝库中的艺术瑰宝，是中华悠久历史文化中的璀璨明珠。而甘肃是世界上最早产生彩陶的地区之一，也是彩陶文化最为灿烂辉煌的地方。甘肃彩陶从距今 8000 年前的大地湾一期文化起，经师赵村一期文化、仰韶文化、马家窑文化、齐家文化、辛店文化、直到沙井文化的下限，时间跨度长达 5000 多年。在中国彩陶文化经历了产生、繁盛、衰退的整个过程中，甘肃彩陶形成了自己独立的发展体系与特色，在中原地区彩陶文化衰落时，甘肃彩陶文化仍然延续了数百年，演绎了最为璀璨夺目的艺术品格和文化意蕴。

(一)大地湾文化

1. 大地湾一期文化(前仰韶文化)

大地湾一期文化遗址的发现,是中国新石器时代考古工作的重要收获之一,它将中国彩陶文化产生的时间上溯到距今 8000 年,是中国乃至世界上最古老、最原始的彩陶文化。从大地湾一期遗址中出土的彩陶占陶器总量的 1/3,其器形主要有圜底钵、三足深腹罐、球腹壶、三足钵、圈足碗等,颜色并不纯正,多以紫红色、红褐色为主。彩陶纹样也比较简单,以红色绘制成的宽带纹、条带纹为主。

2. 大地湾二期文化(仰韶早期)

在大地湾二期出土的陶片中,彩陶占陶器总数的 18.6%。以细泥红陶和夹砂陶为主,彩绘主要出现在盆、钵、碗、盂、瓶、壶等器物上,其中盆形器上彩绘最多,其次是钵形器,饰纹绝大多数为黑色,有一小部分为红色。彩绘主要在陶器外壁中上腹部位,以及盆钵的口沿处,瓶、壶大多使用在口部和腹部,在陶钵口也常见有一些刻画符号,推测可能是当时的一种记事符号或者早期的文字。大地湾二期彩陶上的饰纹大多数以几何形花纹为主,如三角纹和圆点纹,其次是动物形花纹,最常见的是鱼纹。一般情况下,在盆形器的腹部绘有鱼纹,鱼纹由头、鳃、身、鳍和尾组成。早期的鱼纹一眼就可以辨认出来,因为早期的鱼纹写实性很强,到后来越来越简单抽象,变得不易分辨。在大地湾二期 F1 号房基中出土了一对鱼纹圜底彩陶盆,是目前我国已知的新石器时代最大的彩陶盆,口径有 51 厘米,其盆口很圆且十分规整,盆壁薄厚均匀,盆口微侈,盆唇圆卷,表明仰韶文化早期半坡类型彩陶盆口唇样式的特征。盆内底部有泥条盘筑的痕迹,说明它是用陶轮制成的。用黑色颜料在盆上腹绘有一圈两条变体鱼纹,鱼身线条流畅有力、遒劲凝练,长达 20 多厘米。由此得知,肯定是在陶轮上制作绘画彩纹的,否则是无法如此流畅的一笔画出一尺多长的鱼纹。

3. 大地湾三期文化（仰韶中期）

大地湾三期彩陶约占陶片总数的 18.7%，彩陶数量增多。从出土的彩陶可以看出，三期的彩陶在艺术上达到了巅峰阶段。这一阶段的彩陶质地细腻光洁，多为红陶，也有少量的橙黄陶。绘在陶器上的纹饰，黑彩占多数，其次是红彩和白彩，也有个别的是内彩，还有些彩陶表面涂有白色或者红色的陶衣。纹饰主要是几何形花纹，有弧形三角纹、回旋勾连纹、圆点纹等，很大一部分是植物形纹饰。在三期出土的细泥红陶回旋勾连纹曲腹盆，侈口宽沿，曲腹平底，口径达 37 厘米，高 16.5 厘米，底径 9.2 厘米。口沿一周用黑彩饰有三角纹，腹部饰有由弧三角、圆点、弧线和侧弧组成典型的回旋勾连纹。动物纹饰在这一期已经很少见到，只有少量的完全图案化的鱼纹。彩陶上的图案富于变化，线条流畅，构思精巧，充分展示了仰韶先民的艺术才华。

4. 大地湾四期文化（仰韶晚期）的彩陶

根据对大地湾四期文化9个单位2188件陶片的统计显示，这一时期的彩陶仅占陶片总数的 1%—2%，可见这一期的彩陶逐步走向衰落。大地湾四期的彩陶分为夹砂和泥质两种，夹砂陶又分为夹细砂和夹粗砂。陶色有红褐色、黄褐色和灰褐色，其中黄褐色占大多数。四期的彩陶虽然数量不多，但是图案却比中期的复杂，比如在这一期出土的泥质橙黄陶制成的锯齿网格纹壶，敞口束颈，鼓腹平底，口径13.5厘米，高25.5厘米，底径 10.2 厘米。腹部一周用黑彩饰有 3 组连续图案，由 1 个橄榄形网格纹、弧边三角纹、锯齿纹组成每组图案。线条柔美，繁简结合，这对后来的马家窑文化彩陶产生了巨大的影响。

5. 大地湾五期文化（常山下层文化）

大地湾五期文化是仰韶文化向齐家文化的过渡性遗存。这一时期的彩陶主要以泥质橙黄陶和夹砂褐陶为主，纹饰有绳纹、附加堆纹、蓝纹等，还出现了少量的白色彩绘，主要以竖行和交叉的绳纹为主。

（二）马家窑文化

马家窑文化距今 5000—4000 年，是彩陶艺术的巅峰时期，因发现于甘肃临洮县马家窑遗址而得名。马家窑文化有马家窑类型、半山类型和马厂类型三种，这三种类型是一脉相承而发展的，因此在纹饰和造型上有很多相似之处，但也有各自的特色。

马家窑类型主要分布在甘肃中南部、青海东北部和宁夏南部地区，在甘肃东部的泾、渭水上游与西汉水、白龙江流域都发现了不少遗存，已经发现有 300 多处遗址。马家窑类型的彩陶主要以卷缘盆和彩陶碗为主，分为泥质和夹砂两类，陶器以橙、黄黑彩陶为主，器形有壶、罐、盆、钵、瓶等，并且这类器物腹部都比较浅，腹部曲线呈圆弧形。纹饰广泛运用几何图形，普遍描摹太阳和水波纹。总体来看，这一时期的彩陶造型线条流畅，比例匀称。

半山类型属于马家窑文化中期，主要分布在陇山以西的渭水上游、兰州附近的黄河沿岸到青海贵得盆地，以及黄河支流湟水、大夏河、洮河、庄浪河、祖厉河，河西走廊的永昌、武威、古浪、景泰等地区。半山类型距今约 4650—4350 年，因 1924 年安特生发现于甘肃省广和县洮河西岸的半山遗址而得名。半山类型的陶器主要以红陶为主，还有少量的灰陶和白陶。器形主要有壶、罐、盆、杯、钵等，其中壶类最为常见。凝重饱满是半山类型彩陶的基本特点，而这一特点主要表现在壶和罐上，器物腹部向外作最大弧度且类似球形的鼓圆。有代表性的是出土于青海省民和县官户台的"四大圈连续纹壶"，其口部微敞，直劲，鼓腹，双耳，平底，且壶颈部有一双"鸡冠"状盲耳。半山类型彩陶纹饰以旋纹、锯齿纹、菱形纹、葫芦纹、网纹为主。

距今约 4350—4050 年的马厂类型是马家窑文化的晚期阶段，因发现于青海省民和县马厂塬而得名。其分布范围与半山类型大致相同，只不过是更为向西发展。这一时期的彩陶出现了大量的红色陶衣，也出现了少量的白色陶衣，陶质比半山类型的粗糙，器形造型显得比较高瘦且中心较为下移，彩陶壶由肥变瘦，颈部加长而腹部内收，仅施淡淡一层红色陶衣而不饰彩的双耳壶相当多。早期的高颈双耳罐是马厂类型中最具特征的彩陶，这种罐的颈部多为向内收束，呈凹形，溜肩腹部上方略收而下方鼓圆，底部再收束，形成中间大两头小的形状。总的来说，马厂类型制作趋向粗糙简单，已有衰落的趋势。

（三）齐家文化

齐家文化距今大约4100—3600年，因1924年瑞典考古学家安特生在甘肃省广河县发现齐家坪遗址而得名。主要分布在黄河上游地区，横跨甘肃、青海、宁夏、内蒙古四个省（区）。齐家文化的彩陶分为泥质和夹砂两种，泥质陶又分为红陶和灰陶，其中以红陶为主，也有少量的黑陶。安特生在《甘肃考古记》中，将齐家文化陶器简单地分为三类，第一种是缀有席纹或压成蓝纹的灰陶。第二种，是领及耳甚至更多部位缀压成美丽花纹的灰陶。第三种，是高颈、磨光、带大双耳的浅灰黄色陶瓶。器物以平底为主，有少量的圈足器。齐家文化的彩陶纹饰主要是几何纹饰，由线条、折线、三角、条带等元素组合成为条带状、网格状、菱形方格等图案，此类纹饰线条流畅、造型独特。整体来说，齐家文化彩陶的图案自然洒脱，构图对称和谐，展现出了这一时期人们独特的艺术风格。

（四）辛店文化

辛店文化属于青铜时代的文化遗存。1924年4月，因安特生在位于洮河东岸的临洮县辛店村首次发现而得名。辛店文化主要分布在黄河上游及其支流洮河、大夏河、湟水流域，这些地方都是古羌人生活的地区。辛店文化的彩陶主要以夹砂红褐陶为主，饰有白色或红色陶衣，陶质粗糙。主要器物有罐、鬲、豆、盆等，其彩与陶胎结合不紧密，容易脱落。纹饰主要以羊角纹、双勾纹、"S"形纹、太阳纹、禾苗纹为主，除此之外，还有一小部分的动物纹，比如犬纹、鹿纹、蜥蜴纹等。在辛店文化遗址中出土的姬家川和张家嘴类型的彩陶上，发现在罐和壶的腹部绘有类似于羊角纹的双勾纹，由此看来羊角纹或是古代羌族的标志性纹样。总体来看，辛店文化的彩陶艺术风格简洁明快，笔触粗犷，纹饰独特，别具一格。

(五)寺洼文化

寺洼文化因 1923 年在甘肃省临洮县衙下集镇寺洼山村发现而得名。寺洼文化的分布在兰州以东的甘肃中部、东部、南部地区,平凉安国镇遗址、徐家碾遗址、西和烂桥遗址、合水九站遗址为其主要遗址。寺洼文化的彩陶多为手制,并以泥条盘筑法为主,陶器有泥质和夹砂两种,并以夹砂陶居多,陶色为砖红或灰褐色,且带有斑点。陶器制作比较粗糙,器形厚笨。在寺洼文化的彩陶中,陶罐占大部分,其次是鬲、鼎和长颈圆腹双耳壶。

(六)沙井文化

沙井文化年代约为前 800—前 600 年,因 1924 年发现于甘肃省民勤县沙井村而得名。沙井文化主要分布在甘肃的永登、古浪、凉州、天祝、永昌、张掖和民勤等地。天祝董家台、永昌县蛤蟆墩墓地和三角城、永登榆树沟墓葬为其主要遗址。沙井文化出土的彩陶主要以夹砂红褐色陶为主,陶质粗糙,腹部多有绳纹,纹饰多为用红色绘制成的三角形纹、菱形纹、网纹、鸟纹等。单耳罐、筒状杯牙、双肩耳圆底壶是其主要器形,这些器形都比较小,反映出为了方便携带,适应游牧生活的特点。

第三节 彩陶艺术的现代解读

中国彩陶艺术是传统艺术的光辉起点,彩陶艺术作为在中国现存的原始艺术,是最早以造型与彩绘图案纹样相结合的工艺美术,是原始艺术中具有代表性的重要部分。从中国彩陶艺术中,我们可以从纹样和造型的发展规律和形式法则,器形与花纹的关系和立体设计的规律中得知中国古代先民观察事物的方法和美学观念,以及对艺术的意向表现方法

第七章 八千年前的彩陶文化

和以意造型的构成手法。中国彩陶对研究传统艺术的发展和源流问题提供了大量的宝贵资料，对于研究中国特色的美学观念的形成问题，也提供了无比丰富的历史材料。

一、彩陶的造型艺术

陶器造型来源于生活，反映了生活，生活是一切艺术的源泉。陶器的造型一方面是原始先民对自然界一切事物的模拟；另一方面，原始人类掌握了自然界所蕴含的节奏、对称、呼应、平衡、对比、调和、比例等形式美法则，并将这些法则运用于陶器的制作中，并诱使人类创造出更多、更美的陶器造型。人类以各种线型和体面之间的关系组合而成的陶器造型，是对生活中现实事物的一种提炼，是一种艺术反映。新石器时代的陶器造型一般都是对称的圆形，这正是因为人类在生活中得到了其实物，才将对称这一艺术的形式运用在陶器上。首先，人类的身体本身就是对称的，人们认识到这一点，并且将这种对称性运用到陶器的造型上，不仅实用，而且美观。其次，在远古时代，人们在烧制食物的时候，可能用三个石土块或石头作为支垫使之平稳，新石器时代陶器中没有五足、六足、七足的造型，三组器的出现，正是人们意识到变化、均衡这些形式法则后被运用到器物造型上的结果。

彩陶最初的造型设计如同古代的文字一样，是以象形、模仿为基础的。模拟自然形态是彩陶造型的初期阶段，最初是模拟植物、人类及其他物体。模拟植物形态的原始陶器，不只是参考一种植物的形态单纯的模仿，而是参考了两种以上的植物形态综合而成的。比如，具有竹茎和葫芦两种植物形态的半山型双耳高颈彩陶壶，这种造型不仅有效地提高了器物的实用功能，而且表现出了一种艺术审美，是原始人类模拟植物形态的再创造。

在源远流长的历史进程中，人类和动物有非常密切的关系。有战胜自然的本能，是人类生存在自然界的基础，人类通过狩猎使自己获取食物，不仅解决了温饱，而且使动物成为人类早期的图腾图案。因此，在原始社会中，人类模拟动物形态制作彩陶，是完全自然的，并且符合当时特定条件下的审美意识。例如，1975年在山东郯县三里河出土的兽形陶器，其形态是一只正在狂吠的狗，器形的把手正是上翘卷起的狗尾巴，这种艺术作品结合了动物形态和实用性，构思巧妙，是难得的模拟动物形态的陶器珍品。

原始社会时期制作彩陶的工艺条件差，模拟人体的形态作为陶器的造型是非常困难的。因此，这一时期摹拟人体形态的陶器很少，只是以人体的局部位置表现在陶器的造型上。比如，甘肃天水的仰韶文化时期的人面形红陶器盖，龙山文化出土的鬼脸式足形黑陶鼎、甘肃玉门火烧沟出土的人足形罐等。这种以人体局部位置作为陶器造型的设计方法，虽然简单，但是在制作及艺术方面都表现出较高的水平，也体现了原始人类在陶器造型创作中审美意识的萌芽。除了模拟植物、动物（含人类）的陶器造型之外，还有模拟其他器物形态的陶器，但是很少发现有模拟器物形态的原始陶器。1985年在陕西宝鸡北首岭出土的半坡型陶壶，是以船的造型来模拟的，因此又称为船型壶。船型壶的腹部和底部都是模仿船的造型，壶体两头比较尖，整体造型呈菱角。北首岭船型壶的造型不仅美观，而且还用网纹图案来装饰壶身，表现出器形与装饰的高度协调，在艺术上取得了较大的成功。

彩陶首先是一种具有实用价值的日常生活用品，同时又因为造型和装饰的美观，赋予了它艺术价值，给人以美的享受，因此，它又是一种艺术品。任何一种人造物的出现，首先都是以满足人类某种需要而产生的。彩陶造型的实用性先于美观，原始先民已经注意到器物造型与实用功能之间的关系，而这种关系的结果就是实用功能的需求推动着审美功能的发展，反过来，在追求审美功能的同时可能会发掘更多的实用功能。因此，器物实用性功能的实现与满足，同时也是彩陶体现技术美，走向艺术造型的过程。彩陶造型的变化从单一到多样，其目的不仅仅是实用功能从简单到复杂，能够满足更多地需要，而是在这一变化过程中，还包含着更多艺术因素的发掘。器形品种从单纯到杂多，不仅仅是数量的增加，而同时伴随着从量到质、从器到艺的飞跃。

从我国新石器时代原始彩陶的造型来看，虽然原始人类还没有明确的设计思想，但已经有了初步的设计意识，原始人类彩陶的造型，揭开了人类工艺美术创作的第一页。

二、彩陶的纹饰艺术

我国已知最早的纹饰是彩陶器上装饰的花纹,这种花纹即彩陶纹饰,又称为纹样。它是按照一定图案结构经过模拟、变化、抽象等方法规则化、定型化的图形。考古学界对于器物上的"纹"是怎样产生的,有不同的推测。编织纹容器是最早与陶器有关的生活用品,如篮纹、绳纹、席纹或者刻划纹等,人们从这些有规律而富于变化的织纹组织中得到启发,并把这种纹路有意识地运用在陶器的装饰中,比如网格纹、回纹、方格纹、螺旋形纹等。

另有一种说法是认为"从发生学的意义上看,对'纹'的最早感知和认识是在劳动过程中形成和发生的。在几十万乃至上百万年前人类的劳动中,在打制石器工具的劳作中,人们发现了动作作用于对象所产生的痕迹,当意识到这种打击印迹的存在并去有意识的模仿和创作各种纹痕、刻画线条时,'纹'的观念和意识开始生产并诱使人类可能向着艺术性的表现方向发展,人在这一过程中从而能体验到人对于这类'纹'样创造的主体性意义"。

还有一种说法,认为纹饰来源于原始人类对自然现象的观察和感受。比如,人类是因为对水、山、鱼、鸟等自然现象景物的观察和模拟,从写实的高度概括,抽象成为不同样式的几何纹。

由此可见,彩陶纹饰的起源可能是多种因素的共同作用。最初的"纹"是"客观"的"纹",是人类在劳动过程中和对外界观察中发现的,而不是有意识地去创造的,但是,如果人类没有好奇心和创造性,没有对"纹"的特殊需要,就永远不会出现纹饰。先有自然"纹"的存在,之后才有人有意识地去创造,无论如何,纹饰的产生与偶然因素的触发有一定的关系。正如英国著名的理论家贡布里希所讲:

> 陶罐上用等距排行的条纹装饰,不管人们是否假定了一种驱使手工艺人着手工作的主观的装饰陶罐,手工艺人都必须服从客观实

际，计算出行距之间的数据，直至这些装饰适合这个陶罐为止。一个较丰富的、覆盖范围广的图案则相应的注意其中的各种限制因素。不过，这种注意可能得到报酬，这个报酬就是在装饰因素之间无意地显现的新的关系的发现，而这些新关系本身可能会被利用和调整，在这个模式中容易看到手艺人的感受如何能在简单的程序中明朗化，这些规则被融于传统，是下一代人能从容地解决某些问题并且促进了新问题的解决，新问题在他们的工作中总是可能出现的。

可见，纹的起源是一个不断赋予其新含义、新功用的过程。因此，纹饰的起源实际涉及无意识的技术制作和有意识的创造两个方面，即纹饰本身产生的过程和人们对纹饰意识的过程。而从无意到有意地过程，体现着人类从本能向意识决定的变化。当然，这种意识和追求不是现代意义上理性的支配，而是一种感受，一种天性。概而言之，彩陶纹饰的产生，在一定程度上说明艺术的起源可能是偶然性的、多元化的。人类艺术创造的欲望同人类的生存欲望是同时存在的，艺术创造是人类天性的解放。

（一）自然纹样

动物纹样分为两种，一种是用写实的手法将动物形象"再现"于陶器上；另一种是对动物的抽象变形，后者居多。在原始社会时期，动物纹样的含义有多种，除了装饰作用之外，还紧密联系着当时人类的精神世界。比如，它很有可能是当时人类图腾崇拜的一种反映，如巴赞所说："先在宗教中继而在艺术中给动物以重要的地位，是另一个特性，它将最早的文明与史前时代联结起来。在原始人看来，兽的力量是神的力量之标志"。

彩陶中最多见的动物形象是鱼纹、蛙纹、鸟纹。最为多见和典型的鱼纹及其变体鱼纹是仰韶文化半坡彩陶，最著名的有"人面鱼纹"。鸟纹大多数都是变形或者抽象的纹饰，最典型的是仰韶文化庙底沟类型的彩陶。最早的蛙纹是在陕西省临潼姜寨遗址半坡期，并且与鱼纹绘于同一彩陶盆内，这时的蛙纹是一种完全写实的图案。这些动物纹饰表现出

第七章 八千年前的彩陶文化

人类对祖先的崇拜，在这个方面严文明先生认为：

> 在我国的古代神话传说中，有许多关于鸟和蛙的故事，其中可能和图腾崇拜有关。后来鸟的形象逐渐演变为代表太阳的金乌，蛙的形象则逐渐演变为代表月亮的蟾蜍。……从半坡期、庙底沟期到马家窑期的鸟纹和蛙纹，以及从半山期、马厂期到齐家文化与四坝文化的拟蛙纹，半山期和马厂期的拟日纹，可能都是太阳神和月亮神的崇拜在彩陶纹饰上的体现。这一对彩陶纹饰的母题之所以能够延续如此之久，本身就说明它不是偶然的现象，而是与一个民族的信仰和传统观念相联系的。

植物纹比动物纹更容易描绘，一般是取植物最有特征的局部位置加以构形而成。植物纹千变万化，并利于组成各种不同的图案，所以在彩陶的纹饰中比较普遍。常见的植物纹饰有：豆荚纹、花瓣纹、叶形纹、勾叶纹等。植物纹艺术表现自然、秀美，反映了原始人类对美的追求，同时又体现了原始人类和自然界之间的密切联系。

景物纹主要有：水的波浪纹、涡纹、山形连续图案、太阳光芒纹、月亮纹、日晕纹、星座纹等。彭曦先生认为，新石器时代的彩陶纹饰中，发现自然景物如反映天文情况的图案表现在彩陶纹饰中，如日、月、星辰、日晕、月晕等，这代表人类对有关天体运动的观察活动，他认为，这是人类部落对大自然的图腾崇拜。蒋书庆先生在《中国彩陶花纹揭秘》中说到类似的观点，"经过多年的考查，我们认为彩陶花纹作为历史文化的一种形式，体现了人类生产发展需要认识自然和了解自然的历史。"

从目前出土的彩陶来看，人物纹饰的彩陶数量较少。其中最著名的人物纹饰的陶器是出土于西安半坡的"人面鱼纹"和出土于青海大通县孙家寨的彩盆五人舞蹈图。

（二）几何纹样

几何纹样源于对自然和社会的抽象，是一个从自然形象到抽象化、线条化演变为抽象几何纹的积淀过程。彩陶纹饰的绝大部分是几何纹，几何纹饰有长短宽窄之分，也有曲直之别，几何纹按其外形来说有直带纹、圆形纹、三角纹、弧形纹、方形纹、菱形纹及多边角纹等，每一种纹样有不同的变体，互相组合，千变万化。

原始的彩陶纹饰在具体和抽象之间，最初的彩陶纹饰，是对自然形态的一种模仿，彩陶纹饰的意义是当时人们对自然形象的一种理解和感悟，在每一个纹饰下面隐藏着人类的情感体悟和社会价值，彩陶纹饰在最初表现出来的意义，是人们心理上的一种需求。在纹饰发展的过程中，图形逐渐从具体到抽象，从复杂到简单。

三、彩绘纹样与造型的完美结合

彩陶器形的长短、宽窄与纹饰的格式是相互制约、相辅相成的，不同器形上的图案花纹，具有相应的不同装饰部位和格式。彩陶纹饰的部位是由彩陶的造型决定的，彩陶纹饰应该处于直觉中心，也就是视觉最容易集中的部位。从已出土的彩陶来看，彩陶盆和钵的纹饰紧挨着口沿，出现在彩陶器身外面，彩陶壶、罐、瓶等纹饰的主体多在器身的肩部或者中部偏上的位置，除此之外，也有一些装饰纹样出现在内部表面及鼓肩部位，也有条状纹饰出现在一些陶盆器壁的内壁中部，部分彩陶瓶和筒形瓶通身绘制纹饰，高足类彩陶纹饰出现在长足以上部位，动物器形彩陶一般没有纹饰。纹饰与造型的位置关系是因为古人习惯席地而坐，器物通常放在地面上，只能看到器物的上部，而看不到下部。纹饰一般绘制在平视视线的器物外表中部及以上部位，这是因为制陶的时候，人的视线与器物的视线关系多是平视，或者是垂直俯视，这样一来，即便是坐着俯视器物，也只能看到绝大多呈圆形器物中轴线以上的图形。而在器物腹部以下，通常不会绘制图案，这是因为器物放置地面时垂直俯视，视线会被器物的腹部阻挡。

正是造型与纹饰的统一，才成就了彩陶艺术的丰富底蕴和艺术价值，由于造型和纹饰之间的相互关系，才有彩陶艺术的审美价值。彩陶造型与纹饰的"作用力"表现为造型对纹饰的拓展、制约和互补。

彩陶纹饰的拓展表现在彩陶造型的立体空间上。伯恩哈特论述绘画

第七章 八千年前的彩陶文化

时说:"绘画既然是目的在于给二度空间的艺术的现实以一种持久印象的艺术,那么画家就必须去有意识地构成三度空间。在我们把艺术形象认作是现实形象并使它对我们产生持久的效果之前,我们必须具有一种幻觉能力,去把幻觉中的手掌和手指的肌肉感觉变换成和绘画形象的多种多样的映像相一致的感受。绘画的本质就在于它或多或少总是在刺激我们触觉的意识。唯有这样,绘画才可能在我们触觉的想象中呈现着客观对象所具有的那种力量。"彩陶纹饰具备了绘画的艺术性,但纹饰在平面上表现的效果远远不如在彩陶上,在彩陶造型的帮助下,给纹饰画面提供了更加深远和立体的艺术效果,在彩陶造型的映衬下,彩陶纹饰反映的艺术空间被放大,其优美的线条和精美的形态与外界相融合,相得益彰。鲍姆加登认为,圆满不外乎多样性中的统一,部分与整体的调和完善。单个感觉不能构成和谐,所以美的本质是在它的形式里,即多样性中的统一,但它又有客观基础,即它反映着客观宇宙的完满性。彩陶纹饰借助造型达到了部分与整体的协调,与客观现实环境和谐地融为一体。

彩陶的造型与纹饰能够和谐统一,但是造型对纹饰的创作也有制约。在最初以模仿为主的时期,制陶工无法在有限的空间上表达描绘对象的真实形状,因此将对象压缩,"观物取象"。

彩陶造型的优美和纹饰的丰富多彩,造型协调匀称,纹饰线条流畅。绚丽色彩的纹饰与暗色的彩陶质地形成鲜明的对比,构成了彩陶艺术。

彩陶的造型和纹饰,体现了两者的对比和谐、阴阳相间的色彩、夸张与变异的形式及浓郁的底蕴色彩。绚丽纹饰中的一些精美的图案成了我国绘画艺术的源泉。新石器时代的彩陶艺术,是我国目前发现绘画史料最早的"章节"。彩陶艺术不仅给中国绘画带来启迪,一些纹饰线条琉璃清晰,粗细得体,色彩浓淡适宜,用笔婉转自如,艺术效果可与当今的书法艺术媲美。或许这就是所谓"书画同源"的一个佐证。

第八章　玉器文化八千年

第一节　玉器文化的构成及文化承载

一、何为玉

东汉许慎在《说文解字》中说："玉，石之美者，有五德。"这五德是"润泽以温，仁之方也；鳃理自外，可以知中，义之方也；其声舒扬，专以远闻，智之方也；不桡而折，勇之方也；锐廉而不忮，絜之方也。"从《说文解字》的表述来看，"玉"应当包含三层界定，即第一层审美界定，以美石者为玉，将人的审美取向与自然界广泛存在的石联系在一起，体现人们审美的共同性，将自然界赋予了人的意义。第二层性质界定，指出玉石应当具有的物理性质，表现为玉石外观温润光泽，玉石结构内外一致，玉石密度敲击悠扬，玉石硬度坚韧适度，玉石特性断口平滑不会伤人。第三层为玉石物理性质与人的道德伦理、审美取向等相叠加的整体文化含义，以润泽示宅心仁厚，以鳃理自外以示挚诚之道，以玉振金声示声名远播，以坚忍不拔示不屈不挠，以藏锋去芒示和谐共处。

第八章 玉器文化八千年

孔子论玉则有十一德之说，《礼记·聘义》记载，子贡问于孔子曰："敢问君子贵玉而贱玟者何也？为玉之寡而玟之多与？"孔子曰："非为玟之多故贱之也、玉之寡故贵之也。夫昔者君子比德于玉焉：温润而泽，仁也；缜密以栗，知也；廉而不刿，义也；垂之如队，礼也；叩之其声清越以长，其终诎然，乐也；瑕不掩瑜、瑜不掩瑕，忠也；孚尹旁达，信也；气如白虹，天也；精神见于山川，地也；圭璋特达，德也。天下莫不贵者，道也。"《诗》云："'言念君子，温其如玉'。故君子贵之也。"孔子论玉十一德对何为玉进行了多角度的阐释说明，从文中可以看出玉石所应当具备的十一个特性，玉的一德首推温润，即玉石观感与触感的综合体现。玉的二德则是指玉石坚实致密，性质稳定。玉的三德是指玉石断面光滑无锋，抚摸润泽不会伤人。玉的四德是指玉石密度较大质量较大，佩戴具有显著的坠感，绝无轻薄飘忽之态。玉的五德是指玉石具有清脆悠远的敲击发声特性，其音悦耳悠长。玉的六德是指玉石有瑕，瑕与玉共生且界限分明。玉的七德是指玉石的色彩晶莹发亮，色系丰富纯正。玉的八德是指玉石具有整体的外在表现力，绝不零散突兀。玉的九德是指玉石来自于山川大地，是矿石的一种。玉的十德是指制玉为礼器，崇规尚矩。玉的十一德是指玉的价值贵重，天下人都十分珍视。

《管子》提出玉的九德之说，并曰："夫玉之所贵者，九德出焉。夫玉温润以泽，仁也；邻以理者，知也；坚而不蹙，义也；廉而不刿，行也；鲜而不垢，洁也；折而不挠，勇也；瑕适皆见，精也；茂华光泽，并通而不相陵，容也；叩之，其音清搏彻远，纯而不杀，辞也；是以人主贵之，藏以为室，剖以为符瑞，九德出焉。"从其表述可见，温润光泽是玉石的重要外观表现之一，玉石具有内在结构的可观性，玉石有一定的硬度，但其断面光滑细腻却不会伤人，玉石具有较高的密度，洁净光泽不会藏污纳垢，撞击磕碰等容易导致玉石碎裂，具有一定的透光度，可观察到玉石内在的瑕疵，润泽度与光泽度统一，相互映衬形成整体观感，玉石叩击发声清脆悠长，音色纯正，人们都珍视玉石，将其视为珍宝，制作成为符瑞，从而九德俱全，以为玉。

二、玉石家族

中国玉文化是以玉石为载体,以文化为灵魂的复杂文化传承体系,从这个意义上来讲,中国玉文化的载体构成必然不会是单一的,而是具有包容性质的文化体现。能够具有文化载体性质的玉石种类繁多,甚至有机宝石(珊瑚、琥珀、硅化木)和单晶体矿物(水晶)也囊括其中。因此,不能脱离中国玉石文化的文化属性,而对其进行单纯的现代矿物学属性进行定义,中国玉文化具有多样性的生态学构成特征,其材质的多样性与文化的融合性具有统一的特征。

和田玉被称为软玉,其硬度在6—6.5,是中国玉文化载体的典型代表之一,软玉矿在世界各地均有发现,但以中国新疆和田地区出产的软玉为最佳,其开发使用的历史也最为悠久。在前7000—前2100年的新石器时代,比如仰韶文化,良渚文化遗址都已发现白玉琢制的祭祀礼器,有青白玉璧,青白玉琮等,软玉的广泛应用则开始于商代(约前1600年—前1064年)。从矿物构造角度来看,软玉(和田玉)主要由透闪石的微晶——隐晶质集合体构成,依据矿物组分及其表现形式,可将其分为显微纤维状透闪石、片晶透闪石和杂质矿物3个部分,显微纤维状透闪石部分占组成的绝大多数,一般含量为80%—90%或更高。其主要品种有白玉、青玉、碧玉、墨玉、黄玉、糖玉与其他品种。在中国四大名玉(和田玉、独山玉、岫岩玉、蓝田玉)中,和田玉以其绝佳的材质和文化内涵而位居其首。

独山玉产于我国河南南阳市北8千米的独山,也称南阳玉,因产地而得名。独山玉与只有一种矿物元素组成的硬玉、软玉不同,它是以硅酸钙铝为主的含有多种矿物元素的"蚀变辉长岩",其硬度为6—6.5,比重为3.29,其硬度几乎可与翡翠媲美,因而也被称为南阳翡翠。独山玉在新石器时代晚期已被开采利用,如考古发现南阳黄山出土的一件独山玉铲,经鉴定就是新石器时代晚期的产物。殷墟出土的有刃玉器中的7件玉器,质料也全是独山玉。独山玉品种主要有白独山玉、绿独山玉、紫独山玉、黄独山玉、红独山玉、青独山玉、墨独山玉与杂色独山玉等。

岫岩玉产于辽宁省鞍山市岫岩满族自治县，岫岩玉构成成分复杂，按矿物成分的不同，可将岫岩玉分为蛇纹石玉、透闪石玉、蛇纹石玉和透闪石玉混合体三种，其中，以蛇纹石玉为主，岫岩玉的颜色有深绿、绿、浅绿、黄绿、灰绿、黄褐、棕褐、暗红、蜡黄、白、黄白、绿白、灰白、黑等色。岫岩玉开采利用历史悠久，考古发现在距今约7200—6800年的辽宁沈阳新乐文化遗址就出土有用岫岩玉制作的刻刀。在辽宁朝阳和内蒙古赤峰一带的红山文化遗址，出土了距今约5000年的岫岩玉手镯等。河南安阳殷墟妇好墓出土的大量玉器和河北满城西汉早期中山靖王刘胜墓出土的"金缕玉衣"的玉片，也有一部分是用岫岩玉制作的。

蓝田玉原生玉矿尚未发现，目前开采的蓝田玉矿床位于陕西蓝田县玉川镇红门寺村一带，距县城约35千米，含矿岩层为太古代黑云母片岩、角闪片麻岩等。玉石为细粒大理岩，主要由方解石组成。按矿物成分及外观特征可将玉石分为五种：第一种为白色大理岩。第二种为浅米黄色蛇纹石大理岩。第三种为黄色蛇纹石大理岩。第四种为苹果色蛇纹石大理岩。第五种为条带状透闪石化蛇纹大理岩。蓝田玉历史悠久，新石器时代先民即开始打造和使用蓝田玉，在陕西省西安市蓝田县境内仰韶文化和龙山文化遗址中，出土的玉器就有先民磨制的玉璧、玉戈等。2011年3月，考古学家在发掘位于蓝田县华胥镇下家寨村西南的蓝田新街遗址时，首次系统性地发现了5000多年前中国人使用蓝田玉的珍贵资料。

翡翠，由于其硬度在6.5—7，而被称之为硬玉，其多出产于缅甸，因其色彩艳丽，质地细腻，光泽度极佳而深受人们喜爱。从目前的考古发现来看，翡翠在中国的出现不早于明代，其大量使用则应当在18世纪晚期，在这一时期，翡翠可能尚未完全获得"玉"的文化认同，例如，纪晓岚（1724—1805年）就在《阅微草堂笔记》中写道："云南翡翠玉，当时不以玉视之"。

三、玉文化的工艺历史

中国玉文化是以玉材为载体的文化多样性的综合体现，玉石需要通过人为的创作、雕琢来体现玉文化的象征意义。中国有句俗语："玉不琢，不成器"，从这个角度来看，中国玉文化是天地造化与人类智慧相结合的文化显现，而对玉器的琢磨则体现了人与自然相互融合的价值理念，将自然界玉石的特征通过人为的琢磨加工从而创造成为巧夺天工、承载特殊人类信息的物质载体，凝结着人类文化基因从而传承不息。玉材的雕琢是尽可能体现玉石之美的创作过程，无论是繁复精巧的雕琢还是浑然天成的创作，其核心都是力图将玉的特性尽可能呈现出来，并进一步加强玉材的文化承载力度。在历史长河中，玉文化的发展实际就是其加工方式演变进步的过程，不同历史时期的玉器因其加工工艺与文化背景的不同，往往都具有其鲜明的时代特征。

新石器时代是指在考古学上是石器时代的最后一个阶段，磨制石器成为这一时代人类物质文化发展的特征之一。新石器时代的玉器主要有玉琮、玉璧、玉斧、玉圭、玉璜、玉玦及各种鸟兽造型等。由于这一时期加工工艺的限制，玉器的加工主要以磨制为主，器物大多较不规整，玉器开片薄厚不均，开片错位现象普遍，玉器钻孔也较为粗糙，钻孔口径往往不一致，上大下小或前后不对称，容易在孔径中部形成错位。例如，距今 5000 多年的红山文化，其玉器小件较多，典型器为玉猪龙、马蹄形器、勾云形佩、玉枭、玉龟等。从加工方式和痕迹推断，红山玉器纹饰一般都是用玛瑙或石英工具加水和解玉砂磨制而成，钻孔方式有单面钻孔、双面钻孔和对钻三种方式，具有较为典型的新石器时代磨制石器特征。

商代开始大量使用青铜器，社会生产力的发展进入新的阶段，青铜工具的采用极大地提高了玉石的加工制作水平，可以开出比较均匀且薄的玉片，玉器的琢磨工艺日渐成熟，浮雕、圆雕、阴阳线刻等技法综合应用，玉器的表现内容也丰富多样，逐渐从巫术、宗教内容向现实生活和自然转化，玉器表现类别众多，玉器造型更加生动、逼真和精细，成为后世玉雕的典范。

西周时期，在继承了商朝玉器双线勾勒技法的同时，更加重视对纹饰的布局，由于玉器琢磨工具的改进，西周玉器开始较多使用长弧线，阴纹纹饰相互勾连，阴刻线一面磨成坡状，有斜刀的痕迹，俗称"一面坡阴线"。"一面坡阴线"是西周玉器的典型做工。

春秋时期，玉器做工得到进一步的发展，不仅继承了西周勾连纹的特征，而且出现了卷曲相连的纹饰遍布玉器表面，开始重视细节刻画，器物开片规整，工艺精湛，这一时期比较重视玉器的审美效果与装饰性。

战国时期，玉器的数量空前增加，玉器所涉及的领域极为广泛，玉器的加工工艺更是前所未见，中国玉器文化在战国时期进入到第一个高峰，是对中国玉文化的发展繁荣起到典范作用的时代。玉器在战国时期逐步取代了青铜器作为国之重器的地位，成为集政治、经济、文化于一身的象征。战国时期铁质工具的出现，极大丰富与促进了玉石工艺技术的发展，玉器刀工精细，器物边角垂直锋利，磨工精良，战国玉器半浮雕、透雕等工艺盛行，重视器物精微之处的刻画，其工艺之精湛令人叹为观止。

汉代礼仪性玉器大大减少，组成配饰的各种佩玉趋于简化，而用于丧葬的玉器则大大增加。不同于战国时期玉器表面图案的抽象性，汉代在继承战国玉器特征的基础上产生了新的变化，汉代玉器表面的图案趋于写实，圆雕、高浮雕、透雕、刻细线的玉器也增加不少，形神兼备的玉器工艺超越以往。但总体来说汉代玉器整体工艺没有战国时期精细，线条也不甚连贯，器物打孔内壁也往往有拉丝痕迹，不够光滑。汉代葬玉的汉八刀独具特色，大量运用推、拓、磨的雕琢技法，刀法粗犷有力，刀刀见锋，刚劲挺拔，线条无丝毫崩裂状和刀痕之迹，代表作品是玉猪、玉蝉、玉翁仲。

唐代国运昌盛，经济发达，文化多面发展，呈现一片富裕兴旺的景象。由于丝绸之路的畅通无阻，和田玉料源源不断地输送到中原地区，玉器的制作技术得到了发展，继秦汉之后进入了新的高度。由于唐朝社会风气的开放性，其玉文化风格一改秦汉玉器的古朴庄重之风，大量具有浓烈世俗韵味的玉器开始流行，贵族阶层随身佩玉已然成为时尚，玉器所涉及的范围领域空前广泛，包括医药、梳妆、生活等各个方面。装饰用玉风格更是丰富多彩，人物、动物、花卉等均进入到玉雕范围，在注重整体造型的基础上更是强调细节的刻画，这一时期的玉文化普遍呈现出蓬勃、饱满、充满张力且具有包容性的文化特质。

宋元时期，玉器文化进一步向民间用玉发展，皇家、贵族官僚和民间百姓均收藏玉器，宋代古玉作伪成风就可以从一个侧面体现当时社会对玉器的崇尚程度。宋代手工业与商业空前繁荣，文化发达，在继承唐代风格、工艺的基础上，更加体现了宋代绘画的特点与技巧，玉质细腻高洁、构图复杂多变、意境深远广阔、雕工玲珑剔透、形神兼备、引人入胜，因此该时期的玉文化被称之为中国玉文化的第二个高峰。元代由于不同民族文化的影响在玉器风格上更多反映出民族和地方特色，做工趋于粗犷奔放、不拘小节，元代玉器的应用范围已经扩大到建筑、家具等方面。因为承袭金与南宋官办玉艺的既成布局，大都和杭州成为两大玉器工艺中心，内廷的制玉机构及碾玉作坊规模空前庞大，元代内廷与官办玉器手工业特别发达。

明代商业发达，通过海上贸易获得了大量珍稀宝石，极大地扩展了玉器的用料范围，明代的宫廷用玉多表现为玉器镶嵌金银宝石，显得珠光宝气、雍容华贵，体现出明朝皇室贵族的尊崇与地位。明朝玉器的需求空前广泛，为了适应当时社会对玉文化的广泛需求，明代制作伪古玉的风气更胜前朝，在经济文化发达的城市往往都开有玉肆，尤其是在当时的北京和苏州更是玉肆林立，制玉高手众多，苏州的制玉工艺甚至更胜一筹，故有"良玉虽集京师，工巧则推苏郡"之说。明代玉器镂雕技法广泛应用，能够在同一平面上雕刻两层甚至三层画面，称之为"花上压花"，明代制玉工艺的发展为中国玉文化的空前繁盛期——清代，做好了准备。

清代前期，生产力空前提高，经济繁荣，缅甸的翡翠也在这一时期开始大量进入中原地区，和田玉内运的通道再次打通，随着社会的稳定和文化的发展，迎来了中国玉文化发展史上前所未有的昌盛时代，成为中国玉文化的第三个高峰。清代乾隆时期以前，制玉工艺极其严谨、一丝不苟，在工艺加工方面，琢工精巧，光工细腻，一般细光处看不见琢镞的痕迹，细光能达到玻璃光亮度。而清代中期以后玉器工艺日渐衰落，工艺简化，由于道咸年间战争四起，内忧外患，新疆玉料供应停止，以制玉而闻名于世的苏州、扬州正处于战火核心，从此清代玉文化逐渐走向衰退。

四、玉器的文化承载——纹饰

我国玉文化是通过形象、画面、工艺等方面共同作用于玉石的体现过程，玉文化的重要发展脉络就是不同时代文化形象、文化基因、文化追求等以玉石为载体的文化显现。从总体来看，不同时期的玉器纹饰往往体现着某一特定时期的历史与时代特征，承载着这一历史时期的文化基因。众多的玉器纹饰或淳朴古拙、浑然天成，或精致细腻以至于无以复加，这也是许多古代玉器纹饰流行数千年而依然为人们所喜爱的原因。

谷纹，是一种类似于逗号的玉器纹饰，据传说谷纹是对谷物发芽生长的体现，因为粮食是人类生存的最基本要素之一，稻谷发芽生长象征着五谷丰登，人们对谷物丰收的渴望抽象为玉器谷纹，寄托着人们的希望与欢乐。谷纹主要流行于战国和秦汉时期，在清代仿制的古玉中也经常见到。

蒲纹，一种由两组或三组平行线交叉所组成的纹饰，因为其形象类似于蒲草编织的席子故而得名，人们普遍认为蒲纹象征着安居乐业，寄托着人们对和平安乐生活的向往。蒲纹主要流行于战国与秦汉时期。

乳丁文是一种在玉器表面琢磨突出的圆点状纹饰，这种纹饰通常不会单一出现。而是整齐排列或不规则的排列。乳丁文因其形象而往往被人们认为象征着母性，是中华民族孝道的表现，承载着人们对人丁兴旺、子孙满堂的美好期望。乳丁文常见于战国与秦汉时期。

云纹，对天空中云朵形象的图像表现，农耕文明高度依赖自然界，雨水是谷物生长的重要因素之一，云朵带来雨水的滋润，确保农作物的茁壮成长，因而云纹就具有了祥瑞的象征，寄托着人们对未来丰收的期盼。云纹在商周与春秋战国时期的青铜器和玉器上非常常见。

螭纹，也称之为螭龙纹，似壁虎，形态弯曲起伏，被认为是龙九子中的第二子，古人认为螭龙是水精，因而刻画其形象于房屋上可以防火。螭龙头爪更似走兽，身上无鳞，其尾部刻画有单有双。螭龙纹的使用约束较少,其表现力丰富多彩,最早见于商周时期的青铜器上,自此以后各个时代均大量出现,风格各具特色,成为玉器中最为常见的纹饰之一。

龙纹,龙的形象自原始社会开始流传至今。内蒙古赤峰距今 6000 多年的红山文化出土了数量较多的龙形玉器,造型呈头尾相连的 C 字形,用浮雕技法突出刻画耳、眼、鼻、口,因其形象接近猪,故又称其为"玉猪龙"。商周时期夔龙纹开始出现在青铜器与玉器之上,夔龙似龙但仅有一足,其风格与青铜器相适应,直线条为主,曲线条为辅,兴盛于战国时期和汉代。西汉时期夔龙纹开始出现双角,逐渐接近今天所习见的龙纹形象。龙纹在玉器文化中占据着极其重要的地位。

饕餮纹最早见于长江中下游地区良渚文化的陶器和玉器,盛行于商代至西周早期,其形象狰狞恐怖,是中国古代神话中的凶兽,其贪吃至极,甚至于将自己的身体都吃掉而只剩下头颅,所以饕餮纹往往只有其首而无其身。将这种兽面纹称之为饕餮,始自宋代金石学兴起之时,饕餮纹可能与商周时期人们对虎、豹等猛兽的崇拜相关,大量出现在商周时期的青铜器与玉器装饰上。

凤鸟纹最早见于良渚文化的玉琮等器物之上,殷商时期鸟纹开始作为主要纹饰出现,这一时期鸟纹尾部较短,至西周时期鸟纹呈现出长尾高冠的特征,且大量出现。周人认为"周之兴也,鸑鷟鸣于岐山"鸑鷟就是凤凰,"凤鸣岐山"象征着周朝的兴盛,凤鸟纹成为周代青铜器、玉器的主要纹饰之一。凤鸟被奉为百鸟之王,是祥瑞的象征,故凤鸟纹深受人们的喜爱而流行至今。

第二节　玉文化的主要考古发现

一、史前时代

兴隆洼文化发现于内蒙古自治区敖汉旗宝国吐乡兴隆洼村,距今约

8000 年左右，兴隆洼遗址位于兴隆洼村东南 1.5 千米的台地上，总面积约 20 000 余平方米，发掘年代为 1983 年。截至目前，考古工作者已对其进行了 10 次左右的发掘，出土有大量的石器、陶器、骨器、蚌器，还发现了中国迄今年代最早的玉器。兴隆洼类型的文化遗址还有内蒙古林西县白音长汗、克什克腾旗南台子、辽宁阜新县查海遗址等。上述遗址发掘出土了 100 余件玉器，放射性碳素测定结果显示，兴隆洼文化的年代为距今 8200—7400 年，兴隆洼玉器被认定为中国已知年代最早的真玉器，是中国玉文化的发端之一。兴隆洼文化玉器材质多为阳起石—透闪石软玉类，颜色以淡绿、黄绿、深绿、乳白或浅白色系为主，器体偏小，形制上以玉玦为主，经常成对出现于墓主人头部两侧，具有礼器的含义。而玉匕形器的出土数量仅次于玉玦，也是兴隆洼文化的代表器形，玉匕磨制精细，没有使用的痕迹，可能是当时宗教权力的象征。此外还出土了弯条形器、管、斧、锛、凿等没有使用痕迹的玉器，应该同样具有礼器的意义，可能属于巫玉的范畴。

红山文化主要分布在今河北北部、辽宁西部、内蒙古东南部大凌河与西辽河上游，是我国东北地区具有代表性的新石器文化，距今 6000—4000 年。1921 年发现红山文化遗址，1935 年发掘赤峰红山后遗址，1956 年命名为红山文化，20 世纪 70 年代末在辽西地区开展大规模红山文化调查，自此又发现近千处文化遗址，出土了大量的新石器时期玉器。牛河梁红山文化遗址位于辽宁省朝阳市境内的凌源市与建平县交界处，发现于 1981 年，1983 年开始发掘，出土大量精美玉器，体现玉文化在红山文化中的核心地位。红山玉器材料基本均来自于当地的岫岩玉，也有少量的玛瑙、煤玉等。红山文化玉器主要有玉猪龙、C 形龙、玉箍形器（或称马蹄形器）、勾云形玉佩、玉璧、玉镯、玉丫形器、玉匕形器、玉玦、玉臂鞲、玉枭、玉龟、玉蝉、玉凤、玉人、串珠等。红山文化最具代表性的玉器是 1971 年内蒙古赤峰市翁牛特旗三星他拉村发现的玉龙，平面形状如同英文字母 C，因此也被称为 C 形龙，琢磨精细、圆润灵动，被誉为"中华第一龙"，成为当之无愧的国之瑰宝。

二、夏商时期

　　1959年夏，中国著名考古学家徐旭生先生率队在豫西进行"夏墟"调查时，发现了二里头遗址，1977年，夏鼐先生根据新的考古成果又将这类文化遗存命名为"二里头文化"。二里头遗址位于洛阳盆地东部的偃师市境内，其年代约为距今 3800—3500 年，处于新石器时代晚期玉器制作高峰与青铜时代开启初期的发展时代，其 ^{14}C 测定年代与地理分布位置对应于中国古代文献中对夏的记载与描述。夏代作为中国历史上的第一个王朝，其年代可基本框定为公元前2070年至公元前1600年，囊括了龙山文化晚期至二里头文化四期的中国早期文明。以河南偃师二里头遗址为中心，并波及山西襄汾陶寺遗址、夏县东下冯，内蒙古的夏家店，山东的岳石地区，陕西神木石峁遗址，以及内蒙古赤峰夏家店遗址的夏代文明。从 1960 年至今，中国科学院考古研究所洛阳发掘队（今中国社会科学院考古研究所二里头工作队）已经对二里头遗址进行了三个阶段的系统发掘工作，出土了大量丰富的石器、陶器、玉器、青铜器、骨蚌器、木漆器等原始器物。这一时期的玉器集新石器时代玉器制作之大成，吸纳融会了早期各种玉器加工制作的工艺与传统，并形成了鲜明的时代特色。玉器制作的镶嵌、勾彻、浅浮雕和圆雕等琢玉技术开始出现，造型纹饰日益复杂多变，线面结合与浅浮雕、圆雕等技术的综合运用，极大强化了夏代玉器的内涵与表现力，二里头玉器玉料的来源有河南新密市的"密玉"（属于白玉），南阳独山的"独玉"，还有淅川的绿松石等。目前考古发现已知二里头文化玉器有柄形器、璧戚、刀、琮、璧、圭、牙璋、戈、戚、铲、锛、凿、镞、纺轮、圆箍形饰、环、璜、笄、坠饰、管、铃舌等20余种。

　　二里岗文化遗址属于商代前期文化遗址，位于郑州市东南部陇海马路东段两侧，遗址发现于 1950 年，1951 年开始发掘至今。这里原是一个高出周围平地5—10米左右的土岗，遗址东西长约1500米，南北宽约600 米，面积达 90 万平方米。文化层堆积为 0.2—1.5 米，最厚处 3 米以上，遗存有房基、灰坑、水井、壕沟、墓葬、祭祀坑、夯土墙等，遗址距今 3620 年左右。郑州二里岗出土的玉器是商代早期玉器的代表，这一时期的玉器与二里头文化一脉相承，具有显著的承袭特征，例如，玉器圆雕与浮雕相结合，线条与块面的综合应用等。郑州二里岗文化出土玉器以礼器和仪仗类武器造型为主，玉器磨制工艺具有相当水准，例如，玉器钻孔的对钻定位精准，钻孔内壁光滑没有错位现象，而且出现了较为复杂的玉器与铜器镶嵌复合工艺，为商代晚期玉器文化的大发展拉开了序幕。商代晚期玉文化以河南安阳殷墟为代表，殷墟为殷商之故都，位于河南省安阳市西北郊洹河两岸，面积约 24 平方千米。殷墟一带自古盗墓成风，许多规模宏大的墓葬在不同历史时期均已遭受多次盗掘，即便如此，殷墟仍然出土了大量精美的玉器。1976 年殷墟考古发掘的妇好墓出土玉器 755 件，成为商代玉文化的代表。商代玉材来源广泛，除了来自南阳独山等中原周边的玉矿外，已经开始出现来自新疆的和田玉。

三、两周时期

丰镐遗址位于陕西省西安市长安区斗门镇、王马镇一带的沣河两岸。丰京和镐京总面积约 17 平方千米，从公元前 12 世纪周文王建丰邑，武王作镐京，到前 770 年犬戎攻破镐京，西周灭亡，在这 350 年中，丰镐一直是西周王朝政治、经济、文化中心。1933 年北平研究院史学会的徐旭生、苏秉琦等人领导的考古调查队第一次调查丰镐遗址，1951 年开始正式发掘至今。张家坡西周墓地在丰镐遗址中极具代表性，尤其是 20 世纪 80 年代张家坡墓地的发掘更是成果丰硕，共发掘墓葬 390 座，包括西周中期朝廷重臣井叔家族墓，在其中的 217 座墓葬中出土玉器等 1246 件，玉器年代跨度从西周早期到西周晚期均有发现。玉器类型主要有礼器、兵器和工具、葬玉、装饰玉等几种。玉器制作工艺在继承商代的基础上，更加重视装饰性，雕刻技法的综合应用更为普遍，线条更加流畅，具象与抽象相互结合，装饰手法推陈出新，创意独特，玉器的加工工艺与精度大幅提高。西周玉器材料来源复杂，其中和田玉中的青玉较多，也有一部分白玉，独山玉、绿松石与细石等玉材也占有一定的比例。

东周包括春秋和战国两个历史阶段（前770年—前221年），是一个社会大动荡、大发展的历史时期，也是从"礼崩乐坏"到战国群雄割据，封建社会初步建立的特殊时代。山西曲沃羊舌晋侯墓地位于曲沃县，时代约为两周之际。发现于2003年，2006年8月首次发掘，出土不少精美的东周早期玉器。羊舌M1墓葬出土的大玉璧和大玉戈分别置于墓主人身上和身下，数量多达七八件，工艺精湛，玉璜组配结构复杂精巧，令人叹为观止。另外，位于湖北随州城西两千米的擂鼓墩东团坡上的曾侯乙墓是战国时期曾侯乙的一座墓葬，发现于1978年，同年5月11日考古人员开始对该墓进行正式发掘，出土了令世人震惊的曾侯乙编钟一组共65只，而与编钟齐名的还有大量精美的玉器，这些玉器中极具代表性的是出土于曾侯乙墓东室墓主棺内的16节龙凤玉佩，此组玉佩设计极其精巧，加工工艺十分复杂，长度48厘米，折叠起来则成为形成一块玉团状，堪称战国玉雕中的瑰宝。

四、汉代

西汉南越王墓是西汉初年南越王国第二代国王赵眜的陵墓，位于广州解放北路的象岗山上，发现与发掘时间均为1983年，出土了大量精美玉器，尤其是出土玉璧的数量与精美程度令人惊叹，南越王墓出土各种玉璧56件，其中仅主棺室就有47件，这些玉璧中比较突出的有大玉璧、透雕重圈二龙衔环璧、透雕龙纹玉璧、透雕龙凤涡纹玉璧、鲁首玉璧、双连玉璧等。特别是主棺室出土的一件大玉璧，直径达33.4厘米，是我国已知考古发掘出土玉璧中体形最大、龙纹饰最多的一块，被称为"璧中之王"。南越王墓出土的丝缕玉衣是中国考古历史上所见的最早的一套保存完备的丝缕玉衣，这套玉衣由头、上衣、左右袖筒、左右裤筒、手套和鞋10部分组成，全长1.73米，共用近2300块玉片联缀而成，其中头部用玉260余枚，上衣530余枚，左右袖筒各约210枚，左裤筒266枚，右裤筒388枚，左右手分别为113枚和21枚，左右鞋分别为108枚和109枚。每枚玉片四角打磨四孔，通身用朱红色丝带穿连而成，走线规整，图案精致。

汉梁王墓群又称之为芒砀山汉墓群，位于河南省永城市芒砀山，是西汉时期梁孝王刘武及后代各王的陵墓。1992—1994年，河南省文物考古研究所连续三年发掘了保安山梁孝王陵园和寝园，梁孝王墓和王后墓等重要遗迹。从考古发掘出土的玉器类型来看，梁王墓玉器主要包括礼仪用玉、丧葬用玉与装饰用玉三大类，尤其是丧葬类用玉数量较多，种类多样，如玉衣、玉九窍塞、玉握、玉琀等。

五、唐代

何家村唐代窖藏位于在陕西西安南郊何家村唐长安城兴化坊内，发现于1970年10月5日，在当天的基建施工过程中，挖出一个高65厘米、腹径60厘米的陶瓮，里面装有大量金银器；10月11日，在第一个陶瓮出土地点的北侧不远处，考古人员又发现了一个大小类似的陶瓮，瓮上面盖有一层银渣，其内装有金银器和玉器；考古人员在陶瓮的旁边还发现了一件高30厘米、腹径25厘米的银罐，银罐内装有一件精美的镶金兽首玛瑙杯。此次发现出土各类器物共计1000多件，包括金银器皿271件，银铤8件，银饼22件，银板60件，金、银、铜钱币466枚，兽首玛瑙杯1件，玛瑙器3件，琉璃器1件，水晶器1件，玉带10幅，玉臂环1对，金饰品13件，另有金箔、玉材、宝石等。

六、宋代

具有一定代表性的北宋玉器发现是1974年北京房山县长沟峪石椁墓中发现的一批玉饰件，主要有"双鹤衔草饰""折枝花饰""镂雕竹枝饰""透雕折枝花锁"、孔雀型钗、双股钗、玉镯和玉钱等，造型精巧别致，具有较高的制作水准。

1974年11月，浙江衢州市史绳祖墓出土的一批玉器则是南宋玉器的代表。包括有白玉荷叶杯、青玉蛋形瓶、白玉兔镇纸、白玉兽形钮、青玉笔架，玉合页状器等。

七、辽、金、元时期

辽代陈国公主与驸马合葬墓是辽国王室贵族墓葬的代表，位于内蒙古自治区通辽市奈曼旗青龙山镇，发掘于 1986 年，墓中出土文物千余件，其中有许多制品是用软玉、玛瑙和水晶制成，总数达 300 件之多。这些玉器数量较多、种类丰富、工艺精美，足以代表辽代玉器的最高水平，是辽代玉器研究极其珍贵的资料。

金代玉器的代表性考古发现主要是黑龙江绥滨县中兴古城遗址，1973 年，考古工作人员对古城西北的 12 座金代古墓进行发掘，出土了 300 余件金、玉、银、铜、铁、瓷、水晶、陶等制品，其玉器风格即承袭了辽代制玉传统，又受到宋代玉文化影响，极具装饰性，融合宋代绘画风格与少数民族雕塑于一身，形成风格独具的玉器文化。

元代玉器具有代表性的是无锡市钱裕墓，该墓葬发现于 1960 年 6 月，位于在无锡市南面约 17 千米的龙王山和军嶂山之间的尧歌里，钱裕墓的陪葬品非常丰富，共有金、银、玉、漆器和丝织品及纸币等包括残件在内共 154 件，尤其是出土的元代玉器工艺高超，继承了宋辽金玉器的风格，形神兼备。

八、明清时期

明代玉器较有代表性的考古发现是挖掘于 1956 年的明代皇家陵墓定陵，位于北京昌平区，明十三陵之一。定陵出土大量玉器，其材质以和田玉料为主，器皿中有爵、壶、盒、盂、碗、杯等，礼器中主要有璧和圭两种，佩饰中有玉带钩、玉革带、玉佩、玉耳坠、玉簪等。这些玉器运用镂雕、浮雕和线刻等多种工艺，并且往往与錾金工艺或珠宝镶嵌工艺结合在一起，形成明代制玉工艺的独特风格，定陵出土的宫廷御用玉器充分反映了明代的制玉水平与玉器文化特点。

清代玉器代表了中国古代玉器的最高成就，数量极其庞大，仅故宫博物院就藏有历代玉器 3 万多件。故宫博物院所藏玉器从时代上划分主要包括元代以前古玉、明代玉器、清代玉器三个部分,其中清代玉器最多,据统计数量约为 20 000 件左右,明代玉器 5000 多件,明以前玉器 4000 余件。清代的乾隆皇帝爱玉成癖,仅从乾隆诗集中关于玉器的 800 多首诗词中就可见一斑。清代乾隆时期玉料供应充足,制玉行业空前繁荣,制玉技艺集历代之大成,其工艺之繁复、构思之精巧、用料之讲究令人叹为观止,玉文化得到空前的大发展、大繁荣,出现了以玉山子为代表的大型玉雕作品,重量多在千斤以上,形体庞大,雕刻精美,如《大禹治水图》《秋山行旅图》《赤壁泛舟图》等。

第三节　玉器文化的象征及价值

一、精神象征

　　玉器文化是庞大社会文化的构成之一,具有较为显著的精神性、社会性、独特性与稳定性的文化特征。玉器文化是人类认识自然、改造自然,并形成独特价值观念的一个文化缩影。玉器文化的构成是有机的,体现为物质载体丰富性与精神追求无限性的共同作用,而玉器文化的精神承载也不是单一的,而是显性精神象征与隐性精神象征两个层面的共同体现。从考古研究角度来看,玉器文化的诞生与原始社会石器时代人类在探索认知世界过程中对劳动生产工具的渴望与创造过程密不可分的。例如,在兴隆洼文化中就可以看到部分出土玉器具有一器多用的特征。例如,玉斧、玉锛、玉凿等均有使用痕迹,但可能同时也作为宗教祭祀用器,这在一定程度上是原始社会旧石器时代工具实用性在新石器时代玉器象征性层面的体现,是玉器承载精神象征从显性到隐性的开端。

　　玉石的致密性使其具有天然的工具优势,例如,玉石碎片就具有良好的切割能力与韧性,其工具效率远非一般普通石料可比,可用于加工的对象范围也更宽广,这种工具有效性与加工对象多样性相互叠加,可以体现出对劳动结果的良好预期，玉石致密性所产生的物理光泽显著区分于普通石料，致密性也同时导致这种优质劳动工具的加工制作难度更大、材料更加稀少。玉石工具的实用性、玉石数量的稀缺性与玉石致密性的独特外观相互叠加就构成了玉石成为精神载体的基本要件。玉文化的显性精神象征实际就是人劳动精神的象征，是人改造自然界、刻画自身存在烙印的精神象征，这种象征是最初的、直接的，并且一直存在于玉器文化的方方面面发展至今。

玉器文化的隐形精神象征是附加在其显性精神象征基础之上的，也就是说，如果没有人类劳动精神的直接体现，化身为审美、信仰、制度、道德等功能为一身的玉器文化精神象征将无从呈现。由于这一系列文化功能的附加性与不同时代对玉器精神象征功能的需求不同而体现为隐性的玉器文化精神象征。例如，上古巫玉时期，玉器作为人与神沟通的介质，巫以玉祀神，玉几乎不再作为实用性器物，玉器成了神灵的象征，获得人们无比的崇敬；而到了宋代之后，玉的审美属性开始逐渐占据了玉文化的主流，大批玉器主要用于玩赏。例如，宋代随着金石学说的兴起，人们对古玉的兴趣大增，这一时期古玉仿制蔚然成风，大批出自民间的仿古玉器以供文人雅士、官宦商贾把玩观赏，玉与神等同的地位不再处于主流，而只是作为玉文化精神象征的一个方面而存在，这种附加在玉器文化上的各种精神象征在不同的历史时期此起彼伏、相互作用，共同构成了玉器文化的精神象征。

二、符号象征

符号，是中国玉器文化极为重要的核心价值构成。从符号学角度来看，一般来说符号是被认为携带意义的感知，意义通过符号来表示，而符号表达意义。从人类感知能力角度来看，由于人的大脑对极为复杂的环境信息处理具有选择性，因而不可能对每一个反射进入眼球的信息实现准确识别，而是优化成为以点、线、面等将物体抽象之后的对象信息，极为复杂的对象信息在通过优化之后可以迅速被大脑识别，从而做出有利于人类自身的选择与判断，这种优化处理繁杂对象信息的能力是

第八章　玉器文化八千年

人类生存能力的基本构成之一,这种能力的具体体现之一就是符号。符号的表达是需要媒介的,符号所承载意义的彰显或强化同样需要通过适当的媒介,在远古先民长期的实践探索中,玉石以晶莹润洁的构造,适宜于刻画描摹的硬度,而成为符号表达的最佳介质。

玉器文化其本身由两部分组成,是由符号(意义)的复杂性与承载这种符号(意义)载体的稀缺性共同构成,玉器符号在漫长历史长河之中的流变发展与其载体的相对稳定性为玉器文化的发展提供存在的意义与价值,缺乏其中的任何一个环节都难以形成中国所独有的玉器文化。因此,从这个角度来讲,中国玉器文化的核心就是符号(意义)的文化,是稳定的媒介对意义进行象征的漫长历史。《礼记·学记》曰:"玉不琢,不成器,人不学,不知道。"天然的玉石需要通过琢磨才能成为"器",也就是具有意义,这种意义的赋予就是人对符合自身价值对象的理想化符号的改造过程。这一点,就是玉器文化得以发展的不竭动力。

玉器文化的符号象征充分反映了不同时代人们对"意义"的不同认识与发展,早期玉器所刻画的基本都是先民对自然界高度抽象之后,以符号的方式呈现在玉器表面。例如,红山文化的玉龙胎(玉猪龙)其形象就可能是对生命雏形的符号化表现,是先民对生命崇拜的符号化表现。在不同历史时期,玉器文化的符号由于其所承载的意义不同而具有显著的区别,良渚文化的兽面纹在其他历史时期的出土玉器中尚未发现,后人普遍认为神人兽面纹是良渚氏族的神徽,是其所崇拜的图腾,从符号象征角度来看,这可能正是先民对自然界认知有限而产生的神秘文化,新石器时代玉器符号的高度抽象化与复杂性可能是先民试图通过玉器来表达意义的方式之一。随着先民生产力水平与认知自然能力的提高,自然界的神秘性与高度抽象性开始逐步降低,表达具体意义的玉器文化符号开始盛行。例如,唐代玉器则一扫汉以前玉器的神秘莫测,而代之以大量来源于生活且符号象征直接明了的玉器纹饰。例如,人物、动物、花卉等世俗题材的大量采用,表达了人类向往美好生活的意义与期望。从此以后,玉器文化的符号开始脱离神秘与抽象,转变成为具体而美好的意义符号象征。

三、信息价值

玉器文化承载与传递着大量的时代信息,不同历史时期的时代语言直接或间接地通过玉器而留存下来,这些信息或原始神秘令人费解,或世俗生动引人入胜,每一件不同时代的玉器都刻画了属于那个时代的气息,记载着属于那个时代的信息。玉器是有意义的文化载体,信息是构成意义的诸多成分之一。在新石器的巫玉时代,先民耐心细致地打磨各种美石,并给美石打孔穿绳,或悬挂于祭祀神坛,或佩戴在头颈手臂,玉石开始成了意义的寄托,它所承载的信息已经开始和未来对话。长达6000多年之久的史前文化时期,玉由巫掌控用以事神,后世称之为巫玉时代,这一时期的玉器承载着极其大量的信息,体现着非同一般的意义,甚至直接作为神在人世间的化身而受到先民的顶礼膜拜,掌握着玉器的巫觋努力丰富着玉器承载的信息广度,以求进一步通神天地而知旦夕祸福,民众则拜倒在巫玉之下,玉器所承载的信息进一步被巫觋解读放大,以至于民众不知所措而听凭巫觋的摆布。巫玉时代玉器文化的原始信息开始叠加,从而为玉器文化的一个个发展高峰创造了基础条件。

随着生产力和社会的发展,人类从原始社会进入奴隶社会,社会形态发生巨大改变,承载着神秘信息的巫玉时代逐渐进入了王玉时代,对玉器蕴含信息的解读不再是单一的神的象征,玉器的内在信息在一次次叠加放大的过程中,更加与人类社会相契合,高高在上不可触及的巫玉转化成为复合神性与人性的信息载体,王玉时代的玉器在保留其神性的同时,更加崇尚体现为国家意识形态的玉器信息。例如,周代所指定的玉器礼制,将"圭、璧、琮、璜、璋、琥"六类玉器定为礼玉的核心,名为"六器"。《周礼》曰:"以玉作六器,以礼天地四方,以苍璧礼天,以黄琮礼地,以青圭礼东方,以赤璋礼南方,以白琥礼西方,以玄璜礼北方"。玉器的信息承载被严格固化,其意义、象征和信息具有特定的指向,而不得有丝毫逾越,这种玉器文化信息的专一性对人们的社会生活和日常生活进行严格的礼制约束,体现着国家意志与王权的威严。

隋唐时期，开放的社会形态与相对稳定的社会环境，对王玉时代的玉器文化进行了新的信息解读，受西域文化的影响，金银等器物的华美受到人们的青睐，光华内敛的玉器不再是唯一的皇权象征载体，虽然国家规定了玉器的使用等级，但玉器文化所表现出越来越世俗化的信息还是动摇了王玉时代的权威，玉器开始更加亲近于生活，唐代大量描绘花卉与人们日常生活的玉器所表达的信息，就宣告了王玉时代的结束。自此，玉器文化进入到了承载信息多样，表达途径丰富的民玉时代。

四、实用价值

中国玉器文化具有很高的实用性，在漫长的玉器文化发展史上，玉器文化的实用价值不断获得充实，人们使用玉器、重视玉器体现的是人们对玉器文化认识的不断深入，不同时代对玉器实用性的侧重点各有不同。总体来看，玉器的实用途径主要分为玉礼器、玉兵器、装饰玉器、随葬玉器、实用玉器、玉陈设等。

玉礼器就是古代礼制活动中使用的玉器，主要指的是"圭、璧、琮、璜、璋、琥"六器。例如，玉璧在新石器时代就开始出现，形状为中间有孔的扁圆性玉器，《尔雅·释器》载："肉（周围的边）倍好（中间的孔）谓之璧，好倍肉谓之瑗，肉好若一谓之环。"根据中央孔径的大小把这种片状圆形玉器分为玉璧、玉瑗、玉环 3 种。作为六瑞之一的玉璧自诞生以来，一直深受人们的喜爱，尤其是战国至两汉时期，玉璧的实用性得到前所未有的提升，花纹样式丰富多彩，制作精美用料讲究，使用范围空前扩展，玉璧被大量用作配玉，用以装饰，同时在殓葬中也大量使用玉璧作为葬玉，作为辟邪和防腐的用途。

玉兵器出现在新石器时代晚期，鼎盛于商周时期，春秋战国之后逐渐稀少。仰韶文化、大汶口文化和各原始文化遗址出土的大量玉兵器表明，在新石器晚期到夏代之前，我国曾有一段玉兵器时期，玉兵器主要包括戈、矛、斧、戚、钺、铲、镞、刀、剑、匕首、箭、镞等，其中一些玉兵器有实用痕迹，商周时期玉兵器逐步退出实用器具范畴，而主要成为礼制活动中仪仗队所使用的玉器。

玉器的装饰性是玉器实用性的主要组成之一。玉石的稀有性与其温润光华的外在体现得到先民的喜爱与重视，进而成为天神、王权与财富的象征，玉石的装饰性得到了充分的体现。在漫长的玉器文化发展中，自商周开始，玉器成为国家意识形态的载体，成为礼的象征，玉器文化的装饰性更加趋于内在对人道德行为的约束与规范，《礼记》中写道："古之君子必佩玉，右徵角，左宫羽，趋以采齐，行之肆夏，周还中规，折还中矩，进则揖之，退则扬之，然后玉锵鸣也。"《礼记·玉藻》曰："古之君子必佩玉，君子无故，玉不离身。"这些言语均是涉及玉器对人行为的约束作用，这种约束作用的产生是玉器装饰外在实用性的内化。自商周以后，玉的外在装饰性通过以玉比德的内在升华而不断得以提升，构成玉器文化装饰性与象征性内外结合的独特文化面貌。

　　随葬玉器自新石器时代就开始出现，掌握玉器的巫师、酋长在死后也要把生前的玉器一同埋葬。两周至汉代，厚葬之风盛行，人们相信玉可以通神，能够阻止元神出窍，元阳外泄，开始出现专门为死者制作的各种玉器，例如，玉衣、玉琀、玉握、玉塞等。这些随葬玉器没有太多的装饰性，基本都是光素无纹的玉器。

　　实用玉器出现于商周时期，在战国时期已经开始广泛使用，从殷墟出土的商代晚期实用玉器来看，包括臼、杵、盘、梳、耳勺、匕、觿等。臼、杵系磨朱砂等颜料所用之器，盘可供调色之用，梳、耳勺、匕、觿等都是起居贴身器具，珧是挽弓拉弦用具。

　　玉陈设在清代最为多见，主要包括玉山子、玉屏风、玉兽、玉人等。清代玉山子为陈设类玉器的代表，其形式多样，既有反映道教神仙题材的，又有反映佛教故事题材的，其中以反映山水、楼阁、人物者居多，场景真实自然，大有微缩景观之感。

五、传承价值

　　中国玉器文化所传承的是一种古老的东方思想。可以说，玉器文化就是这种思想在物质化层面最重要的载体之一，巫玉时代以玉敬天，玉器成为人与神沟通的媒介与桥梁，在远古人类认识自然、了解自然的过程中，玉石成了先民解释自然的最佳工具，承载了大量的神秘内涵与信息，这一时期玉器文化所具有的高度抽象性是大量信息汇聚的表现。例如，良渚文化玉器纹饰中常见的神人兽面纹由高度密集、细如发丝的复杂线条构成，工艺精度令人叹为观止。学术界对良渚文化的神人兽面纹解读极具争议，一般认为良渚文化神人兽面纹是人、虎、鸟、鳄鱼等的集合，是先民渴望获得超越自身的力量，是其征服自然、生生不息的图腾象征。巫玉时代玉器文化的高度抽象性是与这一时期先民认识世界、改造世界的程度相一致的，玉石作为承载某种观念的物质载体，实现了先民对复杂信息的抽象化记录，传承了整整一个时代的思想与精神。

春秋战国时期，随着生产力与文化的大发展，玉器的文化传承价值得到了前所未有的提升。春秋战国时期的社会体制从奴隶制社会转向封建制社会，诸侯国大小林立、相互吞并，在这一过程中，文化交相融合，诸子立说，百家争鸣，"礼崩乐坏"在客观上促进了玉器文化的进一步发展，玉开始更多的与儒家文化相结合。这种"以玉比德"的理念，是将玉石的物理特性化身为人格化的"仁义礼智信"五德，以后又衍生出玉有九德乃至十一德之说，玉器走下神坛开始成为诸侯大夫须臾不离的随身佩饰，以显示自己是"有德"的仁人君子。自此，玉器完全成为体现与传承文化的载体，为中国玉文化的蓬勃发展奠定了精神基础。

第四节　玉器文化在甘肃

一、甘肃玉器文化的基础构成

甘肃玉器文化源远流长，尤其是史前时期的玉石文化具有极其鲜明的构成特征，主要体现在大地湾文化与齐家文化。新石器时期属于仰韶文化早、中、晚各期的大地湾遗址位于甘肃省天水市秦安县东北的五营乡邵店村，分布在葫芦河支流清水河南岸的二、三级阶地相接的缓山坡上，其一期文化距今约 8000 年，在大地湾遗址清理发掘的过程中，发现了部分玉器，大多属于生产和装饰类用途。例如，凿、锛及各种坠饰、镯等小件玉器，从器形上来看工艺简单，不甚规整，从材料上来看，既有石材，也有白色石英、汉白玉、蛇纹石、大理石、绿松石等玉材，其制作方法大多采用磨制、双面钻，单面钻与琢钻等方式。

齐家文化属于新石器时代晚期，距今约 4000 年左右，属于铜石并用的时代，主要分布于甘肃东部向西至张掖、青海湖一带东西近千千米范围内，地跨甘肃、宁夏、青海、内蒙古等 4 省（区）。1924 年在甘肃广河齐家坪首先发现，因此命名为"齐家文化"。目前已发现遗址 1450 多处，出土玉石器 3500 余件（组），玉器种类多达 30 种以上，包括玉钺、玉璧、玉琮、玉璋、玉锛、玉鼎、玉环、玉璜、玉刀、多璜联璧等，在玉器使用功能上主要体现在礼器、日常工具和装饰三大类。齐家古玉的玉料部分可能来自于新疆和田，大部分则就地取材，从玉石材质推测，其一部分玉料可能来自于甘肃兰州榆中县和临洮县交界处的马衔山，以及肃北蒙古族自治县的马鬃山，其玉料主要材质为透闪石，含量最高可达 80% 左右，具有较强的油脂性，透闪石良好的韧性确保了齐家古玉可达到的精良程度，从考古发掘情况来看，齐家古玉的生产加工已经具有作坊式的生产体系化发展特征，良好的玉料与精良的加工工艺，奠定了精美绝伦的齐家古玉文化。

二、"甘肃玉"及其影响

我国目前发现最早的玉矿马鬃山玉矿遗址位于甘肃肃北县马鬃山镇西北约 20 千米的河盐湖径保尔草场，2011 年开始进行发掘，发掘总面积 150 平方米，发现遗迹单位 14 处，其中房址 2 座、灰坑 12 处。另外出土器物百余件，包括陶器、铜器、铁器、石器、骨器、玉器、玉料等。其中，铜器主要有铜镞、铜环、铜饰、铜块等；铁器主要有铁镞、铁矛头及采矿工具；石器可分两大类，一类为以各类石锤、石斧、砍砸器为代表的采矿工具；另一类为以各类砺石为代表的加工工具，玉器多为半成品，局部磨制光亮，出土玉料近百块，多为初选后的精料，直径在 6—12 厘米。马鬃山所产玉石大多为透闪石材质，具有较强的油脂性，色泽以黄、绿、青色为主，少量为白色，因三氧化二铁溶液渗透侵染的原因，大部分玉料都带有程度不等的糖色，玉料内部带有分布不均的黑色藻丝状纹路。

马鬃山玉矿很可能是我国古代玉器文化的重要原料产地之一，从考古发现来看，史前时期至汉代考古发现的玉器中有很大一部分具有马鬃山玉矿特征。例如，河南安阳殷墟、山东滕州前掌大等商代遗址出土的玉器色泽黄绿，油性较高，属透闪石玉质，具有同马鬃山玉料相同的黑色藻丝状纹路，具有相同特征的还有山西侯马及其周边地区的春秋晚期至战国中期遗址中出土的一大批玉器。此外，江苏徐州狮子山西汉楚王陵出土了大量白色透闪石质地的玉器，这些玉器与和田玉具有显著的区别，但却与甘肃马鬃山玉料具有特征上的一致性，其玉料来源极有可能也是甘肃，甘肃以马鬃山为代表的玉石很可能是 4000 年前玉石之路的重要资源供给地之一，相信随着马鬃山玉矿考古的进一步深入，更多关于"甘肃玉"的谜团将逐步揭开，甘肃在中国玉器文化中的重要地位将得以明确与肯定。

第九章　建构华夏文明八千年起源的话语权

第一节　站在考古学和历史学之外

"研究文明的起源是历史学家和考古学家头等重要的课题。"①历史起源问题一再被探讨，源于考古资料的不断丰富，考古学家根据考古资料，不断探究和还原历史，历史学家据于历史文献，不断张开历史想象空间。事实上，在华夏文明起源问题上，考古学家可谓功不可没，既厘清了国内学术界的迷茫，又有力回击了国外学界的偏见。华夏文明起源问题在考古学和历史学的广阔领域内不断得到修正，不论是学术界人士，还是普通大众，依于他们所修正和传播的知识见解来认识历史，认识文明的起源。应该说考古学家和历史学家因专业的缘故占有和了解大量的考古资料，奠定了认识历史、认识华夏文明起源问题的基本问题、基本范围、基本路径、基本方法，在专业的思路下形成一套行之有效的认识历史的方法，要进入这一领域，必须从这一领域最基本的路径走

---

① 李绍连：《"文明"源于"野蛮"——论中国文明的起源》，《中州学刊》1988年第2期。

第九章 建构华夏文明八千年起源的话语权

起。同时，非专业人士如果对此一问题加以质疑，必须返回到考古学和历史学的领域以辩究竟，这是要付出巨大的代价的，不是简单地学术研究转向或者非专业人士的心血来潮就能解释的。现代学术研究在划定自己地盘的同时也一直在加固学术的藩篱，以至于企图逾越学术藩篱或者游走于地界边缘的知识人只能望而生畏，甚或却而止步！所以，在划定的知识范围内，学术研究按照已有的套路得到健康而积极的发展，但同时，也在不断地清除和矫正不利于或者企图颠覆这一套路的方法和做法，使学术研究领域、学科特征更具鲜明性，在这一型塑过程中，学科的规范及其地基得以严格廓清，与他学科的关系得以界定，每个学科获得了区别于其他学科最基本的特性。

考古学和历史学在其发展中无疑形成了固定的且被该学科认可的"真理性"的知识内容，在基本的知识内容下，遵循该学科的基本规律，使该学科不断向前发展，这是基本的学术路径。但是，在学科固定成型，进入正常发展轨道之后，学术研究的面相得到强化之后，关于本学科的学术话语就沉淀下来，形成某种规律性的概念和表达方式，这种东西，在强化本学科特性的同时，也使该学科的发展表现出某种束缚。因为规律是一成不变的，反映的是学科之间必然的本质和稳定的关系，一旦不符合这一规律的新的事物出现，依据此一规律性认知，完全可以轻而易举的判定新事物的不合理性。这种方法看似合理，其实恰恰反映出一些问题，那就是如同生活的常识一样，一贯正确就易于沦为僵化和保守，最终走向覆亡。现实的经验不断论证了这一点，学术研究亦然，唯其如此，该学术研究的路径就趋于堵塞，新思想、新观点就不能登堂入室，学科就限于死气沉沉的境地。

而历史学和考古学恰恰在变动不居的历史文献和大量的考古资料中建构自己的学术殿堂。历史文献或考古资料都不是一劳永逸地摆放在研究者的面前，而是不断出新、不断发现的过程，研究者再用已有理论框架去套这些新的文献资料时，面临的可能是该学科已有理论的不适性，而且用最有力的证据可能直接推翻最鲜明的历史结论。

应该说，对于较近或者历史文献和资料留存全面的历史时代的研究不存在上述问题，但是对于较早且历史文献、考古资料较少的上古时代，在很大程度上，我们的研究依赖于文献和考古资料的出现和辨真，这时候，新的东西呼唤新的方法，新的东西可能形成新的结论。对于文明起源的研究，这种方法实质上已被证明是较为可靠的方法，本来无可挑剔。

但是，资料的奇缺、年代的久远、留存的模糊等都使得研究者面对的是一个不确定的研究对象，片言只语必须保有逻辑的连贯，知识的碎片必须解读出适当的意义，这就使得文明起源的研究在历史学和考古学中限于困难境地。

马克思和恩格斯把史前社会划分为蒙昧时代和野蛮时代，把国家建立后的所谓阶级社会称为文明时代，马克思和恩格斯的观点是历史唯物主义的，当然是对时代研究的正确而合理的逻辑推论，但是，众所周知，在这一理论旗帜下，关于文明起源的研究至少形成了三要素说或者四要素说，即城市、文字、青铜器、礼仪。或者国家的建立、阶级社会的形成成了文明不可逾越的标识，否则就不是唯物主义的，这是需要仔细斟酌的，至少，学术研究的意识形态化多少会剥蚀学术研究的肌体，这为越来越多的学术研究者所证明。

在这一研究理论指导下，关于文明起源研究无可避免地落于夏商周可见的年代中来，文明起源始于商代或者始于夏代都是可以站住脚的，不但因为资料可见，而且逻辑连贯，似乎无可辩驳。然而，裴李岗文化、仰韶文化、半坡文化等出现的文明要素是否可以界定为文明的起源呢？常识上讲，因为缺乏可见的资料和逻辑的连贯性，这些文明要素就不能确定为文明的起源，这似乎是无可辩驳的。

事实上，历史唯物主义的方法由于历史文献资料的极度缺乏，对于文明起源的问题，可以肯定地说，是不可能进行全面而深入的探讨，因为每一步都预示着需要翔实的、可见的、充分的历史文献作为佐证，所以，只能就现有的资料做出当下的结论，虽然这一结论是可靠的，但并不能说明不依于此一条件得来的结论就不是正确的。

在常识上，我们对于不能认知的或者不可见的基于逻辑推理的事物要么认为不存在，要么保留意见，这种看似公允的方法事实证明并不能有效解决人们心中的疑虑。

第九章 建构华夏文明八千年起源的话语权

"三要素"说或者四要素说存在的问题是,在实际应用中,这是一种绝对化的方法,而得出这一方法只具有普遍性,不能穷尽所有事实,有国家不一定有文字,有文字不一定就建立国家政权,有城市遗址不一定有文字记载,有文字记载不一定找得见城市遗址,所以说,要处理好文明要素的碎片和文明要素的片段的关系,只要有文明要素的碎片出现,就不能轻易断言此与文明毫无瓜葛,已不能轻易断言此即文明的全部。文明时代的形成是文明诸要素共生的,文明诸要素或多或少已经昭示文明片段的诞生或文明起源的形成。

历史学只能在已经形成的文明时代里探究文明,考古学只能在文明时代的最先处拓展文明的源头,吊诡的是,所谓源头,只能是固定不变的,犹如河流的源头一样,如果源头依于考古资料的发现而得到证明,那么源头就是暂时的,同理,华夏文明的源头实质上是一个不断拓展、不断发现的源头,只要存在有力的佐证,向上求证未为不可。

那么向上求证依据是什么?历史学、考古学的方法当然是重要的,那么抛开此一方法,或者扬弃这一方法,在片段资料中,在神话传说中,在合理的逻辑推理中,在不甚严格的历史学、考古学方法中,能否求得一种较为可信的研究路径,换言之,站在历史学和考古学之外,和历史学、考古学保持一定的距离,去观照不可见但一定存在的历史阶段,或许有不一样的收获。

当然,神话传说也易于导致倾向性的结论,如果遵从神话传说中的结论性话语,那必然要遵从神话传说中的过程性话语,而过程性话语往往是难以理解或者夸大事实的,这就形成了一个悖论,如果我们把神话传说当成真实的历史事实显然是经不起推敲的,如果我们把神话传说仅仅当作一种神话,只截取为我所用的片段性话语作为前提,那神话传说坐实就面临相当的困难。但是,人们要思考的是,神话传说往往涉及世界的形成、人神的起源,这是非常有意思的!如果简单地把神话传说看作先民们对自然的幻想或者表达对自然和宇宙征服的某种愿望,显然把神话传说过于简单化,试想如果这样的话,在当今时代,就不会有神秘事件的出现,也就是说,把神话传说仅限于史前远古时代人类的精神产物,就过于简单化,至少,神话的基因代不绝后,就是一个值得重视的现象。所以远古神话传说一定是有因必有果的事件，即使他附加着人们对自然和社会的幻想，它也必须以现实为基础，这是毫无争议的事实，那么，关于华夏文明起源的神话传说理应得到重视。

古史传说时代的华夏、东夷、苗蛮三大部族之间的混战，文献记载有炎黄阪泉之战、炎黄与蚩尤涿鹿之战、共工与颛顼之战、共工与祝融之战、尧舜征三苗等，不能简单地因为缺乏资料而束之高阁。大胆假设，小心求证，跨学科研究方法和跨学科视野未为不可，我们完全可以把华夏文明起源问题放在哲学、社会学、心理学、语言学、宗教学、文艺学等人文社会学科及物理、化学、生物、天文学等基础学科和实用学科中去研究。

一方面人文社会学科是关于人及其社会的学科，以宇宙全观的观点解释人及其生存于其中的世界的面相，形成关于人和世界的理论知识、实践知识和价值判断，在文明起源问题上，人文社会学科更能拓展思维的界限，展现文明起源的各种可能性。另一方面，自然科学研究无机自然界和包括人的生物属性在内的有机自然界，注重实证、实验、说明的理性方法或者数学方法更能达到追求真理的极致性，在文明起源问题上更能准确地描述各种现象，甄别文明起源的各种具体问题。还应注意到，随着人类认识和实践的不断深入，人文社会科学和自然科学各级学科融合的趋势不断显现，人文社会科学的科学化和人类知识的一体化日益明显，两种学科相互渗透、相互联系的趋势日益明显，且达到了较好的学科叠加功效，产生了较好的社会应用成果，日益受到两方学科研究人员的重视。

而且，历史学和考古学历来重视"物"的发现和研究，而对于人的发现和研究就显得欠缺。这当然是因为历史研究面对的是死的东西，而人、人的心理、人的思想、人的行为只能通过周遭境遇去判定，通过对物件的考古去推定，大致勾勒出一个接近于客观事实的远古人类活动的情景。所有研究者都明白，这只是接近而非事实，但是，当受众接收到这些知识时，一般易于等同于真实的远古场景。其实，在历史学家或考古学家的专业浸淫后，多半也将此一场景当作真实的，一位活生生的人的世界从此建构，事实上，这是莫大的误区。鉴于时代的久远，无论历

第九章 建构华夏文明八千年起源的话语权

史学家和考古学家做出多大的努力,研究华夏文明起源问题中关于人的问题恐怕也只能收获甚微。

历史科学无疑是人类反省自身历史的科学。"如果说新中国成立前三十年,马克思主义史学代表了中国历史学的发展方向,那么,新中国成立后四十年,马克思主义史学已经成为中国历史学的主流"①主流史学观念和方法无疑是对传统的、西方的史学观念的遮蔽,史学研究视野、方法和领域的多元化受到局限。改革开放以来,西方历史认识论和历史本体论诸观念的引入,开拓了本土学者的视野,尤其对人类发展过程的总体认识已经有了新的转变,对于人类文明史的总体认识渐趋客观,研究者逐渐认识到应当从总体上全面认识人类历史的内容。

如果说历史孕育了真理,那么,人类文明史的真理一定在历史中,揭开历史的遮蔽,探寻人类文明发展发生史是不言而喻的。人类文明史实质上是人类成人史,挖掘人类文明史,是人类认识自己的必经之路,人类对自己的认识,就是文明史的不断挖掘,就是已有认识的不断修正。而事实上,学术界对人类文明的研究也正走的是这条路。

马克思主义者的历史观认为"历史科学"分为自然史和人类史,这一划分无疑是非常正确的。自然史给人们的启示是,无垠宇宙就是无限的自然史,就地球生命进化史而言,"到了距今约 300 万年前,地球上才出现了能制造工具的人类。"②人类史从来和自然史是密切联系的。

历史学当然是探寻历史发展历程和历史发展规律的。在汤因比《历史哲学》这本书里,他认为,各个文明的存在与发展具有一般可循的规律,那就是每个文明都会经历起源、生长、衰落和解体这四个阶段。③文明起源于挑战压力和应对压力,文明的成长靠内在的自省,在这个环节,汤因比的表述应该引起我们的重视,"汤因比认为,并不是所有人都能够在应对压力面前激发出丰富的创造行为。在人类社会中,文明成长的力量来自于有丰富创造力的少数人。正是这些人在环境向他们提出挑战时,他们不断地进行应战的过程中,不断地'归隐和卷土重来',

---

① 肖黎主编:《中国历史学四十年》,北京:书目文献出版社,1989 年。
② 王明辉:《何谓历史学》,北京:中央编译出版社,2010 年,第 2 页。
③ 刘昶:《人心中的历史》,成都:四川人民出版社,1987 年。

永不放弃,从而推动着整个人类社会的成长。"[①]同理,汤因比认为,文明的衰落是因为这些少数卓越的人的自觉能力的丧失。值得注意的是,在文明形成的早期阶段,卓越领头人对族群发展的重要作用不言而喻,对族群衰落当然也有着不可或缺的责任。虽然汤因比的"超人"创造文明的观点受到批判,但不可否认,在人类文明史上,所谓"超人"的作用是不可忽视的,如中国历史上的《周易》《黄帝内经》《道德经》等经典著作,在今天看来,很难说是一般的作者所能创作出来,对于这种现象,应该予以重视。那么,在文明起源的最初时代里,文字、城市、青铜器等文明起源的标志物,究竟是怎样得以创生的?为什么会创生这样的东西而不是其他别的什么东西?

历史的客观实在性对于我们认清和还原历史提供了可能性。历史的研究在一定意义上是一个发现的过程,发现,证明历史的事实;没发现,往往不悖于历史事实的存在,发现历史实际上是完善历史、还原历史的过程,因此任何关于历史上的精神性的表述诸如传说、神话、巫术等看似玄虚的印记都应纳入历史研究之中,不应因一味地强调史实、在场等而遮蔽历史的各种可能性。人类认识的有限性也决定了人类需以谦卑的态度对待与人类有瓜葛的任何事物,发现史料和史料的隐匿是相辅相成的,史料可相互补充,相互佐证,但史料任何时候都是不会完备的,即使"天下遗闻古事靡不毕集"的《史记》也还有诸多未可考的上古史料。我们可以极尽详细地勾勒出一场宏大历史事件的细节,但我们无论如何都不可能还原这一历史事实,这是基本的事实,但人们往往浸沉于文字性的表述中,并以阅读者的身份参与其中,错觉地认为已然全然地了解该历史事件,以各种现象强化这一印象,人们便获得了对历史事件的认知,并以此作为历史事实,事实上,这与历史事件往往大相径庭。在历史事件的描述中,想象的成分有多大?把历史事件贯穿起来的人物、实践、语言、情感都是后来者的联缀,历史发生的那一刻已然过去,我们只能尽量还原而不能再现和复制历史事件,对历史研究的客观性和应有的敬畏——因未知而敬畏,这是历史研究应有的态度。

[①] 朱珠:《对汤因比文明的认识》,《漯河职业技术学院学报》2013 年第 6 期。

第九章 建构华夏文明八千年起源的话语权

在一定意义上，苏秉琦先生在《中国文明起源新探》（辽宁人民出版社，2011年）一书中认为目前中国考古学的基础是文化历史学，这是有道理的，"文化历史学的方法只是一种描述性的研究，它基本上是以少数有代表性的器物来进行定义和分析，而很少有对人的研究。这种方法比较适合对小规模的简单的史前社会，并不适用于研究已经分化明显了的复杂的社会，这种方法有一定的局限性。"[①]如果考古学的使命在于强调文明的悠久性，而不是重现人类的过去，他永远就只有"修史""证史"的工具意义。

中国著名考古学家夏鼐认为，人类进入文明社会有四大标志：一是陶器及青铜器的发明。二是农业的产生和发展。三是城市的兴起和繁荣。四是文字的出现。

早期青铜器、文字和城市，是中国古代文明的重要特征，也是中国古代文明形成的重要标志。需要明确的是，这三个因素只是文明发生和演进的有机组成部分，并不是缺一不可或不可逾越的界限。

漫长的地球进化史，人类文明只有短短的五千年、三千年，这从理论上是不可信的，人类上古时代的神话和传说，如果解读为人类奇异的幻想，解释自然的呓语或者征服社会的愿望，就过于一厢情愿，人们为什么会记录神话传说，这一定与人们的记忆有关。

从哲学意义上讲，对华夏文明起源的研究，不仅要探讨如何起源和发展的，还要回答华夏文明为何会是如此起源和发展。不仅要探讨上古神话关于起源问题的表述，还要探讨为什么是这样的表述而不是其他的什么。

从文学意义上讲，上古神话的表述方式是否是今天人们所认为的那样，所谓隐喻的表达方式以传统文学的解读思路是否能达到符合本初意义的诠释。

从生物学、工程科学意义上讲，对华夏文明起源问题的研究在于形成科学严谨的事实和逻辑证明体系，在于应用技术手段研判标的物的年代特征，利用有限证据形成逻辑链条并确证之。

[①] 张洁：《读苏秉琦〈中国文明起源新探〉》，《商》2013年第7期。

不可否认,"考古工作弥补了中国文明起源与形成进程的空白环节"①,站在考古学、历史学之外不是抛弃考古学、历史学及其方法,而是提升研究视野,提倡一种考古资料和出土文献、传世文献结合的方法,借助考古文化自身展现的轨迹和传统经典中的起源记载、神话传说进行学术比对,最大程度发挥学术想象力,寻找他们之间的内在关联性,使文明起源问题的研究呈现新的学术研究气象。

第二节　文明起源与文明时代

"文明,作为一个时代而言,它从萌芽到起源,再到发展和形成,经历了十分漫长的时段。我们讲文明的起源问题,应当是对于这一整个时段(特别是其初期阶段)的考察,而不应当只限于文明形成这一个特定的时段。"②

考古学确立了文明时代和文化之间的关系,将文明时代清晰地展现在我们面前。文明起源的确立以及早期的发展过程和最终的形成是文明问题的不同阶段问题,既不能混为一谈,又不能孤立看待,马克思主义唯物辩证法中普遍联系的观点为解决这一问题提供了方法论的指导。既要看到物质文明进程的各个联系,又要看到精神文明进程的各个联系,还要看到物质文明和精神文明之间的普遍联系。因此,把漫长的文明起源和文明时代结合起来,在一种文明全观的视野中考察文明生成的全息镜像,是可靠的研究视角。

定居农业的出现是文明的重要标志之一,种植意味着人类必须定居,定居意味着人们之间形成相对稳定的相互关系,并进而演化为相对复杂的居住群体。为了使此一群体延续下去不至溃散,相应的组织架构就得形成,社会分工相应产生,这种分工可能脱胎于原始狩猎获得的初

---

① 范毓周:《中国文明起源与形成问题研究的回顾与前瞻》,《史学月刊》2008 年第 10 期。
② 晁福林:《澄明之思:文明起源研究的一个视角》,《史学月刊》2008 年第 1 期。

第九章 建构华夏文明八千年起源的话语权

始经验，狩猎的分工使得食物得到了保证，固定居住、种植作物需要更多更复杂的集体组织经验，较为发达的村落形成，城市都邑也在定居基础上形成。制度的形成、初步的社会分工、文字符号及宗教意识的形成，都赖以定居农业的出现。所以，定居是文明形成最重要的标志。

文字固然是文明形成的标志之一，但没有文字的民族并不是没有文明，口耳相传的民族文化一脉相承，文字的有无并不是决定作用。

史前文明虽然未得到学界公认，但从目前对人类文明遗迹的挖掘看，一种周期性的人类文明是存在的，在漫长的地球发展史上，科学家提出的多次史前文明的理论猜想并非空穴来风，我们现在对文明的认识是建立在目前可靠的史料和考古挖掘基础上的，一方面，仅限于地球人类文明；另一方面，对史前文明（如果有的话）是一无所知的。所有的佐证资料都是以事实为基础的，但追溯无疑是逻辑的。人类认识的经验史表明，对于无知领域，对于我们目前还不具备认识的领域，对于我们还不知道的事实，任何肯定或否定都不是正确的态度，正确的态度是，我们要保留他们的领地，不断趋向、不断靠近，使未知变已知、使陌生变熟悉、使无知变有知。一个常识是，看不见的不一定是不存在的，学术研究的既有框架往往是对学术思想的限制，我们习惯用已有的思维惯性探究未知的研究领域，用已经积累的学术方法探究从未认识的领域。

因此要打破唯学术的界限，神话、巫术、传说、宗教教义都可纳入文明研究的领域，都应该受到研究者的重视。以唯物主义的态度看待世界和以唯心主义的态度看待世界本质上并无差别，差别在于结果不同。合理的猜想、思维的超前是启迪物质世界前行的不竭动力。科幻是科学的猜想日益被人们接受，现今日益发达的科技水平本质上都是人类的思维现实化。在一定意义上，物质的世界就是思维的世界或者可以说是思维世界的结果，二元对立的世界观易于认识这个世界，但并不一定反映的就是这个世界的真实面目。

对史前文明的合理想象也是人类思维运动的一部分，换句话说，我们对未来未知领域的展望和对已经发生而未知的领域的猜想是一样的。只是我们惯常认为，已经发生的是历史，历史就是真实的，有迹可循的、有故事的、有记录的，否则宁肯让他空白，也不能妄下断语，历史学者注重眼见为实耳听为虚，事实上，历史著作或历史记录并不都是当事人的亲身参与，即使作者确实经历历史事件，也只是其中的一个元素，对于整个事件的其他部分，大约只能道听途说了。我们常常发现，我们对历史事件的描述要么借助于文字记录，要么借助于亲历者的讲述和感受，这实际上是碎片化的记忆，要形成完整的链条，反映实践的全貌，还需要大量的加工，给予时代背景下的合理想象和联想使历史事件最终成型。考古发现亦然，出土一件文物，只有打上文化的背景，赋予历史的意义，该文物便生动起来，可见，他的价值、意义、反应的时代特征当然是后来赋予的，一页纸、一块木头、一张画、一个造型，它事实上没有别的意义，它所承载的信息都是后人附加的，事实上不管是联想的还是附加的，都是看不见的，但人们非常坚定地相信这是真的，仔细考察，这既是人类的睿智，也是人类的无知。

所以，对史前文明的猜想大可不必受制于惯有的、错误的方法制约，对将来未知领域的猜想和对已经发生的而无资料记录的未知领域的猜想没有什么不可以的。

人对自身的迷茫和对思维的迷茫从来没有改变人类的自大狂态度。各门学科本质上是人类对自身探索的学科，探索自然、探索社会归根结底是探索人类自身，所以说，学科的最高处都是相通的。不知生就对死做出绝对无疑的结论和不知死就对生做出不可辩驳的断论是同样令人不安的。面对自然、未知世界，放下身段，谦卑的态度可能是正确的态度。在学术研究中同样需要这样的态度，因为终究来看，人类在面对的各个领域的认知实在是有限的，历史可以还原一个时代，但人类永远不可能回到或者复制那个时代，考古发现的遗址也罢、墓葬也罢、可移动文物也罢，人类以今天的技术可以复制和超越，但绝不是原本意义上的考古发现。

所以，科学研究在一定意义上只是认识世界的方法而已，学科界限、学科方法、学科思维一旦固定就成为教条，如果把对文明及其起源的研究限定在历史学或考古学的范围内，那就只能是历史学的文明起源和考古学的文明起源。

第九章　建构华夏文明八千年起源的话语权

人类认识史表明，人类认识除了有限外，认识过程也是曲折和反复的，从哲学意义上讲，人类的认识知识不断接近事实，而不能等同于事实，因为，虽然主观符合于客观是正确的认识，但所谓客观，只能是认识的客观，没有一个未经认识的客观，这可能是人类主客二元对立思维的本性决定的。没有客观对象，人类就不会思维，吊诡的是，这个客观对象，必须经过思维才成为客观对象，所以，所谓客观一词，是多么靠不住的！

既然如此，要得出客观的结果，精准的知识，严格地说，只能是相对意义上的。事实上，人类对许多事物的认识，在原初起点上，只能假设它是真的，只有在此基础上才能进行下一步推论。

中国的史前时代多是指文字或文献记录之前的历史阶段，抛开久远的旧石器时代，新石器时代的文明是可以想象的，新石器时代，已经开始制造和使用磨制石器，彩陶工艺有很大的发展，人类群落已经出现了原始农业、畜牧业和手工业。新石器时代晚期的三皇五帝的传说，如果非要以考古和文献佐证，很可能走入认识的死路，一方面没有发明文字；另一方面，年代的久远使得考古对象不复存在也是可能的。这样，传说就要被重视。很显然新石器时代的文明已经标志着人类社会进入一个高度发展的时代。

就文明本身而言，在漫长的史前时代，如果人类社会是野蛮洪荒的，人类很可能无法延续下去，文明的几个标志只是学术研究得以继续和研究成立的几个框架标准，并不意味着是绝对标准。难道盘庚迁殷的第二天和前一天相比就是划时代的差别？文字的出现、都市的出现都不是一蹴而就的，是经过漫长历史演变的。

更进一步讲，具备前述几个条件就是文明的？如果说文字为了记录和交流，那么在文字出现之前，人类就无法交流？无法记录？这显然不是事实，因为例外总是存在的。秘鲁的文明仅有结绳记事而无文字。印加人没有书面文字，而却有高度发达的文化艺术和组织严密的管理机构。[①] 中国古代匈奴人建立了完整的国家但没有文字，这都是例外。就

[①] 英国埃德华·威尔所著《当代原始民族》一书的"绪论"，转引自刘达成，杨兴永译：《原始人的世界》，《史前研究》1984年第3期。

中国而言，夏商周三代的记录也只是后世文献记载，没有当时的文字记录，如果黄帝和尧舜禹都归入传说时代，那么，华夏文明的出现就显得非常突兀，仿佛一夜之间整个文明遍地开花，这是不符合常识的。

另外，当我们以文字、都邑、国家的建立衡量文明的形成时，我们就会发现，在一个广大的国度里，总有一些地方并没有如期进入文明所划定的标准范围内，这不是例外，这是一个基本的事实。

按照恩格斯的说法，"文明时代是学会对天然产物进一步加工的时期，是真正的工业和艺术产生的时期。"[①]事实上，人类一开始在地球上生活，就面临对天然产物的不断加工以适应自身需要和周遭环境。所以说，对于人类学家、历史学家、社会学家和考古学家争得不可开交的文明起源的标准问题，实在只能采取公允的态度。首先，承认没有绝对的标准。其次，要承认，所谓标准只是便宜行事，是相对的标准。

语言、图画记事和文字是相关联的，但并不一定是必然的递进关系。国家和文明的出现并不一定和城市的形成紧密相联，"早在六十年代，学术界就开始怀疑上述提法。有的学者举出西南亚的美索布达米亚、埃及和南美洲的玛雅文明为例，证明国家和文明的出现与真正城市的出现之间还有一段不很短的距离，就是说，国家（王朝统治）和文明（文字标志）的出现早于真正城市的出现。"[②]所以，国家的形成意味着文明真正开始的说法也是值得商榷的。

把仰韶文化和龙山文化排除在文明范围之外，以二里头文化作为夏文明的开始，是建立在扎实的考古发掘基础上的。但这也并不意味着是原本事实，只能说二里头文化确实是文明时代，是较早的文明时代。考古的不确定性导致结论不定的理论魅力也许就在于此。

应该说，早期文明也有萌芽、出现、成熟之分。例如，以城市作为文明的标志，就有从城到城市、从市到城市的演变路径，即使有城市的出现，也并不意味着国家和民族的形成，也并不意味着文明已经普及，也并不意味着村居生活必然发展到城市生活。就中国历史来看，农业社

---

① 恩格斯：《家庭、私有制和国家的起源》，北京：人民出版社，1972年，第19、25页。
② 邹衡：《中国文明的诞生》，《文物》1987年第12期。

会、农业文明一直占据主导地位。

文明的起源和形成应该是一个较为长期的过程。史前城址和地下考古最能直接反映华夏文明起源的情况,但是,谁都知道,历史遗留并不以人的意志为转移,自然灾害、人为因素都是历史留存稀缺的重要原因,这些直接的证据,还取决于发现的程度,尤其是地下考古,只能是发现的历史。因此,尊重历史事实不仅包括尊重已经发现的,而且还应当尊重尚未发现的,有可能发现的,有可能永远发现不了的,但从理论上讲,这些应该是存在的历史事实,这才是真正的历史唯物主义的态度。关于文明起源的研究从二里头文化到龙山文化再到仰韶文化,学者们正是在考古发现中不断定位华夏文明起源的。因此,在学术界,对于华夏文明起源的研究有三阶段说,"可以划分三个阶段:早期阶段,20世纪50年代至70年代;研究的热潮阶段,20世纪80年代至90年代;新进展与新问题阶段,2000—2011年。学术界已经形成共识,开展文明起源研究的主力军只能是考古学,田野考古才是解决问题的关键。"① 也就是说,学术研究华夏文明起源只有80年左右的历史,去除历次政治斗争干扰,真正用于研究的时间也就50年的历程,在短短的几十年研究中,关于华夏文明起源问题可谓成果丰硕,从特点到方法,从阶段到全局,展开了学术研究想象的空间。探源工程在专项研究上的新论,考古工作在文化谱系上的延展,考古学和科技的结合都使得华夏文明起源研究更具学术魅力。

第三节 华夏文明起源的独特性

"文明起源:指文化的高度发展和社会复杂化的开始。其具体标志是,生产力取得较大的发展,物质生活和精神生活的内容都较之于以前丰富得多。最根本的标志是社会出现贵贱、贫富的分化和脑力劳动与体

---

① 赵春青:《中国文明起源研究的回顾与思考》,《东南文化》2012年第3期。

力劳动的分工，出现脱离劳动，专门从事宗教祭祀或其他管理职能的阶层，社会开始向文明社会迈进的进程。"①

中华文明的起源与形成和其他文明的起源与形成一样，都是备受关注的话题。但是"中华文明是在自身基础上独立地起源、形成、发展起来的原生文明，对周围国家和地区的文明的形成和发展产生了重要的影响。"②同时，华夏文明是世界史上唯一绵延不断的文明，其形成和发展必然有内在的独特性，在广袤的中华大地上，在多民族繁衍生息的早期时代，新石器时代文化分布区域显然异于其他民族国家可追述的文明起源，在数量和质量上，在证据链条的形成上，考古文化谱系清晰可见，神话传说丰富而多彩，使得华夏文明起源史、发展史、形成史独具特色。

华夏文明起源问题之所以是问题，之所以被学术界所重视，从表面看，源于考古和历史资料的缺乏，源于人类对上古时代认识的不足，实际上，问题的根源在于生活在地球的人类，在茫茫宇宙演化中，实在是微不足道的，人类无论有着看起来怎样辉煌的文化历史，看起来独一无二的进化史，创造了看起来无与伦比的成就，但人类从根本上缺失的是对自身的认识和了解，从哲学意义上看，人从哪里来，到哪里去是个无法回避的最根本的问题。人类建构的文化、政治、经济、军事等制度，实际上是确保人类延续和发展下去的权宜之计，在对自己面目不能充分了解的基础上的所有建构都指向自身的保有和完善，而自身是什么始终是个谜！

人类自身起源之谜不仅影响人对自身及内在精神世界的看法，更重要的是，人类建构的世界因此而成为受怀疑的对象，所谓源不深而望流之远也！

文明的起源和形成显然不是一蹴而就，而是一个从萌芽到雏形，从发展到最终形成的过程，这个过程应该是漫长的。作为学科研究而言，

---

① 王巍：《关于中华文明起源研究的几个问题》，《中国社会科学院院报》2006年2月28日，第7版。
② 王巍：《关于中华文明起源研究的几个问题》，《中国社会科学院院报》2006年2月28日，第7版。

第九章 建构华夏文明八千年起源的话语权

后人只能以切割方式进行探究，从实践和理论两个方面规约文明起源和形成的诸多要素，这种规约，有利于认识文明的面相，但并不意味着每个文明的形成都是照此一路形成的，个别文明要素的出现并不意味着文明的形成。认识事物常常会陷入一个困境，那就是划分标准，意味着排除例外，而囊括所有例外，意味着标准不具划一性。因此，学术界的三要素或四要素、五要素说无疑是存有片面性的。"国内学术界关于文明起源研究的前沿问题，主要集中在文明起源与形成的关系、文明形成的标志或要素、文明起源的过程和路径、国家起源的机制、文明形成的原因等问题上。"①

以考古学作为研究课题的关于中国文明起源问题肇始于20世纪60年代，延至20世纪80年代，著名学者夏鼐《中国文明的起源》为扛鼎之作，奠定了华夏文明起源的若干基本问题，文明起源设置准入标准的做法一直沿用。研究伊始，我国学术界把文明的起源就阶段而言界定为阶级社会，但事实情况是，阶级社会以来，文明业已形成这是不争的事实，采用对号入座的方法后来逐渐被学术界所抛弃，面对复杂的社会演变，自然科学技术手段的应用成为必然，一种人文社会学科和自然科学相结合的综合研究方法成为华夏文明起源问题研究较为妥当的方法。

华夏文明起源的文明西来说和文明起源独立说都失之偏颇，我们可以肯定的是，仰韶文化中晚期、大汶口文化、早期的龙山文化等对华夏文明的形成起到了铺垫作用，黄河流域龙山中晚期文化脱颖而出，初步具备了文明形成的基本要素，可以看作华夏文明起源的标志。

弄清楚一个民族文明起源的问题，对于该民族提振信心，凝聚力量，获得认同具有重要意义。中华民族是一个古老的民族，是文明久远而未中断的仅有的几个民族，探究它的起源问题当然很重要。学术界对于华夏文明起源的研究，20世纪80年代受到了重视，三千年、四千年、五千年、甚至六千年起源说并不鲜见。蒋南华先生2002年出版的《中华文明七千年初探》（人民出版社，2002年）和2013年出版的

---

① 罗浩波：《文明起源研究若干前沿问题述论》，《天府新论》2011年第4期。

《中华文明源流新探》（贵州人民出版社，2013年）从时间和地域上拓展了中华文明起源的学术研究，在《中华文明源流新探》中，"蒋先生既依据史籍，又依据出土文物、历史遗迹对史籍的印证，同时对近年来一些研究中国上古史的专家颇有说服力的观点加以补充，并继续发挥自己精于中国古代历法这一优势，不仅令人信服地进一步证实伏羲和炎黄两帝出生并活动于七千余年前，而且令人信服地证实了伏羲和炎黄出生并活动于武陵地区，因而也就令人信服地证实了中华民族的祖先正是在七千余年前的武陵地区，创造了中华民族的最古老的文明"[①]蒋先生以对上古时期天文历法的研究为切入点，系统阐述了上古时期的文化尤其是科技文化，这是华夏文明源头研究的新的视角。

多元性是华夏文明起源的显著特点，也体现华夏文明起源的独特性。我们主张的华夏文明八千年主要是指华夏文明起源而较少意味华夏文明的形成，起源和形成是两个相互联系而又不同的事物。起源可能是星星点点，而形成应当是有一定分布规模，形成了相对文明的状态。如果说陶器是人类走向文明的曙光，那么彩陶的发展，就已经表示人类进入到文明时代。彩陶的类型、器形、图案、花纹、工艺无不标示着人类智慧的成熟，实质性地反映了华夏文明起源的多样性和文化渊源的连续性，因此，从文明的起源看彩陶说应不为过。

1968年，英国学者丹尼尔《最初的文明·关于文明起源的考古学研究》提出了"文字、城市、复杂的礼仪中心"三要素，并且认为一个社会只要具备其中两项，即可判定为文明；1977年，日本学者贝冢茂树《中国古代史学的发展》提出了"青铜器、文字、宫殿基址"三要素；1985年，中国学者夏鼐提出了"青铜器、文字、城堡"三要素；1986年，中国学者苏秉琦提出了"古文化、古城、古国"三要素。比较而言，后两种说法更符合中国的国情，在我国学术界影响很大。[②]这是一个中肯的表述，说明了华夏文明的起源既有和西方相同的因素，更有自己独特的因素。

[①] 邬锡鑫：《中华文明发祥于武陵地区的有力论证——简评〈中华文明源流新探〉》，《贵州师范学院学报》（哲学社会科学版）2014年第11期。

[②] 转引自刘再聪：《甘肃历史文化资源与华夏文明》，《丝绸之路》2013年第6期。

第九章　建构华夏文明八千年起源的话语权

文明和蒙昧、野蛮是相对而言的，文明因子的出现就应该算作文明的开始，"在距今七八千年的磁山—裴李岗文化时期，中国各地已有不少的文明因素涌现出来，社会生活文明化的过程已经开始，以农耕经济为基础的文明生活的结构框架和中国特点已初具雏形。"①

大地湾遗址的挖掘，将华夏文明起源问题提到一个新的高度，一是重新认识华夏文明起源问题。二是进一步论证华夏文明八千年的可靠性。三是传统华夏文明"上下五千年"的说法能否顺利上推到八千年值得重视，就是说，在五千年和八千年之间的三千年，还有赖于考古发现和文献佐证，还有赖于对大量中国古代神话传说的准确解读。尤其是夏以前直至远古时期的神话和传说，大多包括世界的起源问题和人类的命运问题，这对于旧石器时代晚期人类生活在其中的世界是一个很值得研究的问题。《山海经》里保留的古老神话，要从驳杂的内容中析出世界起源和人类诞生的问题，要从神话传说、宗教祭仪中析出人类文明的星星点点记忆。

伏羲女娲的神话传说最应受到学术礼遇，甘肃本土学者胡政平、谢增虎关于始祖文化研究取得了较高的成就。他们在《伏羲文化留给我们的精神财富》一文中认为，伏羲不仅代表一个强盛的氏族，而且代表华夏文明的开启时代。不论是作为中华民族文明开端的伏羲八卦，还是作为中华民族性格基因的伏羲"盛德大业"的人生目的论，都有着极高的文化价值。②他们在《伏羲画八卦：中国根文化的产生到文化形态的定型》一文中认为，秦安大地湾遗址的发现，使得天水（古"成纪"）是伏羲的故乡这一说法得到大部分学者的认可。伏羲故乡的证实，使伏羲所画八卦从时间和空间上生根，八卦文化得到显活的显现，中国根文化的形态及文化交流的关系成为关注的焦点。另外，从八卦到《周易》的演变，为中国文化的定型奠定了基础。在此基础上，生成了儒、道主流文化和多元的民俗文化。因此，伏羲画八卦，作为中国文化的根，值得进一步关注与深入研究。③他们还在《伏羲文化精神的现代意义》一文

---

① 曹兵武：《中国文明起源：理论与实际》，《中原文物》1996年第4期。
② 参见胡正平，谢增虎：《伏羲文化留给我们的精神财富》，《兰州学刊》2012年第7期。
③ 参见谢增虎，胡正平：《伏羲画八卦：中国根文化的产生到文化形态的定型》，《甘肃社会科学》2009年第3期。

中认为,中国在母系氏族向父系氏族过渡阶段,存在着中华文明肇启的伏羲时代,伏羲代表着华夏文明的开启时代。[①]学界的不懈努力和高质量的研究成果为问题的解决积累了宝贵的资源。

华夏文明起源的多元性已被学术界反复论证,可以肯定地说,华夏文明绝不是单一起源,在广袤的中华大地上,只有黄河流域有人类燃起的炊烟,其他地方没有人类活动的足迹,这也是不符合基本事实。然而,必须看到,华夏文明的起源又很独特,黄河流域是重要的起源地,在黄河流域,甘肃是独具特色的华夏文明起源地。甘肃是华夏文明重要发源地,甘肃文明是华夏文明的重要组成部分,能代表华夏文明的特点。从 8000 年大地湾一期文化以降,到"距今 2500 年前后的春秋晚期,时间跨度长达 5000 多年,不仅形成了完整的史前文化发展序列,而且每个文化均发现有彩陶,构成了完整的彩陶发展史。"[②]先秦以降,甘肃文明更是脉络清晰。概言之,甘肃文明起源和发展过程脉络清晰,具备完整的文化发展序列。这是甘肃文明的基本特征,也是华夏文明的基本特征。

甘肃是华夏文明重要发祥地之一。甘肃,是取古甘州(今张掖)和古肃州(今酒泉)两地首字而得名。又因省境大部分在陇山(六盘山)以西,古代曾设有陇西郡和陇右道,故又简称陇。陇原大地,东起中原,西连中亚,南临巴蜀,北接漠北,多样的地形,多样的生态,多样的民族,多样的文化,养育了陇原大地万千儿女。

甘肃历史文化悠久,文化资源丰富,类型多样,是中华人文始祖羲皇故里,是中国彩陶文化、旱作农业冶金术、殿堂式建筑、周秦早期文化的重要源头,是古代东西方文明交流的重要通道,"丝绸之路三千里,华夏文明八千年"。作为我国远古文明的重要发祥地和中西文化的交汇通道,积淀深厚的历史文化,特色鲜明的民族民间文化,独树一帜的现代文化,星罗棋布的红色文化演绎着甘肃文化的特色。伏羲文化、丝绸之路文化、敦煌文化、黄河文化、藏传佛教文化、伊斯兰文化诠释

[①] 参见胡正平,谢增虎:《伏羲文化精神的现代意义》,《甘肃社会科学》2010 年第 6 期。
[②] 段小强:《甘青史前文化是华夏文明起源重要组成部分》,《中国社会科学报》2014 年 12 月 15 日,第 C01 版。

第九章 建构华夏文明八千年起源的话语权

着甘肃文化的文明维度,见证着甘肃历史文化的文明脚步。近年来,在对甘肃历史文化的研判上,无论政界或学界,一个基本的共识是:甘肃是华夏文明的重要发祥地之一,甘肃文明是华夏文明形成的重要组成部分,对华夏文明的传承发展做出了重要贡献。

因此,可以说,甘肃文明是指甘肃社会历史发展过程中以文化形式,并以积极、进步、合理成分所表现出来的文化总和。甘肃是中华民族和华夏文明的重要发祥地之一,是中华民族重要的文化资源宝库。甘肃有着悠久灿烂的历史文化,其显赫的历史文化折射出高度的地域文明。坊间流行一千年文明看北京,三千年文明看陕西,五千年文明看河南,八千年文明看甘肃的说法不无道理,至少说明甘肃文明在华夏文明史上是不可忽视的。

就甘肃文明研究现状而言,学术界对甘肃文明的研究主要以文化的视角切入。对甘肃文化类型、特征、分布认定等研究基本达成共识,也已基本定型,没有太多争论,如伏羲文化、丝绸之路文化、敦煌文化、黄河文化等都已为学界所认可,其基本要义都已成为共识。但从文明的角度对甘肃文化的整体探究或定位尚在探索之中。既要讲清楚甘肃文化的历时性样态,又要挖掘其共时性质态。既要讲清楚甘肃文化生成的内在联系,又要从更高层次上阐释甘肃文明与中华文明或者华夏文明的历史渊源,这是目前摆在甘肃学术界的重要任务,这关系甘肃乃至华夏文明的正位问题。如对始祖文化的研究上,一方面需要考古资料的确切佐证;另一方面还需要对远古神话传说的严肃厘定。需要理论性研究,也需要实证性研究,需要宏观性研究,也需要微观性研究。但如前所述,对始祖文化的研究有较高的成就也已出现,对源头文化的研究在甘肃文明研究中一直在继续,并以这种研究展示甘肃文明就华夏文明而言的源头性及其和华夏文明不可断裂的关联性。

甘肃华夏文明传承创新区建设提出一带三区的文化划分方法,即:"一带"是丝绸之路文化发展带。"三区"是以始祖文化为核心的陇东南文化历史区、以敦煌文化为核心的河西走廊文化生态区和以黄河文化为核心的兰州都市圈文化产业区,这给我们了解甘肃文化提供了很好的视角。在对华夏文明传承创新区的宣传中,有人认为甘肃是"华夏文明的集中带","由天水、陇南、平凉、庆阳构成的陇东南地区,因为汇集了伏羲文化、先秦文化、农耕文化等始祖文化,无疑是'华夏文明的源头区'。"①这对理解甘肃文明不无裨益。

甘肃学界虽然尽力证明甘肃文明的合法合理,优越悠久和独特面貌,但存在的问题是:一是甘肃学术界对甘肃文明研究的深度还不够。二是研究的点比较分散,没有形成热点、焦点,换句话说,学术聚焦不够,也就不可能有大的成就。三是研究的视野不够宽阔,与华夏文明联系不够,与其他省份的文明比较研究不够,如黄河文明研究与陕西、河南的比较,始祖文化研究与陕西、河南、四川、安徽等比较。四是研究结论的可靠性有待证明,这需要各方面的配合,如考古成果等。

总体来看,学者们研究存在的最大问题是,对甘肃文化资源、文明成果,普遍存在等量齐观的看法。实践表明,文化是人化的形式,有着社会的性质,多样的形态,作为文明的凝结者,一定有很大的差别,甚至是质的差别。也就是说,我们的学者还没有严格划分和梳理甘肃文化的主干,还不能用最简单明了的话语概括甘肃文化,这也可能与文化情结有关。这不仅在理论上带来理解的困难,在实践中对甘肃文化的宣传也带来不利,更遑论对甘肃文明的把握。因此,甄别、划分、梳理甘肃文化的脉络,把握甘肃文明的核心、主干之分就显得尤为重要。

我们可以对甘肃文明的历史做出回顾,从历史上看,距今1500万年前就有猿类活动,苏北党河流域的"甘肃古猿"化石,陇南武都区龙家沟附近的猿类化石,以及旧石器时代各个时期的文化遗存,都说明甘肃大地早期人类开始诞生并向现代人演进。新石器时代考古遗址秦安大地湾、临洮马家窑、广河齐家坪等的挖掘开发,不但说明甘肃经历了人类社会性质的早期阶段,而且孕育了文明的创生。

玉门火烧沟文化、临洮辛店文化、临洮寺洼文化、民勤沙井文化的考古发现演绎着中国青铜器时代的绚丽多姿,纷繁多样的青铜文化浸淫着中原文化、游牧文化、草原文化、巴蜀文化的痕迹,也标志着多个民

---

① 施秀萍:《1313工程解读之二:弘扬始祖文化 建设陇东南文化历史区》,《甘肃日报》2013年3月13日,第6版。

第九章　建构华夏文明八千年起源的话语权

族在逐渐孕育和生成。使甘肃文明由东向西逐渐推开文明时代的大门。按顺序约略排序，大地湾一期文化（距今 8000 年）—仰韶文化（距今 6000 年）—马家窑文化（距今 5500 年）—齐家文化（距今 4000 年）—四坝文化（距今 3900 年）—卡约文化（距今 3600 年）—辛店文化（距今 3400 年）—寺洼文化（距今 3300 年）—沙井文化（距今 2800 年）。最晚距今 3000 年，可见甘肃历史文化的悠久。

如果说，文明是指一个社会由氏族制度解体而进入了有国家组织的阶级社会，那么甘肃远古文明首先是有独立起源，这也是华夏文明的一大特点，大地湾文化就是明证。汤因比的《历史研究》把世界文明分成二十一个，但并不是每个文明都有独立的起源。华夏文明恰恰是独立起源的文明，而甘肃文明正是这个独立源头之一。因为独立，所以独特；因为独特，所以优秀；因为优秀，所以绵延。甘肃文明是华夏文明的一部分，和其他地区，其他民族共同缔造了华夏文明。考古资料也表明，甘肃文明的形成，与黄河流域、农耕生活模式分不开，这与华夏文明的形成是一致的。同时，甘肃文明的形成和华夏文明的整合模式也是一致的，即"由核心向周围扩散，周围向核心趋同，核心与周围互相补充、互相吸收、互相融合。"①

因此甘肃文明可以概括为：甘肃文明是指华夏文明形成过程中，甘肃地区进入农业社会以来所创造的物质、精神等方面的文明成果。它包括古代神话、大地湾文化、彩陶文化、早期周文化、早期秦文化、简牍文化、五凉文化、敦煌遗书、长城文化、石窟文化、丝绸之路文化、西夏文化、民族文化、宗教文化、黄河文化等文化形式，但主要以始祖文化、丝绸之路文化、黄河文化等形式表现出来的地域文明。

甘肃文明是华夏文明的重要组成部分。历史经验表明，世界任何国家或民族都是多元化社会，同一国家或民族的文明具有多元性。"在同一时代的人类文明体系中存在着不同的国家和民族，由于资源开发、政治体制、宗教信仰、风俗习惯等不同，呈现出人类文明的多元化。"②

---

① 袁行霈：《中华文明的历史启示》，《北京大学学报》（哲学社会科学版）2007 年第 1 期。
② 高欣：《人类文明的多元化管见》，《经济研究导刊》2011 年第 1 期。

我们认为，华夏文明指的应是汉族前身华夏族所创造的文明，即秦汉以前的中国古代文明，华夏文明就是中国文明，就是中华文明。它包括秦汉以前几千年文化融合的总成就，其中主要指的是国家文明。而甘肃文明主要是一种地域文明，始祖文化是甘肃文明最显著的确证，但蕴含国家文明的因素。也就是说，秦汉以前的文明是甘肃最主要的文明成果，而汉唐以来的文明既保有了甘肃文明的早期惯性成果，也渗透着华夏文明的其他因素，又形成了以丝绸之路文化为代表的新的文明成果。

甘肃文明是多元文明，具有源头性、包容性、开放性的特点。黄河是华夏文明的摇篮，黄河文化孕育了华夏文明，始祖文化直接生成华夏文明的一部分。黄河文化同时发展了甘肃文明，始祖文化确证了甘肃文明。丝绸之路是东西文化交汇之地，各民族文化交往交流，境内外文化交往交流，丝绸之路文化延展了甘肃文明，也展示了甘肃文明开放性的特点。

就甘肃而言，众所周知，伏羲、女娲的传说在甘肃最为清晰，实物和记载都是明证。前述甘肃石器时代的考古发现，也证明甘肃是华夏文明的重要发祥地之一。大地湾遗址的惊人发现，是甘肃远古文明的典型代表。陇东高原曾经被周王朝和秦王朝创始者的先祖作为向东发展的基地，这说明，周、秦早期文化的源头均来自甘肃，始祖文化主导了甘肃文明的走向和未来发展。

汉唐以来，中原文化流向西域，甘肃功不可没。同时，唐代时西方文化的进入，印度文化的传入，河西走廊的地位至为重要。最重要的是，两汉三国两晋时期河西走廊文化对中原文化的反哺，对续存因战乱遭到破坏的中原文化命脉起到关键作用。还有中原与西藏的密切联系，如通婚制度，伊斯兰文化的主要进入通道在甘肃，可以说，中国文化交融的主要历史在甘肃都得以见证。也可以说，甘肃文化的丰水期就是丝绸之路文化，丝绸之路文化贯穿甘肃文明的主要时段。更重要的是，我们还可以看到，明清开始中国文化走向衰落其实始于丝绸之路文化的衰落，表现为黄河文明的衰落。丝绸之路文化见证了甘肃历史的兴衰更替，是甘肃文明的重要支流。

如果说始祖文化是大文化，那么丝绸之路文化就是中文化，前述特

第九章 建构华夏文明八千年起源的话语权

色文化就是小文化。如果说始祖文化是干文化,那么丝绸之路文化就是支文化,是最重要的支文化,但都是甘肃文化、文明的历史见证,都是甘肃之所以为甘肃的鲜明标志。由此,甘肃文明起源的多元性和发展序列的完整性也正是华夏文明起源及其发展独特性的最重要明证。

包容,是中华文明固有的思想,《尚书·周书·君陈》载:"有容,德乃大。"《老子》曰:"容乃公,公乃王,王乃天,天乃道,道乃久。"甘肃文明只有走包容之路,才能更好地体现华夏文明的德行。

革新是文明发展的进路,《诗经·大雅·文王》云:"周虽旧邦,其命维新。"中华文明的历史告诉我们,只有不断革新才能不断前进,只有不断革新才能保持旺盛的生命力。《易传·系辞上》云:"日新之谓盛德,生生之谓易。"甘肃文明只有革故鼎新,才能融入华夏文明,也才能真正建立华夏文明传承创新区。华夏文明只有具有全球视野,才能在全球化下获得世界意义。

后　　记

"丝绸之路三千里,华夏文明八千年"——这是甘肃历史悠久、文化厚重的生动写照。《丝绸之路三千里》已由科学出版社 2017 年出版发行。作为它的姊妹篇,《华夏文明八千年》即将付梓,也是甘肃省社会科学院课题组对甘肃历史文化地位的一个交代。华夏文明有没有 8000 年历史,学界争论很大,课题组本着先吃螃蟹的态度,将自己的观点呈现给读者,诚恳地接受来自各方的批评。

本书从文明的起源与界定、八千年先民的生存环境、八千年前的农耕文化、八千年前的神话传说、八千年前的大地湾文化、八千年前的甘肃伏羲文化、八千年前的彩陶文化、八千年前的玉文化几个方面展开研究,目的就是建构华夏文明八千年起源的中国话语,从新的视角树立中国在世界上的历史地位和地缘价值,甘肃的大地湾文化的考古发现,为我们作这一研究提供了最基础的佐证。

本书的总体构思和通稿由甘肃省社会科学院党委委员、副院长安文华完成,并写了序言。其他各章节的写作由甘肃省社会科学院"华夏文明八千年"课题组研究人员承担并完成。具体分工是:谢增虎研究员完成了前期统稿和第五、六章的写作,李骅完成了第九章的写作,陈瑾完成了第一章的写作,李志鹏完成了第二章的写作,袁凤香完成了第三章

后　记

的写作，巨虹完成了第四章的写作，王屹完成了第八章的写作，郑苗完成了第七章的写作。

本书在编辑出版中得到科学出版社历史分社的鼎力支持和帮助，一并表示感谢！

由于我们的水平和能力有限，虽然尽了最大努力，还存在这样那样的问题和不足。对于这些，我们诚恳地希望读者给予批评指正。

安文华　李　骅

2018 年 3 月 10 日